JN004991

地域発ドキュメンタリーが社会を変える

●作り手と映像祭の挑戦

市村 元・音 好宏・「地方の時代」映像祭実行委員会 編

ナカニシヤ出版

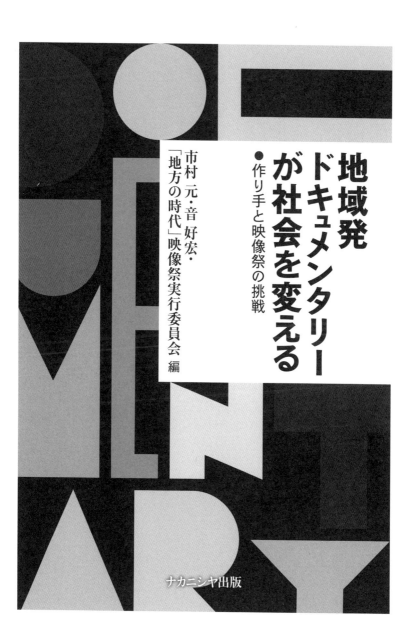

序として――地域からこの国を問い続ける

「地方の時代」映像祭が二〇二〇年秋の大会で第四〇回を迎えた。本書はそれを機に同映像祭がなぜ「地方の時代」という独特のキーワードを掲げて開催されてきたのか、そして、全国から寄せられた地域発のドキュメンタリーは何を描き、何を目指してきたのかをあらためて考えようと企画されたものだ。

一九八〇年一一月二七日、神奈川県川崎市の川崎市民プラザ大ホールに全国から自治体関係者、放送関係者、一般市民あわせて四五〇人が集まった。第一回の「地方の時代」映像祭である。会場では当時の神奈川県知事長洲一二氏の基調講演や制作者による報告、シンポジウムが行われたが、大ホールの外にも五〇台あまりの再生機が設置され、全国の放送局や自治体から寄せられた一〇五の映像作品が繰り返しモニターに映し出された。翌年には本格的な作品コンクールが開始され、全国からの映像作品を迎える仕組みも整った。

以来四〇年、映像祭は何度か存続の危機を迎えながらも多くの人々の尽力でそれらを乗り越え、今日まで継続して開催されてきた。その間、参加した地域発ドキュメンタリーの累計は六二〇〇作品を超える。制作者は各地のＮＨＫおよび民間放送局、ケーブルテレビ局、自治体をはじめ、映像プロダクションや市民の映像作家、大学生、高校生、中学生などさまざまである。全国各地、各都市から、郊外の村や中山間地から、あるいは海辺の町や離島を舞台に、地元に生きる制作者がそれぞれの地の〝小さき民〟の姿とその声を伝え、時代が直面する多くの課題を表現し発信した。いずれも〝地方・地域からこの国のあり方を問う〟作品群だ。

文明論としての「地方の時代」

「地方の時代」というキーワードが、長洲氏らによって提唱されたのは、戦後日本がすでに高度成長を遂げた一九七〇年代後半である。当時まで日本は〝経済成長と科学技術の発展が豊かな国を創る〟という成長路線をまっしぐらに突き進んできた。しかし、その結果生まれたのは地域の個性や伝統文化が失われる画一化であり、都市への人口集中、土地・住宅の高騰であり、公害の数々であり、格差や貧困、弱者が切り捨てられる人間喪失の現実であった。経済効率主義、国家優先・中央集権型の近代化はいずれも行き詰まり、社会に多くの〝歪み〟を生んでいた。この歪みを正すために必要なのは、地方・地域の個性や伝統文化を取り戻し、人々の日々の暮らしをもう一度見つめ直し、それらに新たな命を吹き込んで、復権させることである。それが「地方の時代」という文明論であった。

そして、その問題提起にＮＨＫ、民間放送各社が共鳴し、一九八〇年に立ち上げたのが「地方の時代」映像祭だった。以来、映像祭の舞台は当初の二二年間が神奈川県川崎市（札幌市・長野市・富山市で各一回）、一年の休止を経て、二〇〇三年から埼玉県川越市、そして二〇〇七年からは大阪府吹田市へと移ったが、「地方の時代」という独自のテーマは、変わることなく掲げ続けられている。全国規模のテレビ番組のコンクールとしては唯一東京以外で開催される映像祭である。

「地方の時代」を地域発ドキュメンタリーとして世に問う意味をあらためて考えるなら、第一に、四〇年間で六二〇〇有余の参加作品、そこには地域・地方からこの国を見つめ続けてきた壮大な記録と記憶の集積を見ることができる。それは国家の中心である永田町や霞が関から社会を俯瞰するのではなく、地域の人々、生活者と同じ目の高さから人と出来事を見つめるいわば虫の眼の観察記録である。制作者自身が地域でともに生きる者であるため、その記録は長期に、時には数十年にも及ぶ。そしてそれらは社会を少しずつ動かし、〝地域から社会を変える〟報道活動に発展していく。

第二に、それらの作品群が描く人間像は、初代審査委員長の鶴見和子氏が「(この映像祭は)小さき民が歴史を作るという歴史観を展開してきた」(一九八七年映像祭基調講演)と述べたように〝小さき民〟であることが多い。小さき民とは、地域に生きる普通の人々であり、あるいは偏見や社会の仕組みによって差別され、不当に虐げられてきた人々である。映像は、そうした人々の奥底の思いを、ふとした表情やしぐさ、風景にたたずむ後ろ姿で、子細に伝えてくれる。

そして第三に、描かれるのは閉塞状況にある地域の課題や不条理ばかりではない。しばしば映像が伝えるのは、そうしたさまざまな困難に向き合い、昔ながらの知恵と工夫をし、あるいは最新の知見をも生かして新たな未来を切り拓く〝地域の底力〟であり、人々の結びつきの力である。「地方の時代」というキーワードが本来期待しているのはそうしたコミュニティの姿である。地方・地域には、それぞれの場の個性を生かし、小さくとも新しい地域主義を実現している達人たちがいる。

映像メディアにはそうした達人と手を携え、社会を変えていく役割も求められている。

第四の側面、それはこの映像祭が放送局やケーブルテレビ局といういわばプロの制作者以外に、市民、学生、高校生（中学生）にも開かれたものであり、年一度の大会は多様な制作者が、地域からの発信と映像制作について相互に意見や情報を交換する広場となっていることだ。この映像祭への出品を目指して映像制作実習等に取り組む大学生、あるいは高校・中学の放送部。そうした学びの場との連携も年々広がっている。高校の放送部で作品を出品した若者が大学でも映像制作を続け、やがてプロとして本格的なドキュメンタリーで受賞する、そんな例も複数ある。地域の制作者がそんな形で育っていくとき「地方の時代」の展開は前途明るいものとなる。そのような広いすそ野を持つこともほかのテレビ映像祭にはない大きな特徴である。

新たな地域主義を求めて

しかし、文明論としての「地方の時代」提唱から四〇年余を経て、現在の時代状況は地方・地域にとってどのように変化、あるいは進化しただろうか。多少なりとも〝よりよい社会〟に近づいただろうか。この間、「地方の時代」が提起した論点はある部分では保革を問わず国政の流れにも反映し、〝地方分権〟〝地域主権改革〟〝地方創生〟などいくつもの言葉で語られる試みにも取り込まれた。もちろんそれらの中には改革への進化となった側面もあれば、むしろ地域の可能性を小さく限定し枠に閉じ込めた逆行である場合もある。

四〇年という時を経て、「地方の時代」という問題提起が大きな実を結んだかと言えば、その手ごたえははなはだ心許ない。国家がどのように〝成長と豊かさ〟を自賛しても、小さき民にその実感は薄い。そして今、逃れようのない〝人口減少社会〟へと我々は向かっている。その中で、わが国、わが町、わがコミュニティはどうあるべきなのか。真の「地方の時代」を求める模索はこれからも続いていく。

本書の第一部では、この四〇年間に積み上げられた六二〇〇余の作品群の中から、限られた数ではあるが、比較的新しいいくつかの話題作と問題提起を取り上げ、それらが何を伝え、何と闘い、そして世の中の何を変えてきたのか、あるいは変えようとしたのかを考察する。制作者自らがそれぞれの言葉で作品の意図と制作過程の課題あるいは苦悩、手応え等を語ることで、地方・地域の現在地、制作者の置かれた状況など多くのことが明らかになるはずである。そして、審査員に課せられたのは、それらの問題提起から時代の課題をどう受け止めるか……作品群は審査そのもののあり方をも問うものとなる。また、第二部では、この四〇年、この映像祭を支える理念と原動力はどのように変遷し、変化してきたのかを問い直す。幅広い制作者の交流の広場として、あるいは学びの場として、映像祭はどのような役割を果たしたのか。

そして今、メディアを取り巻く環境の急速な変化の中で、「地方の時代」はどのように変化し、未来への展開を図るのか。四〇年を振り返り、今後の地域主義のゆくえ、そして映像祭という方法論の今後のあり方を探る。本書の考察が地方・地域、メディアを考える人々にとって多少ともお役に立つものであることを期待したい。

市村　元（「地方の時代」映像祭プロデューサー）

目次

■第二章　「小さき民」の声を伝える

第二部 「地方の時代」映像祭の四〇年

第一部

豊かな作品群から時代の風が吹く

第一部では、限られた数ではあるが、話題作と問題提起を取り上げる。第一章から第三章では、各章のテーマに応じた計一一人の作り手たちが、作品や番組の制作過程やそれぞれの地域での実践について記述する。作り手たちが何を伝え、何と闘い、何を変えてきたのか、変えようとしたのか、それぞれの立場が伝わるだろう。そして第四章では「地方の時代」映像祭の審査員経験者の三名が、作品群と社会との関係や、審査の意味、映像祭という場やドキュメンタリーの可能性について論じる。

第一章　地域から社会を変える

「ローカル」から問題提起する
――『はりぼて』の調査報道と映画化

服部寿人（チューリップテレビ）

二〇二〇年八月一六日、ドキュメンタリー映画『はりぼて』が東京渋谷の劇場で公開された。この映画は、二〇一六年に発覚した富山市議会の政務活動費をめぐる不正を追ったドキュメンタリー番組（二〇一六年一二月三〇日放送）を、その後の取材を加えて映画化したものだ。「はりぼて」とは、見た目は立派だが中身がない様をいうもので、不正をした市議会議員や忖度して我関せずの行政の姿を揶揄してネーミングした。番組制作時は、「腐敗議会と記者たちの攻防」というサブタイトルをつけた。

映画は、新型コロナウイルス感染拡大の影響で上映が一か月半遅れ、座席も半分に制限されてのスタートとなったが、初日の四回の上映はすべて満席、次の日も、その次の日もほぼ席は埋まり、結局、二〇二一年の三月末までに全国八一の劇場で約二万五〇〇〇人を動員した。当初は、東京、大阪、名古屋など二〇館程度の予定しかなかったが、上映するごとに反響が広がり、現職国会議員夫妻による買収事件があった広島では、富山市議たちの刑事告発に至った経緯や、報道の詳細について質問攻めにあった。静岡では「富山から来て、静岡の議会の不正を取材して欲しい」と頼まれたこともある。映画には今も全国から自主上映の依頼があり、一地方都市を舞台にしたドキュメンタリーが、大きな関心を呼んだことをあらためて感じている。人数の少ないローカル局の報道に、なぜこれだけの仕事ができたのか。また、その反動とどう向き合ったのか。そして、いま私たちは、いったい何と戦っているのだろうか。

突破口となった情報公開請求

富山市議会をめぐる事件の取材は、二〇一六年四月、議員報酬を月六〇万円から七〇万円に一気に一〇万円引き上げる方針を市議会が決めたことからはじまる。それを当時の森雅志富山市長がお手盛の審議委員会に諮問し、わずか二回、合計三時間の会議で「妥当」と答申する。そして、定数四〇のうち二八と圧倒的多数を占める自民党の賛成多数で引き上げが可決された。取材していた記者の砂沢智史は「なぜそんなに議員はお金が必要なのか」疑問を持つ。議員に支給される政務活動費を調べているうちに、富山市議会の「ドン」と呼ばれる自民党中川勇市議が政務活動費を不正に使用していた事実をつきとめ、

映画『はりぼて』ポスター

膨大な量の支出伝票をチェックする砂沢記者と宮城デスク

八月にスクープ報道した。これを機に、架空請求やカラ出張など次々に不正が発覚して、二〇一七年三月までの間に、市議一四人が「ドミノ辞職」し、波紋は全国各地の地方議会へと広がっていった。

不正発覚の端緒になったのは、記者が行った二件の情報公開請求だった。一つは、議員報酬の引き上げを審議、答申した委員会の議事録、もう一つは、富山市議全員の過去三年分の政務活動費の支出伝票である。審議会の議事録を見ると、引き上げを妥当とする根拠に乏しく、結論ありきのものであることが窺えた。私たちはそのやりとりの一部始終を再現し、審議委員の証言をとってニュース報道した。同時に、情報公開請求した市議会議員の政務活動費の支出伝票三年分の資料一万五〇〇〇枚を、当時デスクだった宮城克文と市政担当記者の砂沢の二人が毎日、夕方ニュースの放送後の午後七時すぎからチェックした。

チューリップテレビは、平成二年一〇月の開局で、社員は、社長以下七一人（二〇二一年七月一日現在）、報道制作局には、記者、ディレクター、アナウンサーがいて、局長、部長ら管理職を含めて二五人いる。「部」はなく、ニュース、ドキュメンタリーと単発の制作番組、アナウンス、映像ライブラリーなどの業務を担当している。いわゆる縦割り組織にならないよう仕事を兼務し、アナウンサーは本業のほかに、記者クラブに所属してデイリーニュースや企画・特集、時には番組も作る。制作担当のディレクターもニュースのデスクや当番シフトに参加、特集や中継を自ら出している。宮城と砂沢は、デスク業務や取材、放送を終えた後に一枚一枚請求資料を見て、市議たちが請求した不自然な領収証を見つけ出した。膨大な作業を続けているうちにタレコミがあった。それは、市議会自民党の「ドン」中川市議の不正に関するものだった。議会報告会の開催資料の印刷代にあてたとする領収証があったが、実際には報告会は開かれていないという。宮城と砂沢は、この情報をもとに架空請求の資料をさらに読み込み、架空の会場や関係者を特定し、市議本人に取材をして報道した。中川市議は、印刷会社に口裏合わせをするよう根回ししていて、取材に対しても疑惑を否定していたが、ほかの市議の証言などをさらに報道すると一転して不正を認めて議員辞職した。その後、詐欺の罪で起訴され、二〇一九年九月、懲役一年六か月、執行猶予四年の有罪判決を受けた。

政務活動費をめぐる一連の取材は、疑問を解消する手段として情報公開請求という制度を使い、入手した資料を自らチェックし、取材で裏をとって報道するという、ある意味報道の原点である「調査報道」を実践した成果だった。記者の最初の取材に、ほとんどの議員たちは「知らない」、「やってない」と否定したが、「動かぬ証拠」を示すことで一転して不正を認め辞めていった。

横やりと反発、キー局の助け

スクープの後は、とにかく毎日続報を出した。すでに裏をとっていた二人目の市議の不正を翌日オンエアーし、その後は他社に抜かれたネタも躊躇なく後追いして伝えた。富山県は自民党の地盤が強固で、町や村の議会も代表質問は自民党しかできないところがほとんどだ。民放最後発のチューリップテレビには苦情や文句を言いやすいのか、取材やニュースにはさまざまなリアクションがあった。議員からは「一方的な報道ではないか」と抗議がきた。番組審議会では「富山の恥をさらしているのではないか」とのお叱りもいただいた。また、市議会のドンは、局にコマーシャルを出すスポーツクラブの代表でもあり、古くからつきあいのある社員や記者も多くいるため、不正のタレコミがあったとき砂沢は、「この取材をすすめると、会社に不利益があるのではないか」と心配を口にした。

民間放送局には、行政やスポンサー企業の営業を担当する社員がいる。公権力と真っ向から対立する報道によって、彼らが厳しい立場に立たされる場合がある。また、報道現場では、ドキュメンタリー番組の取材、制作に専任で記者を張りつけることで、その記者が毎日のニュース取材から長期離脱し、しわ寄せを受ける記者たちから不満が出る。このため取材は、裏がとれるまで限られたメンバーで進めた。スクープをオンエアーすることも、放送直前に会社に伝えた。そしてその後も、証拠を隠蔽しようとした「ドン」、口裏合わせをした議員、情報公開請求したことを漏らした教育委員会の管理職や教育長、それに加担した議会事務局、そして、他人事の市長の発言などいっさいを報道した。横やりを含め、社内外から不満や批判があったが、取り合わなかった。議員のモラルの低さ、議員に忖度する議会事務局、逃げ腰の市長に対する市民の怒りの声は想像以上に大きく、視聴者や市民の応援メールや電話が毎日寄せられるようになると、報道制作局にいる記者はもちろん、ディレクター、アナウンサーそのほとんどが、領収証の不正チェックや、取材に自主的に参加するようになった。市民に背中を押される形で社内はまとまり、「やりすぎ」という声も消えていった。[1]

ところで、地方局は、カバーエリアが狭く、政界や経済界との関係性も近く、いわゆる「しがらみ」が報道や番組制作でたびたび足かせになる。営業から頼まれたものを、ニュースで取り上げることもある。しかし、それはローカル局の宿命のようなもので、向き合い、折り合いをつけて乗り越えることが大切だ。キー局と連携することは、その方法として有効だ。

TBS系列の全国ネット番組には、『NEWS23』や『報道特集』というフラッグシップの報道番組がある。その編集長や編集マンと協働することで番組はブラッシュアップされるとともに、取材や報道することの大義となる。キー局のお墨付きが出たことになるからだ。

富山市議会の一連の取材では、政治家、首長、そして社内調整と難題が生じたが、キー局の存在は局面打開の大きな助けとなった。

「調査報道」と無くならない不正

デスクの宮城と記者の砂沢は、情報公開請求で手に入れた書類を毎晩、何度も何度も見返した。

[1] これら一連の富山市議会の政務活動費をめぐる不正については、『富山市議はなぜ14人も辞めたのか――政務活動費の闇を追う』（チューリップテレビ取材班著）というタイトルで、二〇一七年に岩波書店より書籍化している。

すると、領収証への金額の書き足しや、空の領収証を使って注文していない印刷代を請求していることがわかった。これらは会派として議会事務局に請求しており、どの議員が使ったかもわからないようになっていた。また、政務活動費は前渡しで、使用については事前の審査もなかった。さらに、収支報告書も領収証も情報公開請求しないと見られない。ネットで公開することなど議論にすらならなかった。根本的に不正が起きる環境にあったのである。私たちの報道は、議員を辞めさせることが第一の目的ではない。真実を明らかにし、不正を生み出した仕組みを変えることにある。そのために、制度を使って資料を集め、その中の情報を読み取り、取材によって事実を突き止め、問題を浮き彫りにした。

また、ニュースや討論番組などで繰り返しこれらの問題を指摘した。他のメディアも報道し、市民の目が議会に注がれるようになった。その結果、議会の仕組みが変わった。たとえば、収支報告書は誰が使ったかわからない書式だったが、議員個人の名前を記載することに改められた。また、審査をせず議員に先渡しされていたものが、目的や詳細な使途、さらに領収証のチェックをしたうえで、使った金額は事実上後払いすることになった。さらに、飲食代は政務活動費で支出できなくなった。一方、公開の方法も改善し、収支報告書と領収証はすべて議会事務局のホームページで公開するよう条例が変更された。このため、情報公開請求する必要も、一枚一〇円のコピー代も必要なくなった。まさにメディアの報道が市民の声を大きくし、議会のルールを変えることにつながった。

市議会は、二〇一六年一一月、一二人の市議が辞職した段階で補欠選挙が行われた。その後も二人の不正が発覚し、合計一四人が辞職したあと二〇一七年四月に任期満了に伴う本選挙が実施された。この二回の選挙の結果、定数の半分にあたる一九人が新しい議員に入れかわった。この間、市議会は議員報酬を六〇万円から七〇万円に引き上げるとする条例を廃止することを決議する。また、自民党は、選挙に合わせて自己点検を行い「不正はすべて出尽くした」と発表していたが、選挙が終わってまた不正が発覚した。

中川市議に代わって議員会長になった五本幸正市議が、市政報告会の資料を架空請求していた疑惑が出た。また、政務活動費のあり方検討委員会の座長をつとめ、議長となった村上和久市議も、印刷代を不正請求したとして詐欺の罪で書類送検された。村上市議はこのあと、議長を辞め自民党も離党するが、不正を認めず裁判となり、二〇二一年三月、懲役一年執行猶予四年の有罪判決を受けた。

考えてみると、この二人は、一四人が社会的制裁を受けて辞めていったとき、同じような不正を抱えていながら、見つからないようじっと息をひそめていたことになる。彼らの他にも、昔の不正が報道されたが、市議たちは「誤解を受ける行為だった」と頭を下げ、「不正に使った金を返したから問題ない」と言いわけし批判をやりすごした。ほかにもルールを逸脱する領収証が見つかったが、責任をとって辞めた議員は一人もいない。富山市議会で不正に使用された政務活動費の金額（議員が返還した金額）は、二〇二一年七月末現在で、六六九七万円あまりにのぼっている。

こうした事態を招いた責任の一端は私たちの側にもあった。取材や調査報道が不十分で、詰め切れないからだった。疲弊や息切れもあったと思うが、取材活動は停滞していた。こうした中、二〇一九年の春、局が制作するドキュメンタリー番組を映画化していこうという話が浮上する。

「その後」を伝えた映画とラストシーン

番組の映画化は、当時夕方ニュースのキャスターを任せていた記者の五百旗頭幸男《いおきべゆきお》が、局の新たな事業にすべきと言い出したものだった。もともと五百旗頭は、別のドキュメンタリーを映画化しようと進めていたが、私は、同じく五百旗頭が番組構成を担当した『はりぼて』を映画化することを提案し、二〇一九年の四月に準備に着手した。しかし、話は簡単ではなかった。

肖像権のこともあったが、議員や市長の失態を蒸し返すことになるとして、社内の幹部などから異論や反対が出た。映像や権利に関することについては、顧問弁護士と入念に打ち合わせをして、一つひとつチェックした。これに加え、富山市議会の話は、富山の恥をさらすのではなく、全国で表面化している議会の普遍的な問題を提起することになると説明した。最初の公開場所を地元富山ではなく、東京にしたのもそのためだった。

映画『はりぼて』は、第一幕で一四人が辞職するまでを、第二幕で「その後」を描いた。「その後」の中心人物は、ベテランの五本市議と、「改革派」の村上市議だ。五本市議は、印刷代の架空請求の他にも、市政報告会と称した集まりで酒を提供していたことがわかったが、二〇二一年春の任期満了まで議会に居座った。映画では、五本市議と砂沢記者のやりとりをそのまま見せることで、長老議員の「なれ合い」を描いた。一方、村上市議は私たちが定期的に実施した公開討論

『はりぼて〜腐敗議会と記者たちの攻防〜』（チューリップテレビ、2016年）
ディレクター：五百旗頭幸男、取材：砂沢智史、番組デスク：宮城克文、撮影・編集：西田豊和、プロデューサー：中村成寿、制作統括：服部寿人
第37回「地方の時代」映像祭放送局部門優秀賞、2017年日本民間放送連盟賞報道部門優秀賞、第43回放送文化基金賞優秀賞及び制作賞、第72回文化庁芸術祭賞テレビドキュメンタリー部門優秀賞、第41回 JNN ネットワーク大賞
2016年、富山市議会で政務活動費の不正使用が相次いで明らかになり、市議14人がドミノ辞職した。情報公開請求を行い、粘り強い調査報道により事件をスクープした記者たちと、議会と行政の攻防を描くとともに、不正の背景に迫った。2016年放送の番組放送後から取材した、事件の「その後」を加え、ドキュメンタリー映画『はりぼて』を製作、2020年8月から全国およそ80館で上映した。

番組「議会改革を問う」にも出演し、大いに制度改革の持論を展開していた人物だった。五百旗頭は村上市議の公判前後の姿をクローズアップし、有事の中で改革派を名乗る議員の本質に迫った。村上市議は、二〇二一年三月に詐欺の罪で有罪判決を受けたが、その三週間後に行われた富山市議会議員選挙に立候補し落選した。その後控訴し係争中である。

映画は、単に不正追求型の番組にならないよう、議員や行政の傲慢さや弱さ、心の機微を描くようにした。そして、映画の最後は、私たち自身が被写体となる。

映画『はりぼて』の構成は、五百旗頭が担当し、取材を担当した砂沢とともにこの映画の監督となった。その五百旗頭が、映画の構想が進み、編集に着手する直前の二〇一九年秋に「会社を辞める」と私に打ち明けてきた。別な番組の放送をめぐって会社の考え方や判断が、自らの信念と大きく乖離していることを、切々と私に語った。経営や営業関連部署と意見が合わなくなることもたびたびあった。彼が会社を辞することを翻意させられなかった。それでも、退職するまでのあと半年、自ら提案したことをやり切るよう進言し、最後の仕事ははじまった。

チューリップテレビのポスター「正々報道」

五百旗頭が、年明けに報道制作の全体会議の場で皆に辞めることを告げることになった。そして、そのシーンを撮って映画に使いたいと言ってきた。ラスト九分で、映画は報道する私たち自身のことに急展開する。記者の砂沢が五本市議の控室を訪ね、報道から社長室に異動となったことを伝える。続けて場面は、報道制作局のミーティングに変わり、五百旗頭が、退職することを報道制作局の皆に伝え、「会社の向かっている方向は、報道が志す方向とは逆になってしまった」と泣きながら訴える。そして、報道制作局に掲げていた私たちのスローガン「正々報道」のポスターがはがされる映像が流れる。

このラストシーンを、事前の試写で見たメディアの関係者は「議員の不正の話が、いきなり身内のことに急転換しわかりにくい」「この映画をめぐって圧力がかかったのか」など疑問や問題点を指摘した。

初号試写の直前に、会社の幹部から試写を求められた。「何ら問題はない」と擁護する幹部もいたが、「人事批判、会社批判ではないか」「なぜ、社の不利益になる内容のものを認めたのか」「大問題だ」などの叱責をあびた。しかし、映画の上映が中止となれば、局の信頼は地に落ちる。映画はなんとしても上映しなければならない。上映をやめろと言わせないよう必死だった。幹部と話し合い、ラストのメッセージは、自らの戒めであること、これを上映することの意義など数日にわたって説明し、上映の許可はおりた。五百旗頭が会社を辞める前日だった。

映画が上映となり、舞台あいさつ等で辞める理由について問われた五百旗頭は、こう述べている。「映画の制作や、一連の富山市議会の取材をめぐって、社内外の圧力があったのではない」「別な番組の制作をきっかけに、報道に対する会社の考え方と自分の思うところが合わなくなっただけ」だと。そして、ラストシーンについては「何があったかは言えない。ぎりぎりで表現した」と答えた。

政務活動費をめぐる一連の取材では、一枚岩になってあらゆる外的要因を跳ね返したが、その後、私たち伝える側に隙ができた。五百旗頭の言うように、ラストシーンと映画の制作過程のことは関係ないが、さまざまな公権力へ取材をするのにもかかわらず取材が甘く、調査報道が不十分でつけ入られる隙があったことは確かだ。行政や議員に忖度していると思われても仕方がない。結局、私たち取材者も「はりぼて」なのではないか。すべてを描くことはできないが、自たちの都合の悪いことをそのまま見せることで、報道する自分たちへの自戒のメッセージとした。

小さな成果を積み重ねること

報道の現場を離れた今になって、政務活動費不正の報道がなぜできたのか考えるようになった。

一連の政務活動費をめぐる取材の原動力となったのは、情報公開請求を軸とする記者たちの地道な調査報道だったが、実はその姿勢は、何年も前から記者たちが実践してきたことだった。富山県の神通川で発生した「イタイイタイ病」の公害病認定五〇年の患者認定をめぐる取材（二〇一四年番組放送）では、県の認定員会の議事録を請求し、結論ありきの審議が行われていたことを指摘したこ

服部（中央）と報道制作局のメンバー

とをきっかけに、番組放送後に新たな患者認定がなされた。また、戦後七〇年の富山大空襲を検証した番組では、アメリカ公文書館で膨大な資料を閲覧収集し、富山を空爆したＢ29の機銃手を探し出して証言を引き出した。結局、自らが調査することを繰り返し、小さな成果を積み重ねてきたことが、富山市議会の取材にも生かされ、全貌を明らかにすることにつながったのだと思う。

　小さなローカル局が、調査報道を継続し、横やりをかわしながら番組を作り続けることは難しいことかもしれない。しかし、報道しないこと、報道番組を作らないことは、市民の無関心を呼ぶ。これだけ報道しても、富山市議会の不正は無くならない。全国に目を向けても、政治とカネをめぐる事件は後を絶たない。政治家や官僚が何人も辞めた。森友・加計問題の疑惑に絡む官僚の公文書改ざん、隠蔽事件の真相はいまだ明らかになっていない。広島の現職国会議員夫妻による県議や首長の買収事件も同様だ。富山市議会で起きた不正は、それらと同じ構図だ。ある意味、普遍的なことであり、日本の政治の縮図といってよいのではないか。私たちの最も大切な役目は、公権力を監視し報道することであり、地元に寄り添った番組を作り伝えることだ。目の前にあることを取材し、ローカルから問題提起していくだけだ。どの部署にいようが、どの立場にあろうと、それは変わらない。

チューリップテレビの報道チームはリーダーも変わり、メンバーも大きく入れ替わった。私が最も信頼する報道部長の中村成寿は、私の異動した後、ＴＢＳや系列局とのパイプをつなぎ、『報道特集』に記者と作品を送り出した。

五百旗頭と並ぶドキュメンタリー制作に優れたデスクの槙谷茂博は、新人記者が長期取材した白鳥と地元の男性のヒューマンドキュメンタリーを企画構成して、ＴＢＳ系列局の番組審査会の大賞を受賞した。情報漏洩で役人の嘘を明らかにした記者の安倍太郎は、退職した宮城のあとを引き継いでデスクとなり、富山市議会の取材をはじめニュースの指揮をとっている。砂沢のあと市議会を取材した記者の京極優花は、コロナで地元を追われた男性を取材し、差別を考える番組を作った。その砂沢は、朝鮮女子勤労挺身隊だった被害者を支援する富山の女性を取材し、国や地元企業の対応について問題提起する報道番組を、異動した後に作った。

誰がいなくなっても、誰が何を言っても、私たちの歩みは止まらない。

大企業の働き方を変えた
――「夫はなぜ、死んだのか」と問い続けた女性の闘い

奥田雅治（毎日放送）

「いまは、仕事が忙しくて……」

一度、会って話がしたいと何度、連絡をしただろうか。でも、答えはいつも同じだった。大阪を拠点とする放送局が製作するドキュメンタリー番組のディレクターから「取材の相談で会いたい」と言われてもエリア外の人たちにとっては、まったく馴染みのない番組だ。さすがにピンと来ないのだろう。関西以外の人たちに取材を申し入れても敬遠されることには慣れていた。だから、何度も何度も根気よく連絡した。「よくあることだしな……」。二〇〇六年のことだった。

女性は、愛知県安城市に住む内野博子さん（当時三七歳）。夫、健一さんは、トヨタ自動車の正社員として工場で働いていた。それは、ある日の夜勤勤務の残業時間中に突然、起きた。健一さんが、上司の目の前で倒れ、そのまま亡くなったのだ。私は、内野さんが実名で顔も隠さず裁判で闘って

いることを知り興味を持った。ドキュメンタリー番組にならないかと考えたのだ。過労死、過労自殺の裁判では、周囲の目を気にするあまり、名前はおろか、顔を出して取材に応じる人は、意外と少ない。ましてや、トヨタのおひざ元の愛知県だ。裁判を闘うのは、相当の覚悟があるに違いない。私は、そう確信した。

「では一度、お会いましょう」。そう返事が返ってきたのは、最初に連絡を取ってから数か月が過ぎた二〇〇六年の秋のことだった。早速、私は東海道新幹線安城駅から徒歩圏にあるマンションに向かった。いつものようになぜ、健一さんの過労死裁判に興味を持ち、ドキュメンタリー番組にしたいと考えたのか、をできるだけ丁寧に説明し、取材内容の概略を話した。少し考え込むような顔をしていた内野さんだったが、しばらくしてぽつり、と口にした言葉をいまも忘れられない。

「会社の名前は、出してくれますか?」

それは、私にとって唐突な言葉だった。「聞き違いかな?」とさえ思った。なぜなら、会社の名前を匿名で報じることなど、まったく考えていなかったからだ。けれど内野さんには、根強いマスコミ不信があった。原因は、会社の名前を匿名にするメディアが、少なからずあったことだ。たとえば、二〇〇六年四月にある大手全国紙が「格差」をテーマにした連載記事に健一さんの過労死に触れた箇所がある。だが、記事には「愛知県の自動車工場」とあり、トヨタの文字は出てこない。このあからさまな配慮に内野さんは、ショックを受けていた。私は「無論、実名で報道します」と伝えたが、のちに内野さんはこの時はまだ、半信半疑だったと打ち明けている。「大阪からわざわざ来てくれて社名を実名で報道する、と言って頂けたので、まずは信用してみようと思った」そうだ。こうしてドキュメンタリー番組『映像'07』の撮影は、始まった。

夜勤の残業時間中に上司の目の前で倒れる

ここで健一さん（当時三〇歳）が、過労死に至る経緯に触れておきたい。

二〇〇二年二月、愛知県豊田市にあるトヨタ自動車堤工場で勤務していた健一さんは、夜勤の残業時間中の午前四時二〇分に上司の目の前で椅子から転げ落ちるように倒れ、救急車でトヨタ記念病院に運ばれた。だが、病院に着いたころには、すでに心肺停止の状態で、医師たちは懸命な蘇生処置を施したが、二時間後に死亡が確認された。死因は、致死性不整脈だった。

内野さんは当時、三歳の長女、亜美ちゃんと一歳の長男、雄喜くんに恵まれ家族四人、幸せな日々を過ごしていた。二人の子どもは偶然、ともに六月六日生まれ。健一さんとは、三人目も六月六日に産めたらいいね、と話していたそうだ。勤務をしていた堤工場は、一九九五年五月から「午前六時二五分から午後三時一五分まで」の勤務と「午後四時一〇分から深夜一時まで」の勤務の二交代制になっていた。健一さんは、一九九八年には指導職に昇格し、イギリスやアメリカの工場に数か月出張を任されることもあった。そして、二〇〇一年九月頃からは、北米向け輸出が好調となり、休日出勤や残業が目に見えて増えたという。一二月には、午後三時一五分に終わる勤務でも、帰宅が午後六時半と決めていた夕食が終わったあとになることも珍しくなくなっていた。内野さんは、健一さんの働き方が心配だったが、残業の話になると決まって健一さんは「年が明けるときっと楽になる」と答えていた。

だが、内野さんの不安は的中する。

家族写真

年が明けても一向に帰宅時間は早まることなく、残業時間が、減る気配はなかった。逆に益々、帰宅時間が遅くなり、健一さんの体を心配した内野さんは、家を出る時間と帰る時間をカレンダーに書き込むようになった。時には、健一さんが帰宅途中にガソリンを入れたり、買い物をしたりして持ち帰ったレシートを大切に保管し、勤務時間のチェックに役立てた。それほど、健一さんの残業時間が気になっていたのだ。皮肉にも健一さんの過労死をめぐり、のちに労働基準監督署と裁判で闘うことになり、レシートなどの「証拠」が大きな威力を発揮することになるのだが、この時はそんなことになるとは夢にも思っていなかった。

「やはり、残業時間が、多すぎる……」。内野さんは、健一さんの勤務時間を詳細に記録し始めるとすぐに残業が、目に見えて増えていることが確認できた。

「大丈夫なの？」。何度も同じ問いを繰り返した。でも、返事はいつも一緒だった。

「大丈夫、すぐ残業時間は減るよ……」の一点張り。そんなやり取りが毎日、毎晩、続いた。

「健一さんは、本当に大丈夫なのだろうか？」と体調を心配する思いは、募るばかりだった。夜勤明けで帰ってくると、遮光カーテンで暗くした部屋で健一さんは、すぐに床につく日が続く。まさに泥のように眠った。自宅と工場を往復するだけの生活……。でも、いくら長時間労働が続いていても、子どもたちとの時間を大切にする夫だった。内野さんには、無理をしているとしか見えなかった。そして、ついに危惧していたことが、起きてしまう。

それは、突然の出来事だった。健一さんが、勤務中に倒れたことを知らせる電話が工場の担当者から真夜中に掛かってきたのだ。だが、運悪く内野さんは、深く寝入ってしまっていたため気づくことなく、留守番電話に急を知らせるメッセージが録音されていた。内野さんと連絡が取れない工場の担当者は、健一さんの両親に電話をし、ようやく内野さんに緊急事態が伝わった。急いで病院に駆けつけたが、すでに健一さんは、息を引き取ったあとだった。顔を見たときの内野さんの絶望は到底、想像することはできない。小さな子ども二人と残され、悲嘆に暮れたに違いない。のちに工場からの留守番電話を確認すると次のようなメッセージが残されていた。

「モシモシ、内野健一さん、ご主人が、会社で倒れました。意識不明の状態で、救急車でトヨタ記念病院まで運ばれまして、大至急、家族の人に来て欲しいとの連絡が入りましたので、留守電聞き次第にトヨタ記念病院まで大至急、行ってください」

この時のことを内野さんは、こう振り返る。

「去年の秋ごろから半年かけて、徐々に徐々に帰宅が遅くなって、忙しさがピークの時に倒れたので、留守番電話を聞いた瞬間に過労が原因だと思いました」

事実を積み上げる作業と食い違う残業時間

しかし、四十九日が明けたころから内野さんは、記録を付けていた健一さんの勤務時間をあらためて見直し、残業時間を調べ始めた。あるいは、そうすることで突然の夫の死で狂ってしまいそうな心のバランスを無意識に保とうとしていたのかも知れない。身近に見ていたのだから、長時間労働は間違いない。確信はしていたが、調べてみると驚くべきことがわかった。健一さんが亡くなる前の一か月間の残業は、実に一四四時間三五分にのぼっていたのだ。

長時間労働が、健一さんの死亡原因だとして、内野さんは二〇〇二年三月六日、豊田労働基準監督署に労災認定の申請を行う。これと並行して、独自に調べた残業時間の資料を持ち、健一さんが勤めていた工場の担当者と話し合いを持ち、労働組合にも協力を求めた。五月には、健一さんの直属の上司と自宅で会い、当時の状況を確認している。

そのやりとりを内野さんは、録音して残していた。

内野さん「過労死は、認めてもらえますかね？」
上司「過労は、過労でしたから。仕事にずっと追われていて、ストレスが溜まっていたというのは事実だと思います」
内野さん「でも「世界のトヨタが、過労は認めないでしょう」という意見もよく聞きます。そういうのを聞くと不安になります」
上司「でも、私の感触では、会社の上層部では「過労にしよう」ということで、まとまっていますので、労災が取れるようには、してくれると思います」

この時、健一さんの上司は、間違いなく過労死だと認め、会社も協力する考えを示していると話していた。ところが、工場の人事担当者と会い、残業時間について話し合いを重ねるうちに残業時間をめぐって、食い違いが見られるようになった。前述した通り当時、勤務時間は「午前六時二五分から午後三時一五分まで」と「午後四時一〇分から深夜一時まで」の二交代制だ。この勤務は、一週間ごとに変わる仕組みになっていた。内野さんの調査では、たとえば「死亡する一週間前の二月一日」をみると健一さんは、午前五時四〇分から夜九時まで働いていた。残業時間は、六時間五分だ。だが、会社側は「三時間の行動が、不明確だ」として残業時間を削った。

また「亡くなる六日前、二月二日」は、休日出勤をしていた。内野さんの調査では、健一さんは「午前五時四〇分から翌日の午前二時まで」働いていた。ところが会社は、職場が自主的に行う「QCサークル活動」などの「改善活動」が含まれているとして、七時間を削った。こうして内野さんは、工場の人事担当者と話し合いを重ね残業時間を導き出した。すると健一さんの亡くなる直前の一か月間の残業時間は結局、「一一四時間二分」ということになった。厚生労働省による過労死の労災認定判断基準では、発症前の一か月間で残業時間が一〇〇時間を超えるか、あるいは発症前六か月の複数月の平均残業時間が一か月八〇時間を超えた場合、過労死の可能性が高いと定められている。健一さんの残業時間は、この過労死認定の基準を明らかに満たしていた。倒れた時、目の前にいた上司も間違いなく過労死である、と認めていたことは、録音テープに残されている。「健一さんの労災は、認められて当たり前だ」。そう信じて疑わなかった。ところが……。

二〇〇三年一一月、豊田労基署は、内野さんの申請を退けた。健一さんの死は、過労が原因ではないと結論付けたのだ。想像もしなかった決定に当然ながら内野さんは、激しく動揺した。当時のことをこう語る。

「まさか……、ですよね。労災が、認められないはずがない。あれだけ、仕事を一生懸命にやっていて、数えたら残業時間が一〇〇時間以上あって……。本人は真面目に言われた通りに働いていただけなのに……。それが「何をやっていたのか分からない」という理由で却下されるのは、本当に主人に申し訳ないと思いましたね」

労基署が、申請を退けたのには、それなりの理由があった。会社も健一さんの労災認定に協力してくれていると信じていた内野さんだったが、実はそうではなかったのだ。

労基署はなぜ、健一さんの労災を認めなかったのか。根拠となったのは、会社が労基署に提出した勤務表だった。だが、それは内野さんが工場の人事担当者と話し合った時には、まったく見たことのない資料だったという。

労基署が、認定した健一さんの残業時間は、死亡直前の一か月間について、わずか四五時間三五分、六か月の平均は三〇時間五八分だけだった。これでは、過労死認定の基準は到底、満たさない。内野さんと工場の人事担当者が合意した死亡直前一か月間の残業時間は、一一四時間二分だったはずだ。この残業時間でさえ、内野さんが日ごろからメモを付けていた労働時間から相当な時間が差し引かれ、ようやく双方で合意した時間だ。労基署が認めた四五時間三五分という時間とは、あまりにも食い違いが大きかった。到底、受け入れられる結果ではなかった。

会社が出してきた勤務表とそれによって労基署が算出した残業時間を調べてみた。すると、実際の勤務実態と明らかに矛盾する事実が、浮かび上がった。

健一さんには「午前四時二〇分に残業中に上司の目の前で意識を失いその後、死亡した」という動かしがたい事実がある。残業時間は、三時間三五分だ。この日の残業時間は、内野さんとの話し合いで当初、工場の人事担当者も認めていた。ところが、会社がのちに労基署に提出した勤務表では、残業時間が二時間になっていた。労基署が、算定した残業時間はそれに近い二時間五分。しかしこれでは、健一さんは意識を失ったとき、残業をしていなかったことになる。残業時間中に上司の目の前で倒れたという話と明らかに矛盾する。

ところが、この矛盾を埋めるかのような上司や同僚の証言が、労基署の作成した調査記録に記載されていた。それによると「健一さんは、工場に長時間残っていたものの、仕事はせず世間話をしたり、お茶を飲んだりしていた」というのだ。労基署は、会社側の証言だけを一方的に鵜呑みにし、労災の申請を退けたという訳だ。

健一さんの上司に直接、話を聞く

健一さんが亡くなった直後は、過労死を認めていた上司がなぜ、証言を翻したのか。真意を聞かなければ、内野さんの取材は前に進まない。そう考えた私は、上司の自宅を割り出し、話を聞くことにした。

記者「長時間の拘束はあったが、お茶を飲んだり、無駄話をしたりしていた、ということですか?」
上司「はい」
記者「それは、あなたに健一さんが付き合っていた、と言うことですか?」
上司「付き合ってくれていた、と言うことですね。何も不満も言わずに……、ですね」
記者「実際は、健一さんに仕事があって……」
上司「ほとんどないです」

当時、残業時間は、上司の裁量で決められていた。これが、内野さんが調べた残業時間と会社の主張が大きく食い違う原因となっていた。

私は、上司の証言が正しいのか、健一さんの同僚を探し出し、話を聞くことにした。だが、ここに至るまでは、相当の苦労があった。取材に協力したところで、何らメリットはない。逆に取材に協力したことが、会社に伝われば今度は、自らに災難が降りかかりかねない。関わらないことが、最も安全だ。内野さんは、労働組合にも消極的な態度を取られ、落胆していた。こんな状況下では、会社に不利な証言を得るのは、困難で計り知れない時間と労力を費やすことなる。いくら頑張って取材を重ねても、証言を得られないことを覚悟しなければならない。だが、幸運にも幾人かの交渉を経て、ひとりの男性に辿り着くことができた。

記者「上司は、仕事が終わっても雑談をしていた、と証言していますが?」

元同僚「そのようなことは、会社が許さないと思います。「仕事が終わったら速やかに帰れ」ということは、会社が常に口を酸っぱくして言っていますから」

記者「仮にそうだとすれば、本当はどのような状態だったのですか?」

元同僚「内野さんが残って頑張っているのにその部署の長である組長さんが、先に帰ることは普通、出来ませんよね。逆に、内野さんが残っているから、それに対して上司が残っていた、というほうが辻褄は合うし、それが実態だと思います」

取材に対し、同僚だった男性は、明確に上司の証言を否定した。

内野さんは「労基署が下した判断は到底、受け入れられない」と長女、亜美ちゃんが小学校に入学した二〇〇五年の七月、労基署を管轄する国を相手に「労災保険不支給処分の取り消し」を求め裁判を起こした。ただ、裁判を起こすことには、大きな葛藤があった。実は、健一さんの家は、三代続くトヨタ一家。健一さん自身、トヨタで働くことを幼いころから夢みていた。内野さんの父もトヨタ関係の仕事をしていた。だから、裁判を闘うのには、反対だった。結局、内野さんが、裁判を決めたことで実の父とは、絶縁状態になった。だが、それでも闘うことを諦めなかった。健一さんの死は、過労が原因だと証明したい……、その一心だった。

減らない過労死、増えない認定率

過労死、過労自殺で大切な家族を失った人の数は、いまもなお増え続けている。厚生労働省の調べによると過労死を含む「脳、心臓疾患」の申請件数は二〇一九年度が、九三六件と前年を上回った。一方、認定数は二一六件とこちらは減少した。まだまだ、認められるのは、難しい状況であることがわかる。「過労による精神障害や自殺」の申請件数は、二〇六〇件となり、認定された件数は、五〇九件とこちらはどちらも増加した。認定率は、「脳、心臓疾患」は、三一・六パーセント、「過労による精神障害や自殺」は、三二・一パーセントとまだ低い。

労災認定が遅々として進まない最大の理由は、企業に有利な認定方法にあるという専門家からの指摘がある。企業が残業時間を減らして申請すけば「労災逃れ」は、容易い。残された家族は、精神的なダメージを受けた上に数少ない手がかりや僅かでもいれば幸運だとされる協力者を探しながら長時間労働や心理的負担を証明していかなければならない。ましてや労基署が行う調査で会社の同僚や上司が、会社に不利な証言をすることは、考え難い。さらに過労死の申請は増えているものの、調査する監督官の数は足りていないので、実態の解明にかける時間がほとんどないとの悲痛な声が、現場から上がっている。

健一さんのケースも例外ではなかった。会社側に立つ同僚や上司の証言が、そのまま採用され、遺族の主張は完全に退けられた。健一さんが、残業時間に倒れる直前まで書いていた「申し送りの日誌」には、業務中に起きたトラブルを手書きの図も添えて、詳細に書き込まれていた。残された日誌を読むとこの日は、生産ラインが止まったあとも、トラブルの処理に追われていたことがわかる。その一文を紹介する。

「申し送りのドアのへ込み、当直にても多発しました。ライン終了後、ドアロック部に遺物付着により、通電異常が働き、ラインストップ多発の連絡あり。来週、手直ししますので、保留願います」。倒れる寸前まで、職場の改善に苦心していた様子が、ありありと浮かび上がる。

国を相手にした裁判での激しい攻防

裁判では残業時間について、労基署の調査が誤りであることを証明しなくてはならない。最大の争点は「ＱＣサークル（小集団改善活動）」などの社員による自主活動とされるものが、業務か否か、である。社員たちが自主的に集まり、仕事の改善を図る「ＱＣサークル」は、厚労省労働基局長通達に次のようにある。

「労働者が、使用者の実施する教育訓練に参加することについて、就業規則上の制裁等の不利益取扱いによる出席の強制が無く、自由参加のものであれば、時間外労働にならない」。つまり、会社が参加を強制していないのなら業務にならない、というのだ。そこに会社や上司からの「無言の圧力」は、加味されていない。

お互いの主張は、書面で何度もやり取りされるが、最大の山場は、何といっても当事者たちへの証人尋問だ。二〇〇七年五月二五日に名古屋地裁で開かれた証人尋問では、圧倒的な収穫を得ることができた。健一さんが、倒れた時に一緒にいた上司の証人尋問は、次のようなやり取りとなった。

原告代理人「当時、あなたが、残業時間を「このひとは、これだけ」というふうに認定していたということですね」

元上司「はい」

原告代理人「残業時間については、たとえば朝五時まで残っていても仕事をした時間は二時間とか一・五時間だとかの時間を付けていたということですね」

元上司「そうです」

原告代理人「仕事をやった時間は、「これくらい」だと認定するのは、あなたですね」

元上司「はい」
原告代理人「二〇〇三年の聴取書には「個人別に月の残業時間が四五時間を超えると申請が必要で、会社からは効率よく仕事をするように言われていて、私としては、残業時間の目安を一人当たり三〇時間か、四〇時間と考えていました」と書いてあります」
元上司「はい」
原告代理人「要するに、一人当たり三〇時間から四〇時間を超えないよう残業を付けようと考えていたことは、間違いないですね」
元上司「残業が終わってから申し送りを書くとこのくらいになるよ、という意味です」
原告代理人「どういう意味かは別にして、三〇時間から四〇時間と考えて目安にしていたということは、間違いないですね」
元上司「三〇分くらいすると、これくらいになるよ、と言うことです」
原告代理人「四五時間を超えると申請が、必要だったのですね」
元上司「申請は、したことがありません」
原告代理人「申請はしたことはない、と言うことですね」
元上司「はい」

このやりとりで、労働時間は、実際の労働時間ではなく上司の裁量で、しかも四五時間を超えない範囲で、残業時間を付けていたことがわかった。当時、トヨタには労働時間を管理する「タイムカード」は、存在していなかったのだ。

元上司への証人尋問は、さらに核心へと進む。健一さんは、残業をしていたのではなく「お茶を飲んだり、雑談をしたりしていた」という主張だ。

原告代理人「あなたは、仕事が終了した後、同僚たちと健一さんが、雑談をしていたと述べていますが、それはどこで、ですか」

元上司「詰所で見かけました」

原告代理人「それは、雑談ではなく作業の報告とかでは、ないのですか」

元上司「聞いていませんので、内容は……」

原告代理人「内容は、聞いていないのですね」

元上司「はい」

この直後、原告代理人と元上司のやりとりを聞いていた裁判官が突然、割って入った。私には、意外な展開だった。

裁判官「先ほどから雑談と言うことが問題になっていますが「私と健一さんが一緒に残っている時間に実は、健一さんと趣味などの話で興じていたこともあった」などとは、とても奥さんに言えなかった、と聴取書に記載されています」

元上司「はい」
裁判官「具体的にどのような趣味ですか」
元上司「主に私の趣味です」
裁判官「健一さんの趣味は？」
元上司「思い出せないですが、ほとんど私の趣味とか、家族のことの雑談が多かったです」
裁判官「健一さんは、主に聞き役だったということですか」
元上司「そうですね」
裁判官「そういうので毎日、何時間も話していたのですか」
元上司「話し込むと結構、長かったです」
裁判官「あなたの趣味は、何ですか」
元上司「スポーツとか」
裁判官「なんの？」
元上司「ジョギングやマラソン……」

最初、元上司は、「同僚との雑談を見た」と話していたが結局、それは嘘で元上司である本人が、雑談していたことに話が変わった。

さらに裁判長からの質問は、自主活動だとされている「改善活動」にもおよぶ。

裁判官「創意工夫の提案などで、ほかの人が書かない場合、あなたと健一さんで分担をして代わりに出したということがあった、ということですか」
元上司「そういう時もありました」
裁判官「何故、そういうことをされたのですか」
元上司「全員参加の自主目標が、ありましたので、件数が足りない分は、書いていました」
裁判官「そうすると役付きではないひとは、まったく自主的な活動かも知れませんが、管理的な立場に立つと全体として活動をしているようにしたい気持ちになるということですね」
元上司「そういう気持ちは、あると思います」

「改善活動」や「職場の創意工夫の提案活動」は、管理職的な立場であった健一さんにとっては、自主的なものではなかったということが、証言から明らかとなった。

そして、大企業の働き方が変わった

私は、大阪から幾度となく名古屋に通い、取材を続けた。この間、大手全国紙の記者からかけられた言葉が、いまも忘れられない。
「内野さんが、勝つと思っているの?」。その問いに私は「もちろん、そう思っていなければ、取材していませんから」と答えた。だが、その記者は「トヨタが相手だからわからないよ。負けた時、

勝訴判決直後の内野さん

放送するつもりなの？」と言い放った。
そして迎えた二〇〇七年一一月三〇日、判決の日。この日、内野さんは自宅の裏にある神社に参拝し、勝利判決が得られるようにと願った。そして、「裁判長に判決を出してもらうこの日を迎えられたことは、とても嬉しい」と語った。
名古屋地裁に着くと、すでに多くの支援者とマスコミが押し寄せていた。下された判決は、完全な勝利だった。大勢の拍手に迎えられ、支援者から花束を受け取った内野さんは、満面の笑みを浮かべた。そして「健一さんにひとこと」という私の問いにこう答えた。

「やっと認められたよ！と言いたいです。ちょっと長く時間は、かかっちゃって、ごめんなさい、って」

判決では、残業時間について、健一さんが亡くなる直前一か月の残業時間は一〇六時間四五分だったと認定した。この時間は、健一さんが工場で仕事をしていたと認められる確実な線を採用したものだった。また判決では、健一さんがしていた品質管理のクレーム対応業務に目を向け、相当程度にストレスの高い仕事であるとした。さらに工場で採用されている連続二交代勤務について、

『映像'07 夫はなぜ、死んだのか～過労死認定の厚い壁～』（毎日放送、2007年）
構成・演出：奥田雅治
第28回「地方の時代」映像祭グランプリ、第45回ギャラクシー賞優秀賞、2008年日本民間放送連盟賞優秀賞、第34回放送文化基金賞番組賞、第32回ＪＮＮネットワーク協議会賞奨励賞
2002年、トヨタ自動車の工場で勤務していた30歳の男性が、残業時間中に倒れ、亡くなった。過労死を確信した妻は、夫の死は過労が原因だと証明するため、闘うことを決意する。そして、ひとりの女性が、この国の働き方を変えた。2018年5月27日に内野博子さんのその後を描いた『映像'18 職場で死なせない～過労死家族の終わらぬ闘い～』を放送。

深夜勤務は人間の生体リズムに反し、疲労の蓄積を招く、と判断した。

さらに判決では、これまで「仕事ではない」、「自己研鑽だ」と言われながら、人事考課に影響し、実際には、強制的な仕事となっていた「ＱＣサークル活動」などのさまざまな自主活動について、会社の「事業活動に直接、役立つ性質のもの」あるいは、「事業活動に資するもの」であって、会社としても育成、支援していることを理由にその「業務性」を明確に認めた。

この判決後、トヨタは迅速に対応した。それまで「ＱＣサークル活動」について、月二時間としていた残業時間の上限を撤廃し、全額を支払うことを決めたのだ。この動きに呼応するかのように日本の大企業が、次々と「ＱＣサークル活動」に残業代を支払う動きを見せた。ＱＣサークル活動の全国的普及などを行う日本科学技術連盟が、二〇一八年にまとめた調査によると、日科連の「ＱＣサークル本部」に加盟する七万五〇〇〇余りのサークルのうち、実に七五・九パーセントが全額、残業代の支給を受けているという。

「夫の頑張りを証明したい」。その一心で内野さんが、ひとりではじめた闘いは、やがて多くの協力者を得て、ついには日本企業の働き方を変える道筋をつけたことにつながった。

市営散弾銃射撃場の鉛汚染問題を追及する

——地域に根づく第三セクター／ケーブルテレビの役割

大鋸あゆり（伊万里ケーブルテレビジョン）

すべては志ある人との出会いから

「It is not who is right, but what is right, that is of importance.」。イギリスの生物学者、トマス・ハクスリー（一八二五～一八九五年）が遺した名言だ。「誰が正しいかではなく、何が正しいかということでのご判断を」。今は亡き、元市議の下平美代さんが、伊万里市議会の一般市政に対する質問（一般質問）で、当時の市長に、この言葉を投げかけた。二〇一一年三月。東日本大震災の二日前のことである。あれから、もう一〇年の歳月が流れた。

その日私は、アナログ放送施設を残した築二三年の旧社屋におさらばし、真新しいデジタル機器が整った新社屋の副調整室で、朝から市議会中継のスイッチ[1]をしていた。一般質問のニュースはスイッチャーが担当することにしている。一般質問では、市民生活に直結する問題があぶり出されることも多い。一言も聞き漏らさまいと耳を傾けていた。そして初めて市営散弾銃射撃場の鉛散弾による環境汚染を知ることになる。いや、正確に言えば、この問題について下平さんが質問していたことは知っていた。この問題の重要さを初めて認識した、というのが正しい。

議場では激しい攻防が繰り広げられた。下平さんは、射撃場直下の民有地の土壌から環境基準を一三倍上回る鉛成分が検出されたという、佐賀大学に依頼した独自の調査結果を示し、射撃場を即時閉鎖するよう市長に迫った。「閉鎖は、今日ただいま、市長の決断でできるのです」。これに対して市長は、「有害鳥獣駆除の観点を含めた検討が必要だ」という趣旨の答弁をしていた。

下平美代さんは、教職を定年退職したあと、市議に転身した女性だ。議事録をさかのぼると、もう一〇年以上前から（今から数えると二〇年前の二〇〇〇年から）、この鉛汚染問題を一般質問で取り上げていた。そのたびに市は、射撃場を利用している団体から閉鎖をしないでほしいという要望書が出ているからと、閉鎖を先延ばしにしていることもわかった。下平さんは五期二〇年にわたって市議会議員を続けていたが、年齢を理由に勇退を決めていて、私がたまたま中継に携わっていたこの質問が、議員生活最後の舞台だった。

そのやり取りの中で、私がとくに納得がいなかった市長の答弁がある。鉛汚染問題の解決を訴える議員に対し、「射撃場の下流で農業をしている地区に対しては、道を整備したり急傾斜事業を行ったり、要望があれば事業化し、目配り気配りをしています」と言ったのだ。道端での会話ではない。

［1］スイッチとは本編やCMなどの画面の切り替えを行う機器のこと。スイッチャーとはそのスイッチを操作する人のこと。

議会の答弁で、堂々とだ。これに対して下平さんは何度も食い下がり、質問の制限時間が来てマイクの電源が切られる中、声を張り上げ、「誰が正しいかではなく、何が正しいかということでの判断を心からお願いします。これからも多様な多岐なる戦いを続けてまいります」と宣言したのだった。一連のやり取りを目の当たりにして、私は、この中継を滞りなく終わらせるだけではだめだ、行動を起こさなくてはという思いに駆られていた。

私はすぐに、土壌汚染対策法における特定有害物質について調べ、現地の取材を始めた。下平さんは、弊社がこの問題を取り上げることに賛同し、協力は惜しまないと言ってくださった。とにかく多くの市民にこの問題を知らせたいという共通の思いがあった。

「ケーブルテレビ」って何ぞや

ケーブルテレビという業界になじみのない読者もいらっしゃるだろう。ケーブルテレビは、主に、地上波テレビやBS・CS放送の再送信、インターネットなどの通信事業を行っている。インフラとしての性格が強いが、各局コミュニティチャンネルを有し、地域情報などを発信している。有線電気通信設備を用いて自主放送を行う登録一般放送事業者数は全国に四七一事業者あり（総務省情報流通行政局地域放送推進室令和二年八月版「ケーブルテレビの現状」より）、このうち弊社は、佐賀県西北部の山岳地帯に、昭和四一年（一九六六年）と早い時期に開局した。きっかけは、「テレビが映りにくい区域にも放送を見てほしい」という、KBC九州朝日放送からの打診だった。これに応える形で当時の伊万里商工会議所副会頭（弊社初代代表取締役）が、個人で有志を募って事業を開始。その後、生活協同組合として加入者を増やし、平成元年（一九八九年）に第三セクター（伊万里市、伊万里商工会議所、伊万里市農協）の株式会社となった。成り立ち上、九五パーセントは個人株主で、加入は一万六〇〇〇世帯と極小規模ながらテレビ加入率は八五パーセントと高い。

二〇二一年四月時点で、佐賀県内のケーブル局は一二局あるが、各局エリアはすみ分けがほぼできていて、高校野球の県大会中継など単局でできないコンテンツを協力して制作することはあっても競合することはない。民放はサガテレビ一局だけ。従ってコミュニティチャンネルでは、NHKや民放には手が届かないところを徹底的に取材し発信するよう心がけている。地方選挙の開票速報や議会放送にも注力し、多くの住民にご利用いただいている。とくに力を入れているのは、その日の出来事が一五分でわかるデイリーニュースで（二〇二一年度からは二〇分に拡大）。番組のタイトルは『55いまり』。五五分に始まるので、そうネーミングした。今では多くの地元スポンサーに支えられ、三〇年以上続く番組となっている。市営散弾銃射撃場の鉛汚染問題も、この『55いまり』の中で継続して報道してきた。

市営散弾銃射撃場が引き起こした鉛汚染

市営の散弾銃射撃場は、伊万里富士と呼ばれ市民に親しまれている、標高四七〇メートルの山の中腹にある。昭和三八年の佐賀国体の会場として設置された射場を市が引き継いだもので、長年、

射撃場と隣接民有地

富裕層のスポーツとして利用されてきたという。その間、五七トンの鉛散弾が撃たれたと市は推計している。土壌から鉛成分が検出された民有地は、射撃場の真下に位置していた。鉛は土壌汚染対策法の特定有害物質に指定されている。農家は、射撃場の休止と、土壌を入れ替え再びコメを作りたいと望んでいた。そこで、番組の目標を「射撃場の閉鎖」と「鉛弾の除去、土壌の入れ替え」に据え、問題を提起していった。

二〇一一年三月は、東日本大震災や地方選挙で忙殺されたが、四月から本格的な取材を開始。下平さん率いる市民団体と環境問題に詳しい明治学院大学の熊本一規教授の現地視察や、現地で農家が県や市の担当者に窮状を訴える様子などを取材し放送した。民有地でコメを作ってきたAさんは、行政の担当者に言った。「持ち主だけの問題じゃない。命の問題。水俣じゃないですか?」。そして、「この米を農協に納め、売っていた。買って食べていただいた方に申し訳ない」と懺悔し、「今すぐ射撃場を閉鎖してほしい」と懇願した。市は、「信頼のおける市の委託機関で再調査し検討する」とし、県は「市の調査結果をふまえて改善計画に協力していきたい」との見解を示した。

六月六日、はたして市の調査でも土壌から環境基準の一三倍の鉛が検出された。この結果を受け、市長は、六月定例議会で「射撃場を休止する」と答弁した。閉鎖ではなく休止。市長が配慮していたのは、射撃場を必要としている猟友会だった。

イノシシと銃を持った猟友会員

有害鳥獣駆除と射撃場

六月議会開会中のある朝、放送部の電話が鳴った。声の主は、猟友会の幹部だった。曰く、「射撃場は今、有害鳥獣駆除のため銃の技術を磨く学校になっている。有害鳥獣の被害の実態など、「存続を望む立場からも報道すべきだ」という。私が射撃場閉鎖を訴える人ばかりを取材していたのを見かねての電話だった。取材者としての視点が欠けていたことを反省しつつ、すぐに農作物の被害状況を取材した。

農家の苦労を考えると、それは言葉を失うほどの被害だった。イノシシは電気柵をものともせず、収穫間際の野菜や果物を無残に食い荒らしていた。カラスは肉用牛を生きたままついばんでいた。イノシシにでん部を噛まれて大けがを負った人もいた。次はコメがやられるとおびえる農家は、猟友会の駆除活動を頼りにしていた。そんな現実と、猟友会の思いを取材した。放送後、猟友会の幹部から再び電話をもらった。「私たちの言い分を放送してもらいありがとう。これで閉鎖と判断されるなら、諦めもつく」。

一方、下平さんが仕掛けたのが、ソバの栽培だ。岐阜大学の調べで、ソバは、鉛の吸収力が高いことがわかっていた。とくに信州大そばという品種の吸収率は別格だった。八月、地元の若者を巻き込んで、汚染された民有地にソバの種をまき、育ったソバの、根・茎・実、それぞれの鉛成分の調査を佐賀大学に依頼した。結果、とくに根から多くの鉛成分が検出された。

ソバの花

「この畑《はた》の　悲しさ告げる　蕎麦の花」

白い可憐な花を一面に咲かせたソバの花を見て、手伝いに来ていた有機農業を営む力武舜一郎さんが詠んだ。

市は一二月、県の指導を受け、射撃場内に放置されていた、的のクレーや散弾を格納するプラスチック容器など、鉛散弾以外の産業廃棄物を回収。同月の市議会で「射撃場を再び体育施設として利用することはない」と事実上の閉鎖を明言した。そして、二〇一二年三月、次年度の当初予算に、伊万里市から車で一時間あまり離れた県営射撃センターへの旅費を計上した。猟友会は、ここに通うことになり、これ以上、鉛散弾が撃たれることはなくなった。一つの区切りととらえ、これまで放送してきたニュースやコーナーを六〇分ほどの番組に再構成し、五月に放映した。

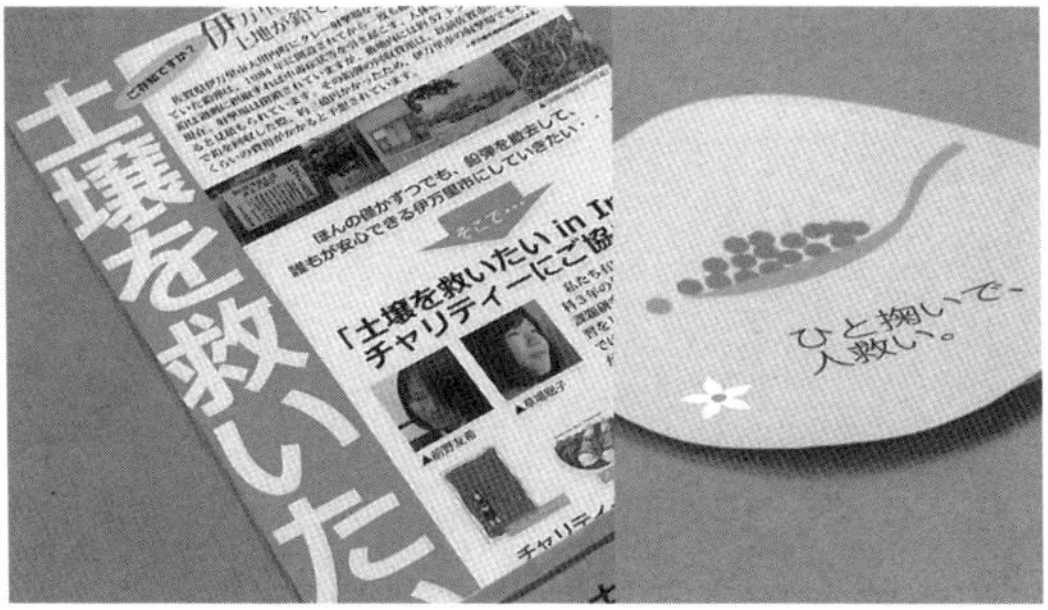

チラシとステッカー

広がる意識——動いた女子高生

六月。「有田工業高校の生徒さんがね、射撃場の鉛汚染をテーマに、研究発表をしたいと言ってるのよ」。ちょっと浮かれた声で、下平さんから連絡があった。番組を見たふたりの女子高校生が、鉛汚染の勉強をしたいと下平さんに電話をしてきたというのだ。まさか高校生が反応してくれるとは。しかも課題研究として取り組みたいなんて。私は、早速取材を申し込んだ。

ふたりはデザイン科の生徒だった。「番組を見て、デザインで何かできることがあるんじゃないかと思ったんです」と、恥ずかしそうに言った。そして、実弾やそば畑の見学、海外の事例調査などを重ね、啓発のチラシと、ソバの花をデザインしたステッカー、ポストカードを完成させた。そして、ふたりは教えてくれた。「ソバの花言葉は、「あなたを救う」、なんですよ」。

ステッカーは、一一月の文化祭と翌年一月の卒業制作展で、一枚百円で販売された。ふたりは、ブース前で足を止める人に問題点を説明した。地道な取り組みだったが、ひとりで何枚も買ってくれる人もいて、約一万一二〇〇円を売り上げた。ふたりは、集まったお金を汚染対策費として市に寄付することにしていた。市に電話でアポイントを取り、教育委員会に直接贈呈した。

贈呈式が行われる日のほぼ同時刻、全国制覇をはたした高校弓道部に対する市民賞の表彰式が行われていた。市は、市民賞に関しては事前に報道発表し、資料まで準備したが、寄付の贈呈は案内さえなかった。「寄付については以前から報道機関への案内はしていない」という説明だったが、地域課題を解決しようとする高校生の自主的な取り組みは、広く紹介されてしかるべきものではなかったか。

進まぬ対策――先進事例取材へ

二〇一二年一二月市議会。射撃場の下流に排水浄化施設を設置する予算が計上された。流れ出る鉛を抑える応急処置だ。しかし、計画されたのは小さな沈砂池。完全に防げるようなものではなかった。そこで私は、根本解決に踏み切った他所の事例を取材することにした。

一つは、佐賀県営の射撃センター。一九九四年に整備されたが、当初は伊万里の射撃場と同じように散弾の処理をしていなかった。しかし、二〇〇〇年に福岡県営射撃場で鉛汚染が問題になると対策工事に着手。五億三〇〇〇万円かけて、撃った散弾をすべて回収できる仕様にやり変えた。この事業を担当した県の職員は、取材に対し、「そこまで多額の費用をかけてやるのかと相当議論になった。しかし、イノシシ被害が急増していたため、技能向上と安全を図るために必要な施設として早く改修すべきという判断に至った」と振り返った。改修を終えた射場は、二〇〇五年に再開した。県によると、二〇〇二年に四億二〇〇〇万円にのぼっていたイノシシ被害は、二〇一一年には一億六〇〇〇万円にまで減少したという（捕獲頭数二〇〇三年／八四七九頭、二〇一一年／二万八九四頭）。目的を持って改修・再開させた好事例である。

汚染除去し舗装された佐賀県射撃研修センター

もう一つは、石川県羽咋市だ（二〇一三年二月）。調べたところ、ここは、鉛問題が発生したため射場を閉鎖。跡地をグラウンドにして、グラウンドの土の中から少しずつ鉛成分が抜けていくような水路工事を施していた。完璧だ。下平さんに話すと、なんと知り合いの市議が羽咋市にいるという。ともに現地に向かった。新幹線で八時間ほどかかったか。取材前夜は、金沢駅構内の店で石川県の郷土料理を食べた。「ここまで来たんだから、食べとかないとね」。下平さんは、のどぐろ定食を完食した。

翌日、担当者の話はもとより、対策を決断した市長と、予算を可決した市議会の議長に話を聞くことができた。市長は、「市長就任後の最大の課題だった。単独事業で八億から一〇億の金がかかるという話で、夜は何日も眠れなかった」と吐露。しかし、国や県に十分相談し、結果、三億円は国の交付金で賄ったという。とはいえ、年間予算九〇億円でやりくりする羽咋市が、なぜ二億五〇〇〇万円を手出しできたのか。理由を議長に尋ねると、「市長は公約に財政再建を掲げ、報酬も県内首長で最低、ボーナスも半分以下。そんな市長の政策ということで市民の理解を得た」という。市長は「下流域の住民の真剣な思いと、私たちの責任感が合致した」と語った。トップの姿勢次第で早期解決できる問題であることを確信した。放送への反響も大きく、新聞報道も次第に熱を帯び出し、大きな渦になっていくのを感じた。

二〇一三年三月の定例記者会見。伊万里市長は、根本対策を行うと明言した。民有地の土壌改良を求めていたAさん夫妻は、驚きを隠せない様子だったが、市長の英断に涙を流した。一転、対策の意思を示した理由について市長は、「世論に押された」と説明した。はずだった。

なお進まない対策と市の不作為

しかし、それからわずか三か月後の六月。会見で市長は、「対策はいろいろある。じっくり考えたい」と急にトーンダウンした。そして七月の会見で「封じ込めを検討する」と、方針転換した。封じ込めとは、鉛弾や汚染土を除去することなく上からコンクリートなどで固めるやり方だ。市が民有地を買い取る必要がある。Aさん夫妻は、六月八日に、民有地のすべての土の入れ替えを早期完遂するよう求める要望書を提出したばかりだった。市長会見で、「再び耕作をしたいという地権者の希望は叶えられないということか」と問うと、横に控えていた当時の教育部長は、「そうです」と平然と言い放った。市長は「いや、現時点では農作業したいとおっしゃっているが、今後農業できないとなった場合、市に買い取ってくださいという話になる可能性もあるんでしょ」と、ちらりと教育部長を見て言った。

急転直下だ。どういうことだ。地権者と裏で話ができていたのか？　私は、その足で地権者のもとへ向かった。会見の内容を知らせるとAさんは、「水田だけをめぐる個人的な利得でことを進めようという気持ちはない。（土地を）叩き売るなんて毛頭考えていない」と、がっくりと肩を落とした。やはり寝耳に水だったのだ。高齢の地権者の気持ちを踏みにじる、許せない行為だ。下平さんやAさんは、市民を交えた環境勉強会を開き、市の不作為を問うた。

市は、対策方法を練るとして、副市長をトップとする検討委員会を立ち上げ、八月に第一回の会議を開催した。市の迷走は、ここから始まる。検討委員会は、二〇二一年までの八年間に九回の会議を開くことになるが、市長が退陣に追い込まれる二〇一八年まで、対策は一歩も進むことはなかった。射撃場の直下に造成した小さな沈砂池は、大雨の日は水があふれ下流に流れ出す始末で、早急な対策が必要となっていた。

下平さんは、沈砂池から下流に流れ出す水を採取し、佐賀大学へ分析を依頼した。下平さんは、これまでの調査分析や、専門家を伊万里に呼んで開く講義も、すべて自費で行っていた。そんな、バイタリティあふれる下平さんが、ある日ぽつりと言った。「私ね、ちょっと気になること抱えてるのよ」。

この頃、下平さんの体の中に進行ガンがみつかった。それでも、大雨の翌日には貯水タンクや沢に出向き、調査のための採水を怠らなかった。二回目の検討委員会が開かれた一〇月二九日。下平さんは資料に目を落としながら、私に尋ねた。「あーた（あなた）、これ、カラー印刷かしら。それとも白黒印刷かしら。おかしいわね、良く見えない」。病気は、視覚に影響を及ぼし始めていた。それでも「まだ大丈夫」と、入院先から出先に赴く日々を過ごしていたが、病気の進行は止められなかった。ベッドに横たわった下平さんは、痛み止めで意識がもうろうとする中、「ありがとう、ありがとう……」と繰り返しながら涙を流した。いろんなものと戦ってきた下平さん。最期に口にしたのは感謝の言葉だけだった。次の世代に美しい故郷を残したいと願いながら、二〇一三年一一月二七日、志半ばで息を引き取った。八六年の生涯のうち、晩年の一三年間を鉛汚染問題解決の活動に捧げた。

下平さんのあとを追うように、二〇一四年にAさんが亡くなると、「ただちに人体に影響を及ぼすものではない」という専門家の見解を盾に、市はその後いっさいの対策を棚上げし、委員会は水質と土壌の調査報告を分析するだけの会へと形骸化した。妻のBさんも民有地の交渉が進まぬまま、二〇一六年に亡くなった。すると市は、主がいなくなった民有地を買い取り、そこに大型の沈砂池をつくるという案を打ち出した。

市の職員は三年ほどで異動になるため、担当者はこの間何度も変わっていった。対策が進まない理由について市は、除染対策費用に莫大なお金がかかることや、沈砂池をつくる民有地に複数の登記人がいて土地の買収が進まなかったことを挙げたが、本気で解決しなければならないと思うのならば、目に見えている散弾だけでも回収することくらいはできたはずだ。市の担当課や住民は、タンクに汚染土が沈殿するたびに、泥まみれになり回収作業を行った。回収された汚染土は、射撃場内に放置するしかなかった。

こんなに多額の費用をかけて鉛を取り除く必要があるのかという人もいる。今すぐ下流の農作物に影響がないんだから、それも市のほんの一部の地域だから、毎年水質や土壌の調査をして観察しておけばよいという考え方だ。しかし、少しでも場外で鉛成分が検出される限り、その下流の農家がつくる米は、風評被害を受け続ける。この先ずっと、不安を抱えて農業を続けていかなければならない。

市の職員など関係者も同じだ。これから市の職員になる人も、毎年調査結果を気にしながら、住民説明会を開かなければならない。タンクに溜まった汚染土を定期的に取り除き続けなければならない。それは今を生きる私たちが死んでも、だ。人間としての最も根本である、生きるための安心を買うお金と考えた時に、それが高いのかどうか、市全体で考える必要がある。

ケーブルテレビと報道

先に述べた通り、佐賀県の放送局はＮＨＫと民放一局だ。これまで長らく報道の主力は新聞だったが、大手新聞社の支局は軒並み近隣自治体と統合されている。複数の自治体をひとりの記者が担当するため、どうしても人口の多い自治体や原発の立地自治体へと傾き、地元紙以外に伊万里の記事が載ることはめっきり減った。かたや、弊社には六人のスタッフがいる。全員が伊万里専属のカメラマンであり記者であり、キャスターだ。目の前にある問題を的確に伝えることは、もはやケーブル局の使命といえる。とはいえ、鉛の問題にしても、原発の問題にしても、いわゆる社会問題を解決することは一朝一夕にできるものではない。それは、多くの人が目の前の暮らしに必死だから。そこに一石を投じるには、地道に息長く発信し続けていくことが肝要だ。発信し続けることで、無関心からの脱却をはかりたいと思っている。また、情報の地産地消という意味もある。問題が身近であれば、当事者意識をもつことができるからだ。わがまちで特攻兵器が作られていたことを知ると、戦争がぐっと身近なものになるし、各地で同様の問題を抱える地域医療にしても、自分のまちの病院の実態を知って初めてわがこととして考えることができる。

私が放送で変えたいことの一つに政治がある。たとえば市議会。市の条例や予算を審議し、適切な使われ方がなされているか監視する大切な議会なのに、投票率の低迷は顕著である。生活を変えるためには政治を変える必要があるのに関心は低い。定数削減を叫ぶ前に、市議会の実態を知っているのか、市民に問いたい。知らないならば、うちの番組を見てくれと言いたい。エリア内の人に伝えるという私たちのスタンスは、ひいては日本の問題を伝えることになると信じている。そして、未来の人たちが地域の問題を紐解くとき、私たちが遺す記録は歴史書としての価値を持っていなければならない。それは、目に見えるものだけでなく、言葉、思い、物事が決まる過程。地域にとことんこだわって記録することは、基礎自治体ごとにあるケーブル局にしかできない役割だと思っている。百年後にここに生きる人たちのことを想像しながら「今」を記録している。

第三セクターという立ち位置

「第三セクターなのに、よく市を批判できますね」という声をよく聞く。先に記したように、弊社の前身は生活協同組合だ。人口密度が低い伊万里市において（一九八九年四月は二四〇人／キロ平方メートル）、採算が取れない地区にケーブルを引き延ばすための資金は組合にはなかった。国や市の補助金を得ながら、「情報弱者をつくらない、伊万里の繁栄に務める」という信条で拡張を続けてきた。その思いに賛同した元組合員を中心に、多くの個人が株主となった。鉛汚染問題などの報道は、その信条になんら外れるものではない。むしろ、市の課題を深掘りし、問題点をあぶりだし、市民に提供し、自分事として考えてもらうということは、次世代にふるさとを繋ぐために必須である。市長にしろ、市の職員にしろ、議員にしろ、一市民である。「現役の頃は言えなかったけど」と、退職後にエールを送ってくれる元部長だっている。みんな、心の中ではどうにかしなくてはと思っているのだ。私のもとには、地域課題を解決しようとする意志ある人々が、今も絶え間なく訪れる。

鉛問題は、今、大きな局面を迎えている。二〇一八年の改選で当選した新市長の「何とかせんといかん」という強い意志のもと、副市長や教育部長ら刷新された面々が今年三月、鉛弾がはびこる斜面を登り、スコップで散弾混じりの土を回収した。職員や、地元民も、小雨が降り足元が悪い中、ともに鉛散弾回収に汗を流した。二時間あまりの作業を終えた皆の顔は、清々しかった。市長はスコップで散弾混じりの土をすくい取りながら言った。「六〇年分が溜まっているのをそのままにしていいはずがなかたいね。次の世代に残せるはずがない。原因をつくったところが除去するのが筋

『市営散弾銃射撃場 鉛汚染問題』（伊万里ケーブルテレビジョン、2011年）
制作・演出：大鋸あゆり
第32回「地方の時代」映像祭ケーブルテレビ部門優秀賞、「市営散弾銃射撃場鉛汚染問題における一連の報道」で第49回ギャラクシー賞報道活動部門優秀賞、「続・市営散弾銃射撃場鉛汚染問題における一連の報道」で第50回ギャラクシー賞報道活動部門選奨
2011年、市営散弾銃射撃場近くの民有地で環境基準を13倍上回る鉛成分が検出された。鉛散弾汚染の裏にある問題をあぶりだす。

だろう」。

高濃度汚染の三六〇〇平方メートルを先んじて回収すると決めた伊万里市だったが、立ちはだかるのはやはり費用負担だ。場外へ搬出し、処理する場合、受入業者は少なく、費用は一〇億円をくだらないと専門家は指摘する。伊万里市の一般会計は、コロナ禍前の二〇一九年度が約二七〇億円だ。一〇億円という費用は、二〇一九年度の市のふるさと寄付金全額に匹敵する。教育施設の建て直しにも莫大な費用がかかる中、二の足を踏んでいる。問題発覚から二〇年、表面化して一〇年。終止符を打つ覚悟が必要だ。

第二章　「小さき民」の声を伝える

「ハンセン病」を伝え続ける
――四〇年にわたる取材とローカル局の使命

山下晴海（ＲＳＫ山陽放送）

棄てられた生命

「生まれてきた子どもがかわいかったから、顔を見ようとしたんです。そうしたら看護婦に口と鼻を押さえられて、息ができなくてバタバタしていた。断末魔の苦しみっていうのはこういうことだと思った」（星塚敬愛園の入所者、玉城シゲさん、八七歳、二〇〇六年取材当時）

「生まれてすぐに首を絞められた子どもは、カエルの鳴く声といっしょ、キャッと泣いた。そのあとは先生か看護婦さんか、わからんけど処分しはったから何もわかりません」（国立療養所の女性入所者、北村ミチ子さん、仮名、八四歳、二〇〇六年取材当時）

（二〇〇六年制作ドキュメンタリー番組『棄てられた生命』より[1]）

ホルマリン漬けの胎児

この世に生まれてくることを許されなかった子どもたちがいる。強制堕胎によって命を奪われた。「親がハンセン病」。それが理由だ。

二〇〇五年、ハンセン病国立療養所内にある建物の一角に案内された。小部屋の引き戸をあけると木製の棚に高さ三〇センチメートル、直径二〇センチメートル程のガラス容器が無造作に並んでいた。ホルマリン漬けにされた胎児たちだ。その表情は天使のようにも見えた。RSK山陽放送の取材映像として記録されている。中にはホルマリン漬けの胎児標本にされて六〇年以上経過しているものもあった。

なぜ胎児の命は奪われたのか。これが私の「ハンセン病」取材の原点となった。

強制堕胎――母親の証言

二〇〇六年一月、霧島連峰の山頂が雪に覆われていた。大隅半島にあるハンセン病国立療養所・星塚敬愛園を訪れた。ドキュメンタリー番組『棄てられた生命《いのち》』の取材を進めていた。火山灰の台地に強い風が吹き付け、時折激しい土ぼこりを巻き上げる。桧垣に囲まれた療養所はひっそりとし

[1] 本稿における当事者の言葉は、すべて番組内からの引用である。

ていた。入口にある石の門柱には錆びついた錠前がぶら下がったままになっている。かつては入所者の逃走を阻止するため三重の有刺鉄線が張りめぐらされていたという。

この療養所に暮らす川本サカエさん（仮名、当時八七歳）は、園内で知り合った男性と再婚し暮らしていた。川本さんはハンセン病を発症する前の一九四七年、前の夫との間に子どもができる。妊娠をきっかけにハンセン病特有の発疹が出た。身重の体で国立療養所に強制隔離される。入所後まもなく、すでに妊娠九か月だった子どもを堕胎することを強いられた。

川本さんが目をつむり記憶をたどる。大きく頭を振りながらゆっくりと話し始めた。

「いやあ……話にならんですよ。ふつうのお産や手術やったら、手術台もきれいにしてくれるんだろうけど、私の時は敷物も何もしてくれなんだ。赤ん坊がお腹から出てきた時は、泣き声が聞こえてね。それが今でもやっぱり耳にしみついている。その赤ん坊を布で覆うこともせずに手術室の地べたに投げて置いたんですよ」

川本さんは手術の苦しみの中で見た赤ん坊の姿をかすかに憶えている。女の子だったという。堕胎手術を担当したのは看護婦だった。お腹から出てきた赤ん坊を床に放置したと証言した。

「赤ちゃんの身体は赤いというけど、その子の身体は真っ白だった。泣き声にしても当たり前の声ではなかった。キーキーって、叫ぶような声がするだけでね。私の赤ん坊をどのように始末したのか知らんけど、人間扱いでない。何ていうかなあ、畜生……、触りもせんしなあ。そりゃあ、あんなつらいことはなかったです」

全国に一一四体の胎児標本

全国にあるハンセン病国立療養所や国立感染症研究所ハンセン病研究センター（東京都）など六つの施設には、妊娠中絶や人工早産による胎児や新生児がホルマリンに漬けられた状態で「胎児標本」にされ、少なくとも一一四体が残されていた（現在はすべて火葬され標本は残っていない）。この中に川本サカエさんの胎児も含まれていた。ガラス容器の中でホルマリン漬けにされたまま、約六〇年にわたって療養所内に放置されていた。妊娠九か月の女の子。ガラス容器には当時川本さんが使っていた園内名がシールで貼られていた。川本さんの記憶のとおり、取材映像にある胎児の顔や体は真っ白、目を閉じて口をつぐんでいる。

胎児標本の存在については、隔離政策を違法と認めたいわゆる熊本判決を受けて設置されたハンセン病問題検証会議（二〇〇二～二〇〇五年）の中で明らかになった。検証会議の最終報告書によれば、一一四体の標本が作られたのは、一九二四～一九五六年までの約三二年間だった。

そもそもハンセン病入所者に対する優生手術は、「救らいの父」と呼ばれた光田健輔医師が、一九一五年に多摩全生園で初めて行ったことがわかっている。その多くは男性入所者に対する精管切断手術いわゆる「断種」だった。療養所内での結婚の条件として行われていた。それでも妊娠は相当数あったと推察される。川本さんのように社会で暮らしていた妊婦を強制的に入所させた例もあった。ハンセン病患者の絶滅を狙った国の政策の下、出産や育児は認められず、女性入所者に対する妊娠中絶や人工早産も行われた。時には生まれてきた新生児の命が看護婦や職員の手によって無理やり奪われてしまった事実があったことは「らい予防法違憲国賠訴訟」の中の証言でも裏付けられている。

入所者の証言「堕胎は強制だった」

二〇〇六年二月、瀬戸内にある国立療養所で暮らしていた北村ミチ子さん（仮名、当時八四歳）がRSKの取材で堕胎手術は強制的だったと証言した。北村さんは二〇歳の時、園内で知り合った入所者との間に子どもができる。妊娠七か月で堕胎手術を強いられた。夫はすでに亡くなっていた。堕胎について、親や兄弟、友人にも話したことがなかったという。

「その時分は、今の時代と違うからねえ……。（しばらく間があって）実験をしはったんとちゃいますか。処分しはった……お腹から出てきた胎児を看護婦がとりあげた。間もなく、私の耳元でキャッと泣いた。カエルが泣く声といっしょ。殺したいうたら、いかんかもしれんけども見殺しやね」

北村さんの胎児も一一四体の一つで、国立療養所内に標本として残されていた。女児だった。ガラス容器には「昭和一＊年＊月＊＊日（実際には日付は明記）人工早産＊＊＊＊（北村さんの園内名)」が手書きされたシールが貼られていた。

「ホルマリンに漬けて、なんであんなことをしたんやろうなあと思いましたんやな。今まで処分(火葬)しないで、もっと早く処分(火葬)してくれてはったらよかったなあとも思います」

北村さんはハンセン病の後遺症で視力を失っていた。二度と思い出したくない過去だったが、標本になった胎児を供養する話などが持ち上がり、どう弔ってやればよいのか揺れる胸の内を語った。

医師と看護師の証言

一九四九年かららい予防法が廃止された一九九六年までにハンセン病を理由に行われた優生手術は一四〇〇件以上、人工妊娠中絶の数は三〇〇〇件以上にのぼっている。戦前に行われた数を入れるとさらに膨れ上がる。

長島愛生園の光田健輔園長の下で優生手術をした犀川一夫医師(一九一八～二〇〇七年)が生前、RSKの取材に答えている。入所者の結婚には、断種・堕胎が義務付けられていたと証言した。

「断種というのを療養所がやったことは勿論、これはもう悪いことに決まっています。私自身も長島愛生園で外科医をしていたので、(断種手術を)やったわけです。その経過は私も反省していますし、申し訳ないと思っています。ただ、治外法権的な療養所に生涯住まなくてはならないという隔離の法律の下にある制度で、患者も私もその制度の中で生きていたわけです。もし患者さんは、それがいやなら（療養所の）外に出て行かなきゃならない……。それでも患者どうし二人は結婚したいわけ。そして子どもを持ちたいと思いつつも今ここでできたら、この子どもはどうなるのだろうと思っていたわけです」

戦前、戦中、戦後、とりわけ療養所の医師が不足していた時代。看護婦が堕胎手術をしていたこともあったという。取材を重ねる中、自ら堕胎手術を担当したという元看護婦が健在であることがわかった。九九歳（二〇〇六年取材当時）になっていた。戦前と戦後、二度にわたってハンセン病国立療養所の看護婦を勤めた。四脚の杖をついて玄関に姿を見せた元看護婦は少し耳が遠くなっていたが、記憶は鮮明だった。

「その時はもうねえ、やっぱり親がハンセン病というきつい病気だから、子どももそうなるかもしれない。それなら子どもは、もう生きとったってなあ、つまらんでしょう。（堕胎も）仕方ない。私はそう思っていたんですよ。ハンセン病患者は妊娠したら堕胎しろというような時代でしたからねえ。まだ子どもにも意識も何も別にないしねえ。親と同じハンセン病になったら可哀そうだから、かえって亡くなった方がええと思いましたわ」

「今は、（堕胎について）どう思いますか」

そう問うと、元看護婦は筆者の目を見据えて答えた。

「今でもやっぱり、きつい病気の時の子どもだったら、生まん方がええと思いますわ」

元看護婦の夫は、瀬戸内にある国立療養所に長年勤めた医師だった。やはり患者が子どもを持つことには反対だったという。

胎児標本は何のために？

胎児標本はどんな目的で残されたのだろうか。『ハンセン病問題検証会議 最終報告書』（財団法人日弁連法務研究財団、二〇〇五年）には、こう記されている。

胎児標本の作製は一九二〇〜三〇年代にも行われていたと考えられるが、この時期の標本は母から子への垂直感染や治療薬の胎児への影響などを研究するために使われ、その後処理された可能性が高い。一九三五年以後になると戦争の影響で研究する医師が減り、胎児等は研究に使用されなくなった。にもかかわらず妊娠中絶は引き続き行われ、胎児標本は残り続けた。戦後になっても研究活動はなされなかった。一方でハンセン病の流行そのものも終焉傾向となり、療養所の入所者の高年齢化もあって妊娠等も減少して胎児などは残らなかった。総合的に判断すると、胎児標本が研究を目的に残されたものである可能性は極めて低いことが明らかになった。

では、なぜ胎児標本が残ったのか。その原因の一つには、胎児標本の処理方法が確立していなかったことがあげられている。取扱いに関する法律の整備や法律の不完全さが胎児標本の蓄積を生んだという。そして最終報告書は次のように結ばれている。

ハンセン病は過去において、入所者を〝尊厳を有する存在〟として扱っておらず、その入所者から生まれた胎児などの尊厳を全く無視している。強調されねばならないことは、療養所の医師や看護婦、医療技術者、事務官に至るまで、気付かないうちに医療倫理感覚が麻痺してしまったことであり、この風潮は少なからず現代の療養所に引き継がれていると思われることである。

胎児標本のわが子を抱いた母親

二〇〇六年、ホルマリン漬けにされたまま放置されていた一一四体の胎児が荼毘《だび》に付されることになった。四月某日、星塚敬愛園の川本サカエさんからＲＳＫに電話が入る。火葬される前に胎児標本になっていたわが子を抱いたという。その瞬間をテレビカメラが追うことを国立療養所は許さなかった。電話の向こうで川本さんが消え入るような声で話し始める。この声がドキュメンタリー番組『棄てられた生命』のエンディングとなった。

「きれいな顔してましたよ。目も少し開いてねえ。鼻も口も……。今にも生き返ってくるような気がして……。胸が絞め付けられるような思いでしたよ。悔しさいっぱい……。堕胎手術をした医師や看護婦が今いたら言いたいことがある。生まれたばかりの赤ん坊を私の目の前で殺してくれたんだから……」

母親の嘆きと胎児たちの「声なき声」は、現代に表出する優生思想にも警鐘を鳴らしている。

人権蹂躙の歴史を後世に伝える

ハンセン病取材は使命

疾病差別、患者の人権蹂躙という負の歴史を教訓として後世に伝えるため、「ハンセン病」を継続取材することは地方局としての使命だと考えている。

ＲＳＫの放送エリアにはハンセン病の国立療養所が三つある。岡山県瀬戸内市の長島に邑久光明園と長島愛生園が、香川県高松市沖の離島に大島青松園がある。ＲＳＫ山陽放送がハンセン病の取材を始めたのは「地方の時代」映像祭がスタートしたのと同じ一九八〇年、今から四一年前にさかのぼる。社内の原稿データ保存システムで、過去のハンセン病に関連するニュース・特集・ドキュメンタリー番組などの原稿を検索すると一一五六件（二〇二一年三月末現在）検出された。

取材記者はすでに定年を迎えたＯＢも含めて七五人、報道部でニュースに携わったほとんどの記者が、一度はハンセン病関連の取材をしていることがわかる。取材した入所者は数百人。フィル

ハンセン病の国立療養所がある長島

ム、テープ、ディスクなどで残されている入所者の証言や映像は時間にすると三〇〇〇時間以上に及ぶ。入所者の平均年齢は八七歳を超えており、すべては貴重な記録としてＲＳＫの報道ライブラリーに残されている。

ドキュメンタリー番組も長短編合わせて三〇本以上制作している。一九八三年に制作した『もうひとつの橋』は第四回「地方の時代」映像祭でグランプリを受賞しており、その他の番組も映像祭やコンクールなどで高い評価を頂いた。取材開始以来四〇年間、ハンセン病に関連するドキュメンタリー番組の担当記者として八人がバトンを繋いできた。私は二〇〇五年に六人目の記者となった。二〇一九年、担当記者の共著『ハンセン病取材40年――記者たちが見たもの』（山陽放送、二〇一九年）を出版した。

この本の中で『もうひとつの橋』を制作した徳光規郎《とくみつのりお》は、患者を強制隔離した罪を国に問う議論が行われたことを取り上げたうえで、ハンセン病問題の根幹に切り込んでいる。

私は、むしろ国を糾弾することのみでは見落とされてしまう事実があることを指摘したい。国の強制隔離政策の背後に潜むもの。この国を象《かたど》る、無数の心を忘れてはいないかと言いたい。あえて言えば、それは日本の民の「悪意」であると言える。ハンセン病は地上のどこにでもある菌による病である。なぜ日本だけで、それほどまでに忌み嫌われてきたのだろうかという大きな疑問が湧いてくる。差別と迫害の病根は、この国の民にこそ、深く、意地悪く宿っているのではないだろうか。国の罪だとすれば国は賠償金を支払うことによって「国の罪」が贖《あがな》われることになる。無論、その賠償金は国民の税金から支払われる。国や国家をやり玉に挙げても、その先は、何事もなかったように収まることが多い。忌まわしい差別の張本人である「民」はあたかも善いことをしたかのように、「長島」、「ハンセン病」を、また闇に葬り去るのではないだろうか。

根強い病への差別偏見

強制隔離の島、かつて離島だった長島を一九八〇年、初めて取材で訪れたのは、現在RSK山陽放送の会長兼社長を務める原憲一（七四歳）である。NPO法人ハンセン病療養所世界遺産登録推進協議会[2]の理事長も務めている（「地方の時代」映像祭の審査委員でもある）。原は、TV開局（一九五八年）から二〇年以上もハンセン病について取材をしなかったことをメディアとしての反省材料だとした

［2］ハンセン病患者に対する隔離政策がもたらした人権侵害と地域社会への影響を検証するとともに、ハンセン病に対する偏見・差別の解消に寄与することを目的に設立された。現在、ハンセン病療養所内に存在する建造物群等を「ユネスコ世界文化遺産」として、またハンセン病回復者等が生きた証を示す資料等歴史的記録物を「ユネスコ世界の記憶」として、それぞれ登録することを目指している。

うえで当時を振り返る。

「取材する我々のハンセン病についての知識が浅く、理解が十分でなかった。一方で入所者が療養所の外（社会）との接触を極端に怖れてきたこともあったと思う。患者として長島に隔離されたことが故郷ではひた隠しにされていたからだ。テレビに顔が映ることで、家族や親族の縁談や就職などに悪影響があると入所者たちは心配した。差別偏見が根強い日本では当然の警戒心かもしれない。その頃の取材はラジオが中心だった。顔の映らないラジオの取材なら大丈夫ということで、私たちの取材はラジオから始まった」

最初は自分たちを遠ざけていた入所者も二～三年すると徐々に話をしてくれるようになったという。匿名（入所者は療養所では園内名を使用）でのインタビューだが、故郷や肉親のこと、発病からの苦難の道のり、自殺を何度も考えた過去のことなど、それまで想像もできなかった話を何人もの入所者から丹念に聞いて回った。取材を通して、少しずつ入所者との信頼関係が生まれていったという。

入所者の悲願「人間回復の橋を」

最初のラジオ取材から五年経った一九八五年、長島と本土の間に橋を架ける計画が持ち上がり、テレビの取材を開始した。長島と本土の間には、わずか三〇メートルほどの「瀬溝」と呼ばれる狭い海峡が横たわっている。この瀬溝が長い間、入所者にとって社会との隔ての壁となってきた。島流しの生活から人間の尊厳を取り戻したいというのが入所者の悲願であり、長島架橋運動の原動力となった。時を同じくして本州と四国を結ぶ総延長一〇キロメートルもの瀬戸大橋の架橋工事が急ピッチで進められていた。総事業費一兆円もの巨大プロジェクトである。一方でわずか三〇メートルほどの海峡をまたぐ邑久長島大橋だったが、その橋の持つ存在意義は大きかった。入所者はこの橋を「人間回復の橋」と呼ぶ。橋は一九八八年五月九日に完成。架橋運動から橋の完成までを追った番組が前述のドキュメンタリー番組『もうひとつの橋』である。

瀬溝に架かる邑久長島大橋

後遺症をどう伝えるか

番組の取材を始めて間もなく、ハンセン病入所者の撮影で避けては通れない問題に直面する。

病気を正しく伝えるために、後遺症による障害部分をクローズアップして撮影することもあり、それがテレビに映し出される。これに対して入所者から「障害を強調している」「病気が治っていないと誤解され差別偏見を助長させる」などといった抗議の声が上がったのである。取材を継続するのか、それとも断念するのか判断を迫られた。番組スタッフと長島愛生園入所者自治会との間で腹を割っての話し合いがたびたび持たれた。

『もうひとつの橋』（RSK 山陽放送、1983年）
統括ディレクター・構成・編集：徳光規郎、取材ディレクター：石野常久、カメラマン：宮崎賢
第4回地方の時代映像コンクールグランプリ受賞
2つのハンセン病国立療養所がある長島と本土の間には、瀬溝と呼ばれる幅わずか30メートルの海峡があり、長い間、入所者と社会を隔てる心の壁となっていた。「人間回復の証（あかし）として、瀬溝に橋を」という入所者の悲願が架橋運動につながる。差別、偏見との闘いに挑む入所者たち姿を追った。続編として『続・もうひとつの橋』（1988年）がある。

当時、自治会の総務委員会委員長を務めていた石田雅男さん（八四歳、現在は長島愛生園入所者自治会副会長）は、その当時のやりとりを鮮明に覚えている。

「私たち入所者の言い分は、撮影の仕方が障害箇所を興味本位で撮っていると感じさせるものであり、障害者としての不自由さを感じさせる撮り方があるのではないかというものでした。

これに対しRSKの徳光さんが言ったのは「皆さんのおっしゃっていることは障害の少ない健常者に近い元気な入所者を撮れば暗い映像にならないで明るい映像になるとおっしゃっているように聞こえますが、私たちは、入所者が一番理解してもらいたいのは、ハンセン病の後遺症ではないかと思うのです。後遺症によって不自由な思いをされているのに、一般的には後遺症のことは、まだ病気が治ってはないからだと誤解されていることが少なくないように思うのです。私たちはハンセン病のこと、また後遺症として顔・手・足などに残った障害部分を正しく理解してもらうように心して取材しています。ですから後遺症もほとんどない健常者のような入所者だけを写せと言われるなら、取材をやめます」こう厳しい表情で言われた言葉が、私の胸に強烈に突き刺さりました。ハンセン病特有の後遺症である障害部分については私たちの心の中に隠そう、見られたくないとする意識が強い。障害部分を恥部であり、また醜いと思ってないかとわが心に問うて胸が痛みました。徳光さんの話は正論だと思いました。以来、私たち自治会はマスコミ対策への意識が変わって、取材には積極的に協力するようになったのです」

ハンセン病の教訓とコロナ差別

今、私たちはコロナ禍にいる。感染が拡大し始めた二〇二〇年の段階では、新型コロナウイルスに感染した人やその家族、さらには医療従事者にまでも誹謗中傷が続いた。感染した人は被害者だが、日本ではむしろ感染症をうつす加害者だとみなして敵視するような意識が強い。かつて官民一体となってハンセン病患者を強制隔離した歴史が繰り返されていると感じる。その根っこにあるのは、ハンセン病と同様に「うつされるのではないか」という感染症に対する恐怖心や不安感である。〝正しく怖れる〟ための科学的見地は軽視され、本来闘うべきウイルスではなく、感染した人たちを差別する行動に駆り立てられている。病を撲滅するために、患者の人権を蹂躙し絶滅を唱えたハンセン病のケースと同じ構図が見てとれる。

たとえば「自粛警察」は、ハンセン病患者を強制隔離し保護することは良いことだという誤った理解のもとで官民一体となって行われた「無らい県運動」を思い起こさせた。国の方針に沿っているとの認識から「自粛警察」となる市民に加害者意識は乏しい。「自粛警察」にあおられてコロナ患者への差別偏見が強まることになれば、社会や周囲からの批判を怖れて検査を受けなかったり、感染を隠すようになったりして、かえって収束を妨げることになりかねない。差別を防がなければ、感染症拡大の抑止につながらない。

とかくコロナ対策の議論は、医療と経済の二つの面で語られることが多いが、大切なのは「人権」という視点であることをあらためてハンセン病から学ぶべきだと考える。

世界の模範ノルウェーに学ぶ

患者の人権というものを考える上で、注目すべき国がある。ハンセン病医療政策で世界をリードした北欧ノルウェーだ。ハンセン病患者の強制隔離政策によって、憲法で保障されているはずの基本的人権までも奪った日本との患者に対する意識の違いが歴然としている。

ハンセン病は過去の治る病

二〇一〇年四月、ノルウェー第二の都市ベルゲンに向かった。フィヨルドの海岸線が美しい街である。街頭で「ハンセン病を知っているか?」と若者に聞いたが、一様に知らないとの答えが返ってきた。五〇代の男性は「ハンセン病?　知っているけど過去の病気。もう歴史の一ページにすぎないよ」とそっけない返事だった。

一八七三年に世界で初めて「らい菌」を発見したのは、ノルウェーのアルマウェル・ハンセン医師（一八四一～一九一二）だ。ベルゲンで生まれ、ハンセン病の研究に心血を注いだ医師である。

彼の努力によって、ノルウェーでのハンセン病発症件数は一八七七年に一八〇〇件報告されていたが、一九〇一年には五七五件に減った。一九五二年以降ノルウェーでは、発症した患者は一人もいない。

歴史学の観点から世界各国のハンセン病政策を研究しているハンセン病博物館（在ベルゲン）のシグード・サンドモ館長（取材当時）は語る。

「ノルウェーでは、半世紀以上前にハンセン病は無くなったと解釈している。たとえ発症しても薬で治る病気だし、日本のようにハンセン病入所者に対するスティグマ（烙印）や差別偏見は根強くなかった」

患者の人権を尊重したノルウェー

一五世紀のベルゲンの街を描いた絵図がある。その中にハンセン病療養所が描かれている。

一四世紀に建てられた旧聖ヨルゲン（ST. Jorgen）病院。ハンセン病入所者が社会の中で生活できるようにとベルゲンの街の中心部に建てられていた。離島など社会と隔絶された場所に立地する日本の療養所とは対照的である。ノルウェーは世界に先駆けてハンセン病患者の意思を尊重する医療政策を打ち出した。患者の自宅療養を認め、貧しくて自宅療養ができない入所者は、救護隔離として入院させた。また患者の外出や家族、市民の出入りにも制限や規則はほとんどなかった。

病状が改善すれば、すぐに帰宅させるというもので「ノルウェー方式」と呼ばれた。国際社会はこれに倣った。

一九世紀、ノルウェーでは「ハンセン病患者への対応が、その国の民度を表す」と言われるようになる。ハンセン病をきっかけに「患者の人権」という発想が生まれた。旧聖ヨルゲン病院は一八世紀初めに建て直され、現在はハンセン病博物館になっている。館内に展示されている一枚のボードが目をひく。縦二メートル、横八〇センチメートル程のボード。その中に一ミリメートル四方の小さなアルファベットがぎっしりと並んでいる。一八五〇年代以降に亡くなったハンセン病回復者の名前だ。

「これはハンセン病入所者の名前が残されたものとしては世界で最も古いものです。ノルウェーではハンセン病をタブー視せず、社会が受け入れてきました。入所者の人権を尊重してきた証しとしてこのボードが作られた」とシグード館長は話した。

ハンセン氏の医師免許はく奪

ベルゲン国立アーカイブス。ここには数世紀にわたるハンセン病政策関連の資料が保存されている。二〇〇一年にユネスコ（国際連合教育科学文化機関）の世界の記憶に登録された。

一五世紀以降の入所者のカルテや医師の研究論文など関係資料が保管されている。これを一列に並べると四七メートルにも及ぶという膨大な記録だ。一七世紀のカルテの原料には衣服を再利用したコットンが使われていた。古くなり傷んだものは丁寧に修復されている。国立アーカイブスの所長、ユングベ・ネルレボさんはハンセン病の研究を続けている第一人者である。ハンセン医師が司法の場で裁かれた一八七八年から一八八二年までの裁判記録を見せてくれた。ノルウェーのハンセン病政策を理解する上で重要な資料だ。らい菌を発見し、ハンセン病の克服に尽力したハンセン医師がなぜ法廷で裁かれたのか？

ハンセン医師は、らい菌を培養するため、患者に菌を移植したことで罪に問われた。つまり患者の承諾なしに人体実験をしたのだ。その裁判記録は三〇〇ページに及ぶ。

その中にある判決文に記されている。

「ハンセン氏は、医師としての仕事を失う」

「患者には人権がある。医師は患者に対して何をしてもいいわけではない。ハンセン病患者の人権を尊重することが重要視された判決だった」とユングベ所長は説明する。患者の人権を尊重する判決が下され、ハンセン氏は医師の免許をはく奪されたのである。

ハンセン病回復者と家族

ベルゲンから北へ三〇キロメートル。かつてサーモンなどの漁業で栄えたランドロという小さな村がある。この村に珍しいミュージアムが完成した。「家族ミュージアム」と名付けられている。

小学校の運動場のすぐ横にある住宅を改装して造られた。ミュージアムをオープンしたのは、この村に住む女性リリアンさん六四歳（二〇一〇年取材当時）と叔母のアンナさん九〇歳だ。平屋建て一〇数坪の小さな博物館には、サーモン漁で栄えたかつてのランドロの街並みやアンナさんの家族写真、また使い古された食器などが飾られていた。アンナさんが愛おしそうに一枚の写真を指で撫でる。写っているのは、二〇〇二年に亡くなったアンナさんの妹マルタさんだ。マルタさんはノルウェーでハンセン病を患い回復した最後の入所者だった。アンナさんの家族は、祖父に母親、二人の叔父、兄弟三人もハンセン病の元患者だった。縁談を断り、退院した家族の世話に生涯を費やしたというアンナさんだ。

「妹がハンセン病と知った時はショックでした。でも今思い出すのは病から回復した妹と一緒に遊んだ思い出ばかりです」

リリアンさんも静かに語った。

「私たちも長い間、家族がハンセン病だったことを隠して生きてきました。でも今の若い人たちに知ってもらいたいと思ったのです。ハンセン病患者が今アフリカやアジアで苦しんでいるように、かつてノルウェーにもハンセン病があったことを伝えたい。そう思って家族ミュージアムを造ったのです」

「家族にハンセン病患者がいたことが世間に知れることを怖れなかったのか」

そう問うと、リリアンさんはきっぱりと答えた。

「私の人生には何の影響もないわ。ハンセン病は風邪のようなもので、治る病気、特別な病ではないから」

ハンセン病博物館のシグード館長は言う。

「日本におけるハンセン病入所者に対する偏見は社会に深く根ざしているように感じる。またそれが差別というものに強く結びついている」

家族ミュージアムを造ったリリアンさんとアンナさんは毎週土曜日、家族が眠る村の墓地を訪れる。アンナさんの妹マルタさんもこの墓地に眠っている。大理石でできたマルタさんの墓にアンナさんがメッセージを刻んでいる。

「私は決して、あなたのことを忘れない」

病を乗り越え、家族の絆は強く結ばれている。

差別偏見の歴史を繰り返さない

ひるがえって日本はどうか。強制隔離政策によって、入所者と家族の絆は絶たれたまま。最期を家族に看取られることもなく、遺骨になっても故郷に帰れない、その現実は今も続いている。遺骨は各療養所内にある納骨堂に納められている。

「もういいかい。骨になっても、まあだだよ」

かつて入所者が詠んだ俳句からも、その悲哀が伝わってくる。

そう遠くない日、日本でもハンセン病回復者の最後の一人が生涯を閉じる日がやってくる。その死を誰がどこで看取るのだろうか。やはり医師たちが、療養所内で、ということになるのだろうか。メディアはその死を伝えるだろうか。入所者の「声」を伝え続けてきた私たちには責任がある。その死を伝えることで「ハンセン病問題は終わらない。負の歴史を後世に伝えていく」という意思表示にもなると思うからだ。

私たちは決して忘れてはいけない。国民一人ひとりが差別・偏見の加害者であったことを。

「小さき民」の目で沖縄を描く
――『菜の花の沖縄日記』と暮らしのカケラ

平良いずみ（沖縄テレビ放送）

耳が痛い話ほど

「沖縄の被害者意識は、もうたくさん」

それは、二〇一三年に制作したドキュメンタリー『沈黙を破る時〜封印された墜落の記憶〜』（沖縄テレビ放送）に寄せられた感想だった。その言葉を聞いた時、器の小さな私は、「やっぱり、沖縄の思いは届かない」といきり立った。同時に、目指していた〝人の心を揺さぶる番組〟にはならなかったことを痛感させられたのだった。

『沈黙を破る時』は、一九六一年に沖縄県うるま市川崎で起きた米軍ジェット機墜落事故（死者二人・重軽傷者七人）の証言を掘り起こし、顔に大やけどを負った男性が半世紀にわたり封印してきた記憶の扉を開け放つ瞬間を記録したドキュメンタリーだ。これまで証言を拒み続けてきた男性が「今こそ」と、重い口を開いたのには理由が二つあった。一つ目は、前年に県民の反対を押し切ってオスプレイが強行配備されたこと。そして、もう一つは、男性が五八歳となり、五人の子どもを育て上げ、背負っていた荷物を下ろせたことだった。米軍機事故によって人生を狂わされた男性が生きていくため〝生業〟として選んだのは、米軍機の騒音を軽減するための防音工事の仕事だった。もしも事故の証言をして、それが発注元である国に知れたら、反基地のレッテルを貼られ仕事がなくなるのではないか……。彼は家族を守るため半世紀もの間、沈黙せざるを得なかったのだ。

　基地の島・沖縄の現実がそこにあった。利害が絡む複雑な現実や想いを映像化するため、男性の仕事の現場を撮らせてほしいと懇願したが、固辞された。一年の取材期間でできうる限りの証言は拾い集めたが、男性の人生を、心の内を描けるだけの映像を撮ることはできなかった。当然ながら番組は、〝人の心を揺さぶるもの〟にはならなかった。

　大きな宿題を抱えることになった私に向けられた感想が「沖縄の被害者意識は、もうたくさん」というものだった。沖縄への基地集中が本土からの沖縄差別によるものだと指摘されて久しいが、その沖縄からのメッセージを「被害者意識」と敬遠する人も少なくない。そうした人のハートにこそ届けたいと番組を作っていた私には、耳が痛い言葉だった。その言葉がトゲとして胸に突き刺さり、その後も事あるごとにズキズキと痛んだ。でも、その痛みが、私の視座を変え、時代に挑戦する大きな原動力となっていった。

島に吹きつける風

市街地のど真ん中にあり、世界一危険と称される普天間基地の全面返還を日米両政府が合意したのは、一九九六年。米兵による少女暴行事件という悲しい事件が起き、反基地運動のうねりが起きたことを受けてのことだった。〝返還〟がいつしか沖縄県内での〝移設〟の問題にすり替えられてきたのは周知の事実。あれから二〇年あまり、時の経過とともにこの島に吹きつける風が、変わった。

沖縄のメディアの多くはこれまで、権力によって蹂躙される民の姿として、辺野古に座り込みシュプレヒコールをあげる人々の姿を日々のニュースやドキュメンタリーで映し出してきた。しかし、一度動き出した国策は暴走して止まる事はなく、時の政権は「辺野古が唯一の選択肢」と繰り返すばかり。異論は封殺され、近年、ネット上には、「辺野古に座り込む人達は暴力的」「辺野古の反対運動は県外から来たプロ市民で、日当が支払われている」……など、「沖縄ヘイト」とも言うべき差別的な言説が溢れるようになった。

今この国に生きる人々にとって南の端の小さな島・沖縄で起きていることは、目を背けたい「うっとおしい現実」でしかなくなったのではないか。かつて本土も沖縄と同じだった時代の記憶は葬り去られたのではないか。沖縄にいるとそんな風さえ感じてしまう。

時代、そして人が移ろっているのに、これまでと同じ視座で捉え描いても届くわけがない。どう伝えればいいのか……。

沖縄のテレビマンとして現場を駆け回って一六年、悩みの渦の中から抜け出せずにいた私は、気づけばアラフォーになっていた。仕事も大事だが、子どもも欲しい。いろんな事の焦りから力が入りすぎて肩がガチガチになっていた時、待望の子宝に恵まれ、一年近く現場を離れることになった。

おぼろげながら見えてきた視座

二〇一六年六月、育児のため仕事を休んでいた私は、生後六か月の息子を抱いて、沖縄県うるま市で起きた米軍属の男による女性殺害事件に抗議する県民大会の会場に向かった。息苦しいほどの暑さだった。六万五〇〇〇人が集まった、あの日。参加者は滴り落ちる汗と涙を拭いながら抗議の声を上げた。一九九五年の米兵による少女暴行事件以降、幾度となく繰り返されてきた県民大会で発せられる沖縄からの声に耳を貸そうとしない日米両政府に対して、この暑さの中での大会がどう影響するのかわからない。それでも、人々は整然と結集する。やりきれない悲しみを共有するために。

はじめのうち私の腕の中でスヤスヤ寝てくれていた息子は暑さで目を覚まし、これでもかというくらい大きな声で泣いた。抱っこして揺らしてミルクを飲ませる、それでも泣き止まない。周りにいた人たちがさりげなく日傘をさしかけてくれる。その優しさ、そして会場を包む悲しみが体中に充満し、涙をこらえきれなくなった。命を奪われた二〇歳の女性の両親も彼女が赤ちゃんだった頃、抱っこして揺らしてミルクを飲ませ、慈しみ大切に育ててきたのだろう。そう思うと、もうその場に立っていられなくなった。登壇者の挨拶は家に帰ってテレビで観ようと決め、息子を強く抱き

大破するオスプレイ

しめながら会場を後にした。夕方、在京キー局のニュースが始まる。どの局も一分、長くて二分のストレートニュースの扱いだった。週末でニュース枠が短いこともあり仕方がないが、一分や二分の短い時間ではあの会場を埋め尽くした人々の想いは伝えられない。

どうすれば、「沖縄の被害者意識」と敬遠されずに、この地で生きる人々の想いを届けられるのか……。日々大きくなる息子のぬくもり、命の重みを感じながら私は思い悩んでいた。

その年の秋、具体的な突破口もみつからないまま育児休業を終え、私は職場に復帰した。現場を離れた一年の間におぼろげではあるが、少しずつ視点が定まる感触はあった。それは、基地の問題はまさしく政治の問題だが、私たち沖縄県民にとっては「命」「暮らし」の問題なんだということ。

その年の暮れ、オスプレイが名護市安部の浜辺に墜ちた。集落からわずか五〇〇メートルの場所だった。

「暮らし」のカケラを集めよう

年が明け、二〇一七年、辺野古の海の埋立てに向け、国は着々と準備を進めていた。

この問題が「命」「暮らし」の問題だということを伝えるため、私は人々の「暮らし」のカケラを集めようという思いに至った。真っ先に向かった先は、辺野古から直線距離で約七キロの場所にある漁協。本来なら辺野古漁協に向かうのが筋だが、辺野古の海人（漁師）たちは漁業権を放棄し、補償金が支払われていて、すでにその海は生業の場所ではなくなっていた。それに対し、私が向かった漁協ではモズクの養殖が盛んで、人々の「暮らし」がそこにあった。四年前には海人たちが埋立てに反対する大規模な集会を開催。その時の熱気を感じていた私は、正直、取材は受け入れてもらえるだろうという軽い気持ちで組合長に面会を申し込んだのだった。

漁協の一番奥の部屋に通され、そこで待ち構えていた組合長の険しい顔を見た瞬間、自分の考えが浅はかだったことを思い知らされる。口を開こうとする私を遮り、組合長は「取材は断る。帰れ」とピシャリ。何の戦略も立てていなかった私には返す言葉が見つからなかった。理由はこうだ。「反対集会から四年、多くの組合員が背に腹は代えられないと、国の監視船として船を提供している。もう一枚岩でなく取材は受け入れらない」というものだった。国は、一日一隻につき六万円〜八万円という費用を支払い、分断を生んでいた。

でも、そこで諦めたら女がすたる……ではないが、一度掴んだネタは絶対に放さないことから「スッポン女」と、信頼する山里孫存プロデューサーからあだ名を付けてもらった私がここで諦める訳にはいかない！と勝手に奮い立ち、〝たまたま〟を装って漁協に通った。何度目の訪問だったかは忘れたが、世間話をしてくれるようになった組合長に、「モズクが育つ一年の記録を撮らせてほしい。もしも、辺野古の埋立てが進んでモズクが獲れなくなった時のためにも。放送では辺野古の「へ」の字も出しません！」と頼み込んだ。すると、根負けした様子で、組合長は「辺野古という言葉は出すなよ」と念押しして、渋々承諾してくれたのだった。

モズクの養殖は、真冬に始まる。世も明けないうちに、まだ乳飲み子だった息子を母に託し家を出て取材に向かう。年の暮れ、無骨な海人たちは、モズクの種を付けた網をイノーと呼ばれる浅瀬に張り、芽が出るのを静かに待つ。サンゴ礁のリーフに囲まれたイノーは波が穏やかで多くの命を育む〝命のゆりかご〟。そこが海人たちの生業の場だ。

北風が吹きつける二月、一〇センチ程に育ったモズクを、ゆりかごから波のある沖合へ移す。長さ二〇メールもある網を回収し張りなおす作業は重労働だ。海人たちは、それをいとも簡単にやってのける。この時、私はあまりの寒さと、育児と仕事の疲れが出て不覚にも喉が腫れ、声が出なくなっていた。ジェスチャーで次の作業を尋ねる私に、海人のひとりが「モズクを食べたら声でるようになるよ。はいっ」と、刈り取ったばかりのモズクを手渡してくれる。つるつるっ、口に含むと太いモズクはあっという間に喉を通っていく。「たまらないのど越し！」、そう思った瞬間、喉の痛みが消えた気がした。

〝現場〟が教えてくれる

話は逸れるが、私はアナウンサーとして報道部に籍を置いている。事件事故が起きた時、すぐに現場に向かうのは記者であることが多い。若かりし頃、現場を踏めず唇を噛んでいた時、伝説のドキュメンタリスト吉永春子さん（東京放送）の言葉に勇気をもらった。

「まず現場にスッ飛んで行く、現場人間になろうではないか。現場と言ったって、切った張ったの修羅場ばかりではないだろう。報道記者が足早に立ち去ったあとや、見向きもしなかったところにも、〝現場〟はある。それをやろうではないか……」

二〇一七年一〇月、東村高江の民間地に米軍の大型輸送ヘリが不時着、炎上した。私は画面越しに、その場所にある「暮らし」のカケラを探していた。炎上した場所は、牧草地であること、事故当時、その場所から一〇〇メートルしか離れていない豚舎に土地の所有者の父親が居たことを報道で知った。「暮らし」がある、その場所をどうしても取材したかった。

事故から三週間が経ち、報道記者たちが立ち去った後、私は現場に向かった。土地所有者である西銘晃さんが案内してくれた豚舎で、耳を疑うような話を聞いた。事故で放射性物質が飛散した恐れがあるとして豚舎で飼われていた子豚五〇頭の出荷が停止されているという。「出荷が遅れると品質が落ち、大変な損害になる」[1]。

人命に関わる事故ではなかったため、二、三日でニュースには上がらなくなっていた。いつ出荷できるかわからない豚の世話を黙々とする西銘さんの背中を見て、人の記憶をふっとかすめて去っていく報道で終わらせてはいけないと強く思った。大切なことは、いつも現場が教えてくれる。

でも、どうすれば伝えられるだろうと悩んでいた時に、ドキュメンタリーの師と仰ぐ横山隆晴さんのゼミにお邪魔して近畿大学の学生と話をする機会に恵まれた。その時、学生の一人に、「沖縄の問題を扱う番組は、結論が二分でわかってしまう。だから見ない」と言われた。「じゃあ、どうすれば見てもらえるのか？」と尋ねたら、「自分たちと同じような若い人たちが、本音で沖縄のことを見ているのか、知りたい」と言われ、その言葉に正直、頭を抱えた。

たとえば、普天間第二小学校の校庭に米軍ヘリの窓が落下した時も、基地問題に対する住民の分断が深くなりすぎていることで、「基地問題を学校に持ち込んでほしくない」と、メディアの取材に対して学校側が敏感になり、「子どもが怖がっているからやめてください」と言われたりしていた。「メディアは怖い」という意識が子どもたちに植え付けられてしまうほどの、根っこにある「分断」、そして、それに対するジレンマも抱える中で、「若い人たちの声」というのはとても難しい。

横山ゼミの部屋の壁には、「考え続ける者にのみ閃きは降りる」と書いてあった。三日間悩み続け、シャワーを浴びている時に、「菜の花ちゃんだ！」と閃いたのだった。

お風呂からあがってすぐに、菜の花ちゃんの通うフリースクール・珊瑚舎スコーレに電話して、

［1］沖縄県の調査で、事故現場周辺で全国平均を上回る放射性物質の値は検出されず、その後、出荷が可能となった。

「菜の花ちゃんに繋いでください」と。それが、坂本菜の花さんとの初めての出会いだった。

新聞コラム『菜の花の沖縄日記』

ドキュメンタリー『菜の花の沖縄日記』（沖縄テレビ放送、二〇一八年）の元になったのは、菜の花さんの故郷・石川県の新聞（北陸中日新聞）の連載コラムだ。菜の花さんが入学してきた時まで、珊瑚舎スコーレの夜間中学に通うお年寄りを主人公にしたドキュメンタリー[2]を撮っていた私は、新聞コラム『菜の花の沖縄日記』第一号を学校の掲示板で目にし、すごい子が来たと記憶していた。ただ、その時、先ほども書いたが子宝に恵まれたため即取材とはいかなかった。本格的に取材を始めたのは、菜の花さんが高校三年生になってから。その間の二年は、珊瑚舎という場に魅せられたカメラマンが映像を撮りためていてくれたのだった。

二〇一七年、高江での事故が起き、人々の記憶にあるうちに取材で拾い集めた「暮らし」のカケラをドキュメンタリーにまとめたいと切迫した想いに駆られていた私は、菜の花さんから取材の承諾を得る前に一晩で企画書を書き上げ上司に差し出した。「本土の少女が見た沖縄の素顔を描く」、そんなようなことを書いた。上司から「本当に少女の目で〝沖縄の問題〟という大きなテーマを描けるのか？」という至極真っ当な指摘があった。内心、何の根拠もなく針のむしろに座る思いだったが、ここで怯んだら番組は作れない……。次の瞬間、私はこう啖呵を切った。「とてつもない少女なんです！　この逸材を逃したら一生後悔する。これまでにないドキュメンタリーを作れるチャンスをみすみす逃していいんですか！」と。これまでにないだけに、正直、不安でいっぱいだったが、菜の花さんのコラムの第一号、そして、前述した二〇一六年の米軍属の男による女性殺害事件のことが記された文章を読んで私は、直感的に「これだ！」と、確信めいたものを感じていた。

三線を弾く菜の花さん

　菜の花さんは、事件のことをこう記していた——「取り返しのつかない悲しいことが、また沖縄に起きてしまいました。本土では今回起こった事件がどう受け止められているのでしょうか。（辺野古への基地建設に対する）抗議活動が大きくなる「恐れ」。最悪なタイミング。使われる言葉一つひとつが私の喉に刺さって抜けません」。

　当時一六歳の菜の花さんが本土の読者に沖縄の現状を伝えたいと紡いだ言葉に心を揺さぶられた。暑さと悲しみで思考が止まり動けなくなった、あの時のふがいない私の背中を菜の花さんの言葉がそっと押してくれたのだった。

　閉塞感漂う沖縄にあって未来を信じ行動する若者・菜の花さんの存在は人々の希望になる。そう確信した私は、菜の花さんを前

［2］『まちかんてぃ～明美ばあちゃん　涙と笑いの学園奮闘記～』沖縄テレビ放送、二〇一五年。

モズクの畑と菜の花さん

に一気に想いを伝え、取材を申し込んだ。丸い頬と澄んだ目が印象的な彼女は、二つ返事で取材を受け入れてくれた。この時、菜の花さんは一八歳になっていた。

それから菜の花さんとの共同作業が始まった。オスプレイが墜落した浜辺へ、島の大部分を米軍基地が占める伊江島へ。菜の花さんの行きたいと望む場所へ向かった。行く先々で、彼女の真っすぐな瞳を前に地元の人達が本音を語ってくれた。中でも、菜の花さんとのアプローチが功を奏したのは分断された漁協の海人の取材だった。

海の記録として撮影を初めて一年が経っていた。ダメもとで私は、組合長にこう切り出した。「辺野古が埋立てられたら、生業の場を失うかもしれない人々がいるということを伝えたい。辺野古の問題は、県民にとって暮らしの問題なんだ」と。続けて言った――「特に辺野古のこれまでの経緯を知らない若者たちに知ってもらうため、女子高生に取材をさせたい」。そう話して返答を待った。腕組みをしていた組合長はボソッと言った。「いいよ」。私は耳を疑い、「えっホントに？　辺野古から直線で七キロって言いますよ」と問い直したら、「いいよ。ただし、俺らの顔は映すな。それだけが条件だ」と。

当日、自ら船を出してくれた組合長は、菜の花さんとクラスメイトをモズクの畑へ誘ってくれた。海に潜った菜の花さんは、目の前に広がった光景をこう表現した。「なんて広い！　海の原っぱ。本当にきれいだった。もずく、息してた、気がする。何かキラキラしてた」。彼女の素直な心根が伝わる声と相まって、海に息づく命の尊さを視聴者に感じてもらえたのではないかと思っている。

さらに、菜の花さんは埋め立てに反対する海人から「本当の闘う相手は基地を造ろうとする日米両政府であって、ウチナーンチュ（沖縄県民）同士戦うっていうのは本来ではないし、みんなそう願っていないと思います」という番組の核となるメッセージを引き出してくれたのだった。

番組放送後、組合長から「良い番組だった」と、短いメールをもらった時の嬉しさを私は一生、忘れないだろう。

高江のヘリ炎上現場

本土と沖縄の間に横たわる溝

行く先々で、菜の花さんの澄み切った瞳を前に地元の人達が本音を話してくれた。米軍ヘリが炎上した牧草地を所有する西銘さん夫妻を訪ねた時のこと。妻の美恵子さんは「父は、あのヘリに乗っていた米兵たちは大丈夫だったかねと、こればかり心配していた」と語った。この話を聴いた菜の花さんが綴ったのが以下の文章――「事故後、西銘さんは〝ウチナーンチュ〟だねと言われたという。出身、立場、知り合った時間に関係なく、同じ人間として見る。〝ウチナーンチュ〟にはそういう意味が込められていたのかな。そう思うとすぐ、それにつけ込んでいる私を含む〝ヤマトンチュ（本土の人）〟が現れる。ずっと潜在的に差別し虐げてきている現実が、事故のたびに浮かび上がる」。

これを読んだ時、胸が痛んだ。一〇代の少女にこんなにも加害の意識を背負わせてしまっていることに。そして、ウチナーンチュとヤマトンチュという言葉を使わなければならない現実に。

本来、ドキュメンタリーは出身地やイデオロギーが違っても人の体温は同じだということを伝えるためにあるべきだと思っている。だから、沖縄と本土という線を引く言葉は使いたくない。けれど、それを用いなければ沖縄の人々の尊厳が傷つけられるところまできている、そのことに菜の花さんは気づき、両者の溝を埋めるために表現してくれたのではないかという思いに至り、番組の核心として伝えることにした。

そして、本格的に菜の花さんに密着取材を初めた直後から沖縄では米軍機のトラブルが頻発し、目に見えない糸でたぐられるように「暮らし」のカケラたちがつながっていった。

放送後にいただく感想によって気づかされることも多くある。国際政治とメディア学の研究者、大阪大学のヴァージル・ホーキンス教授の言葉にハッとさせられた。「欧米では視聴者から遠い場所で起きている問題を取り上げる際にブリッジキャスト＝橋渡し役を用いる手法が頻繁に使われる。この番組ではそれが功を奏している。裏を返せば、ブリッジキャストが必要なほど、本土と沖縄の溝が深いことを思い知らされた」。

沖縄の明るさの向こう側

ところまで、ゴリゴリとした硬いことばかり書いてしまったが、『菜の花の沖縄日記』では、沖縄を好きになってもらえるよう柔らかな構成を心掛けたつもりだ。「被害者としての沖縄」ではなく、純粋に素顔の沖縄を好きになってもらうために。

菜の花さんが通うフリースクール・珊瑚舎スコーレは、沖縄を好きになってもらえる要素がギューッと詰まった場所だ。菜の花さんたち若者とともに学ぶ、沖縄戦やその後の混乱で学ぶ機会を奪われたお年寄りたちが最高だからだ。「学ぶとは宝物を一つひとつ頭に入れていくこと！」と、目を輝かせ机に向かうお年寄りたちの明るさ、優しさ、逞しさに触れれば、必ずや沖縄を好きになってもらえると思い、この場所を舞台に選んだ。と立派そうなことを書いたが、ディレクターの私がしたのは、ただ場所を選んだだけ。今、振り返って思うのは、菜の花さんの言葉の力が、ちっぽけな私の表現をはるかに超え、作品を別物にしてくれたということ。

76才の中学生と菜の花さん

卒業に際し、菜の花さんが書いたコラム、タイトルは「おじぃなぜ明るいの？」だった。それは初回のコラムに記していた素朴な疑問。三年間で菜の花さんはこんな結論に達する――「沖縄の人はなぜ明るいか。明るくないとやっていけないくらい、暗いものを知っているから」。

テレビからスクリーンへ

少女の小さな視点で描いた『菜の花の沖縄日記』は、「〝小さき民〟の連携は国家的課題への問題提起を行うばかりか、時には国境を越えて広がっていく」をスローガンの一つに掲げる「地方の時代」映像祭、第三八回のグランプリ作品に選んでいただいた。このことがきっかけで、映画化の道が開かれたのだった。

映画『ちむぐりさ』フライヤー

少し話は脱線するが、テレビからスクリーンへ――それが実現したのには、東海テレビの阿武野勝彦[3]さんの存在があったからだということをここに記しておきたい。阿武野さんは、一〇年前「地方の時代」映像祭の三〇周年記念誌[4]に「「地方ドキュメンタリーの時代」の幕開けを密かに夢想する」と書いている。地方で切磋琢磨するドキュメンタリストたちの活躍を夢想してくださった先輩がいて、今があることに感謝の意を新たにする。

閑話休題。作品が制作者を超えて、独り歩きを始めることほど嬉しいことはない。二〇二〇年二月に公開した映画は、コロナ禍で逆境であったことは間違いないが、一年半が経った今なお全国各地で自主上映会が開かれるなど、人の手で拡げてもらっている。

「ごめんなさい」は心にしまって

ある日、映画を観た感想の手紙が届いた。送り主は、大阪の大学生。そこには、「沖縄で起きていることを知らずに、ごめんなさい。沖縄にばかり辛いことを押し付けてごめんなさい、ごめんなさい」と一点一画をおろそかにしない丁寧な字で、便箋七枚にわたって熱い想いが綴られていた。手紙はこう締めくくられていた――「菜の花さんのように知ることから逃げず、考えることを諦めず、私も「ごめんなさい」は心にしまって自分の出来ることをやっていきます」と。

映画を観たことによって、沖縄で起きている問題の「被害者」でも「加害者」でもなく、真剣な「当事者」になってくれた、そのことが何より嬉しかった。

若者の行動力は「半端ない」。大学生の彼女は、菜の花さんにも手紙を送り、文通を始めたほか、大阪で自主上映会を開いてくれたのだった。

［3］東海テレビゼネラル・プロデューサー。二〇一一年からテレビドキュメンタリーの劇場上映を始め、数々のヒット作を生み出す。
［4］『映像が語る「地方の時代」30年』（「地方の時代」映像祭実行委員会編、岩波書店、二〇一〇年）。

県民投票の翌日、民意に反して工事が強行される
様子を見る菜の花さん

高校を卒業後、故郷・石川に戻った菜の花さん。沖縄を離れて三年という月日が流れる中で、自分に何ができるのかわからなくなっていたという。二〇二〇年二月、「辺野古」の県民投票から二年の節目に企画されたオンラインイベントへの参加を打診され、一度は断った。そんな時、大阪の大学生の「ごめんなさいは心にしまって」という言葉に奮い立ち、参加を決意したという。

　これだけでは終わらない。戦後七六年の今年、国は、戦没者の遺骨で辺野古の海を埋めるという蛮行に出ようとしていることを知った菜の花さんは、見過ごすことはできないとして、署名を集め、自分が住む石川県珠洲市の議会に請願書を提出した。菜の花さんは言う――「平和を創るのも、戦争に加担するのも日常から。だから毎日、自分が納得する選択をしていきたい」と。彼女は、コツコツと日々を大切に積み上げている。

大切な人との約束

すべては人との出会いなんだと、つくづく思う。冒頭に書いた「沖縄の被害者意識は、もうたく

『菜の花の沖縄日記』(沖縄テレビ放送、2018年)
ディレクター:平良いずみ、プロデューサー(演出):山里孫存・末吉教彦
第38回「地方の時代」映像祭グランプリ、2018年日本民間放送連盟賞テレビ報道部門優秀賞
学校に入学するため沖縄にやってきた少女の目に映る沖縄の素顔を描く。人々との交流を通して彼女は、基地の島・沖縄ではずっと「戦争」が続いていることを肌で感じ取っていく。2020年には『ちむぐりさ　菜の花の沖縄日記』として映画化。

さん」。その言葉がトゲとなって、自信を失い、もう前へ進めない。そう思った時期があったのも確か。でも、また新たな出会いによって、その傷がかさぶたとなり、いつしかかさぶたも風で飛ばされなくなっている……。

制作過程で、あれだけあがき、苦しんだことなどケロリと忘れて前へ。踏み出す力になるのは、取材で出会った人たちと交わした〝一つひとつの約束〟にほかならない。

半世紀も心の奥底に封じ込めてきた辛い記憶の扉を開き、墜落事故の証言をしてくださった男性との約束。それは、「子や孫たちに事故の記憶を伝え、心に刻んでもらうこと」。番組を放送した時点で、人の心に届く内容にできなかったため、その約束を果せたとは言えなかった。

それから五年後、菜の花さんとともにその男性・金城善孝さんの元を訪ねた。善孝さんは、事故のことを語った後、「ひとりじゃない、そう思えることが嬉しい。きょうだって、姉ねぇ《ねえ》(菜の花さん)が訪ねてきてくれたさぁ」と満面の笑みを浮かべた。その様子を映画に盛り込み、いま全国の人々の元に届けている。

なぜ、こんなにも苦しいドキュメンタリーの旅を続けるのか……、その答えは大切な人との約束を果たすためなんだと思う。めげずに懲りずに、「スッポン女」は、暮らしのカケラを求めて、また歩き出す。

東日本大震災から一〇年を生きる
――イナサがまた吹く日

伊藤孝雄（元ＮＨＫ仙台放送局）
小笠原勤（ＮＨＫ仙台拠点放送局）

杜の都・仙台。緑豊かな百万都市の街並みを抜け、南東方向へ車でおよそ三〇分。三陸自動車道の高架をくぐり、東日本大震災の津波浸水域に新設されたかさ上げ道路も越えると、四階建ての小学校跡とともにこつ然と広がる更地が現れる。今は人が住むことのできない荒浜地区。しかしかつてここには八〇〇世帯あまりが軒を寄せ合う暮らしがあった。農家、漁師、勤め人、それぞれが日々の営みにいそしみながら、野菜や魚を互いにおすそ分けして支え合い、コミュニティが結束して夏の灯ろう流しや秋の大運動会など四季折々の行事を楽しんでいた。

そのささやかな集落の暮らしと多くの貴い命を奪った東日本大震災の大津波。あれから一〇年経った今、震災遺構として残った荒浜小学校といくつかの住宅基礎、集落内の墓地以外に営みがあった証しを見つけるのは難しい。しかし、この地を南北に貫いて流れる小さな運河「貞山堀《ていざんぼり》」は水をたたえて野鳥や魚たちが悠々と泳ぎ、四季の風が大地を渡る自然の姿は変わらない。

春、南東方向の海から穏やかにそよぐ風は「イナサ」。昔から土地の漁師たちは「イナサが吹けば、魚が寄ってくる」といって、漁師には大漁の恵みを、農家には豊作を運ぶ風として待ち望まれ、人々はこの風を親しみを込めて「情けのイナサ」と呼んだ。初夏に北東から吹く「コチ」はコメ作りに悪いと敬遠され、秋から冬の乾いた北西風「ナライ」が稲を程よく乾燥させ干し柿などの保存食を熟成させた。風とともにあった荒浜の暮らし。

あの大震災を経て、何が変わり、何が変わらないか、そしてこれから変わっていくのか。そうしたシンプルな問いを念頭に、荒浜にカメラを据えてひたすら記録してきたのが『イナサ』であった。

NHK仙台放送局がこの荒浜の地を舞台に、四季折々の風とともに暮らす人々の営みを記録し始めたのは震災の六年前。番組企画を立案したのは当時の仙台放送局制作技術グループだった。震災前の特集番組『イナサ』では、一〇〇万都市の中にあって奇跡のように自然が残り、海・田・堀に支えられた半農半漁の暮らしを、「風」をキーワードに年間で定点観測してきた。

震災後、一〇年に渡って何度も番組化してきた『イナサ』シリーズは、かつての営みが奪われた荒浜の折々の姿と、この地を離れて暮らさざるを得ない人々がそれでも一歩一歩動き出し、暮らしや地域の絆・伝統をつむぎ直していく姿を記録してきた。震災の前と後で、地域の景観や暮らしの風景は一変したが、番組取材の根幹にあったのは、変わらない人々のつながりであり、自然の営みであり、海と向き合って暮らす人々の生き様だった。

NHKの中でも極めて稀有な、一六年に及ぶ同一地域の記録となった番組『イナサ』。この番組は何を伝えてきたのか、そしてなぜこの番組が作られ、一六年に及ぶ継続取材を続けることができたのかをひも解くことで、地域放送局が記録し、映像で残していく仕事の意義を考察したい。

荒浜の営みを記録し続けてきたイナサ

『イナサ』シリーズ第一作目の放送は二〇〇六年（ハイビジョン特集『イナサ～風と向きあう集落の四季～』・第二六回「地方の時代」映像祭優秀賞受賞）。制作技術チームはその一年前から、荒浜で本格的な取材と撮影を開始した。舞台となる仙台市若林区荒浜は、伊達政宗が仙台を開いた江戸時代初期に、三名の下級武士が荒れ地を開墾して住み着いた場所とも言われる地。太平洋に面し、昭和初期までは砂浜から船を繰り出して漁に出る風景が日常的に見られる、半農半漁の集落だった。戦後、アメリカの進駐軍がこの海岸から戦車で上陸したという歴史もある荒浜。仙台市民には深沼海水浴場のある場所としても親しまれ、地元の人々は自分たちのふるさとを「深沼」と呼んで穏やかに暮らしていた。

番組では、半農半漁の集落だった名残を色濃く残す荒浜の象徴的な住民として、七代続く農家の佐藤利幸さん一家と、赤貝漁師の佐藤吉男さん一家、松木波男さん一家の暮らしを中心に荒浜地区の取材・撮影を開始。彼らの日常を通して見えてくる自然と共生する厳しくも豊かな暮らし、地域コミュニティを結びつける昔からの習わしや折々の行事などを記録した。

イナサの風が吹き始める春、南東方向を向く漁の神様「八大龍王」をまつる神社には漁師たちが集まり、一年の豊漁を祈る。「板子一枚、下は地獄」の漁師たちにとって、海の安全は最も大事な願い事だ。

稲の花が咲き、夏が近づくと始まるのが集落をあげての大掃除。夏の海水浴客たちを気持ちよく迎えるため、集落総出での草刈りや大掃除に精を出す。そして家々で始まるのがお盆の準備。貞山堀で送り盆の時に流す灯ろうは、それぞれの家の手作り。先祖や亡き家族への思いをしたためた灯ろうとともにご詠歌で偲ぶ。

震災前の仙台市荒浜集落（2005 年）

秋の荒浜は恒例の「大運動会」。集落を地区ごとに四つのチームに分け競い合うが、住民たちは一か月も前から夜な夜な練習に励み、優勝旗を目指す。こうした町をあげて結束を固める行事とともに、個々の農家や漁師の間には畑や海で取れた恵みを互いにやりとりする「おすそ分け」の風景も見られる。楽しい時も辛い時もともに支え合ってきた荒浜の習わしだ。

年越しを迎える冬、海沿いの防風林の松林には、正月飾りのため縁起のいい三階松を取りに来る住民の姿も。港では、赤貝漁師たちが互いの漁獲量にかかわらず平等に分け前を分かち合う「おまかない」で年の瀬をしめくくる。海から迎える初日の出。仙台ではハゼから出汁を取った雑煮で正月を祝うが、漁師の佐藤吉男さんの家では舌平目で出汁を取る。ナライの風で程よく乾燥させた舌平目の雑煮に気分を良くし「お正月の歌」も口をついて出るのが毎年の光景だった。

二〇一一年の津波で、荒浜は壊滅的な被害を受けた。震災報道の初期対応に追われた仙台放送局の制作・技術チームにかわり、荒浜に最初に入ったのは東京の番組撮影クルーだった。家屋がすべて流されガレキの山と化した集落と田畑。彼らが撮影した震災五日後のＶＴＲ素材の中に、避難所の小学校給食室で魚をさばいている佐藤吉男さんの姿が確認された。仙台局スタッフは、威勢のいい声で調理の指示をする吉男さんに安心するとともに、これほどの災難にあっても凛として振る舞う吉男さんの強さに心を打たれた。荒浜集落の人々を再び記録していく、その思いを私たちスタッフは心に決め、震災の半月後から取材がスタートした。すでに吉男さんは、ガレキと住宅基礎しか残らない荒浜の地に通い、流された漁具や網を探し始めていた。その海と向き合う覚悟の強さに、「震災で変わってしまったもの」だけではない、「震災を経ても変わらないもの」「続いていくもの」を記録していくことも、被災地の放送局として大切なことと確信。二作目の『イナサ』を制作していく意義をスタッフ同士、共有した。

それからの一年、スタッフは時間があれば荒浜に通い、地域と人々を記録し続けた。砂を被りガレキにまみれて使えなくなった先祖伝来の田んぼに悲嘆する佐藤利幸さん。津波に飛ばされた墓石や骨を拾い集め先祖の供養をする松木波男さん。基礎しか残らない家の跡地に神主を迎えて「家じまい」の祝詞をあげてもらう光景や、家の跡地に畑を作って野菜を育てる農家など、それぞれの荒浜の歳月を取材してきた。そこで人々が語ったのは、日常を奪われた悔しさや寂しさとともに先祖や家族への変わらぬ思い。震災の年も夏の灯ろう流しは開催。佐藤利幸さんの家では、津波で亡く

ハイビジョン特集『イナサ〜風と向き合う集落の四季〜』(NHK、2006年)
撮影:伊藤孝雄・吉野耕作、ディレクター:伊藤孝雄・小笠原勤、プロデューサー:村田英治・伊藤純
第26回「地方の時代」映像祭放送局部門優秀賞
NHKスペシャル『イナサがまた吹く日〜風　寄せる集落に生きる〜』(NHK、2012年)
撮影:伊藤孝雄・吉野耕作、ディレクター:小笠原勤、プロデューサー:鶴谷邦顕・伊藤純
第32回「地方の時代」映像祭グランプリ
震災前と震災後、仙台・荒浜という半農半漁の地域を記録し続けたドキュメンタリー。大漁と豊作をもたらす風〈イナサ〉とともに暮らしてきた人々のさりげない日常の中で、荒浜に生きて、荒浜に死んでゆく、日本の集落の営みと、その力強さを見つめ、津波によって「失われたもの」「変わらないもの」「守り継がれたもの」を描く。関連番組多数、最新のNHKスペシャル『イナサ〜風寄せる大地　16年の記録〜』(2021年)は第58回ギャラクシー賞テレビ部門優秀賞を受賞。

なった長男の嫁をしのんで灯ろうを作った。さらにこの年も忘れずに季節の到来を知らせる生き物たちの姿にも励まされ癒される日々を記録した。

番組では、荒浜の人々が暮らす移転先にも足しげく通った。海岸から五キロ内陸、荒浜集落の人が多く仮住まいする東通仮設住宅では、佐藤吉男さん一家の引っ越しから日常まで定点で記録。ありあわせのシーツで手作りした大漁旗を吉男さんに贈った孫の眞優子さんの真心や、ナライの風で干した舌平目出汁の雑煮の味が荒浜暮らしの時とは違うと談笑する家族の正月など、飾らない暮らしの風景を見せてくれた。また仮設住宅や復興住宅に暮らしの場を移しても、「おすそ分け」の習わしは変わらず続いていた。さらに仮設住宅の集会所に集う人々の中からその後のシリーズに登場する舘山政四郎さんにも出会いその一人暮らしに密着するなど、ふるさとと荒浜を離れて懸命に生きる人々の姿を記録。そして震災の翌年、特集番組として放送した(NHKスペシャル『イナサがまた吹く日〜風　寄せる集落に生きる〜』・第三二回「地方の時代」映像祭グランプリ受賞）。

その後のシリーズでも、舞台は荒浜と移転先を行き来しつつ、荒浜の人々のその後を追い続けた。震災五年後には、かつて荒浜の地域のつながりを維持してきた町内会が解散され、移転先の仮校舎で授業を続けていた荒浜小学校も統合閉校される。そんな中、農業法人を立ち上げた荒浜の農家たちにも注目。農地集約と大規模化で手をとりあいながら荒浜の農業を復活させようと模索する佐藤利幸さんたち農家の姿を追った。

復興住宅に入居できたものの孤独な生活で体を壊し、老人ホームに移転した舘山政四郎さんは、亡き家族を弔う日常や、年に一度だけ三月一一日の命日に海岸で行われる荒浜慰霊祭で旧知の人々と交流する姿を撮影。震災後の辛い生涯を記録した。

荒浜で暮らしてきた住民たちの営みの記録を重ねてきた『イナサ』では、番組全体の主人公として描く人物はいない。しかし、シリーズを通して何度も登場する人々の経年での記録からは、数々の困難や環境の変化の中にあって人が生きていくことの尊さを教えてくれた。ここであらためて、『イナサ』シリーズを通して何度も登場することになる人々から見えてきたものを紹介したい。

海と向きあい田畑と生きる人々

シリーズ全作に登場するのが、漁師の佐藤吉男さん一家。大黒柱の吉男さんは赤貝漁師で、季節の風を読んで暮らす荒浜漁師として、妻や娘・孫との家族の暮らしを継続して取材してきた。「仙台湾のルビー」とも言われる特産の赤貝や季節ごとに沿岸に寄ってくる魚を取り、震災前は夏の海水浴シーズンには海の家も出し、海とともに暮らす吉男さん。津波で家や家財は失ったが、自宅跡地に手作りで作業小屋をこしらえ、ガレキから漁具を一つひとつ取り戻し、奇跡的に見つかった船で再び海に出て腕一本で家族の暮らしを支えてきた。たとえ震災でそれまでの暮らしが奪われようと、大好きな海と向き合い前向きに生きる吉男さんのたくましさを、番組では吉男さんが亡くなる年まで継続して記録してきた。その吉男さんが震災後、大切に見守ってきたのが自宅跡地に自生した松の木だった。かつての松林が津波で失われ吹きさらしになった荒浜。震災後に人の手で植林した松の苗も成長が難しい中、倒木から飛んできた種が芽吹いて自力で育ち、その松は人間の背丈を越すまでになった。どんな困難にあっても懸命に生きようとする姿に、吉男さんは自分自身を重ねていたのかもしれない。

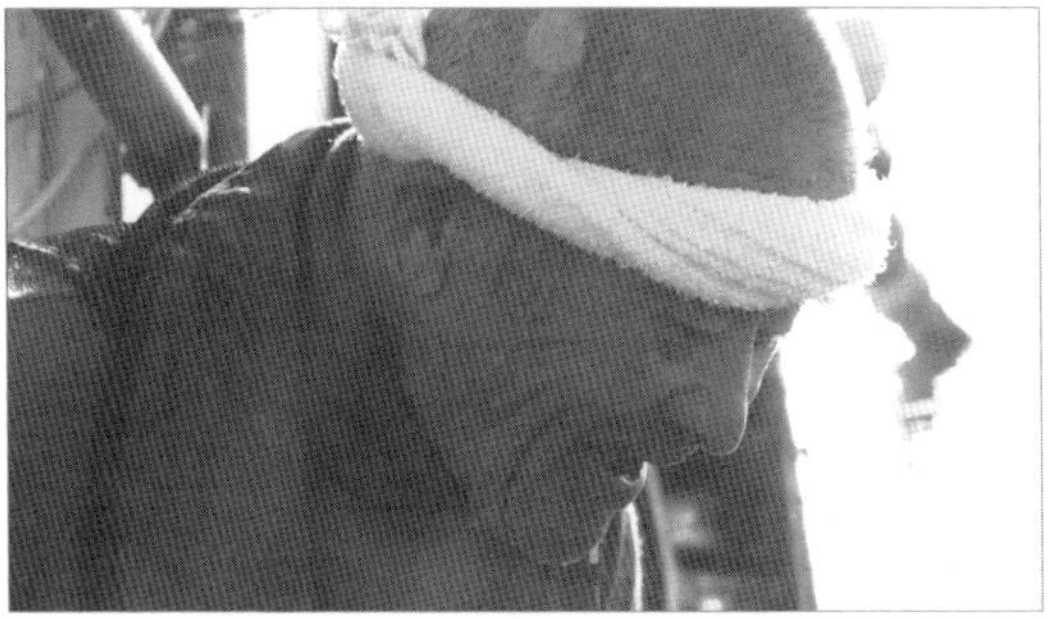

漁師の佐藤吉男さん

そして吉男さんを囲む家族たち。かつて海難事故で亡くした三女の悲しみを抱えながらも、吉男さんを海に毎日送り出してきた妻さちきさん。夏の灯ろう流しでは荒浜の人々とご詠歌で御霊を送り、秋にナライの風で乾かした舌平目を出汁にして雑煮を作ってはささやかな正月を家族で祝う。古き良き習わしを守り伝える荒浜の女性だ。そして夫婦を温かくユーモラスに見つめる娘の優子さん。どんな境遇でも泣き言を言わず笑顔で家族を支える優子さんの存在は、荒浜に生きる人のたくましさと優しさを感じさせ、取材に訪れるスタッフもその笑顔に励まされた。個性豊かな家族の中で、荒浜育ちの若手として成長を追いかけたのが孫娘の眞優子さん。震災前、小学校六年生の彼女は荒浜の松林で風を感じながら遊ぶ少女だった。震災後、多感な反抗期を経て社会人となり、やがて二児の母へ。番組ではその成長の過程を見続けてきた。毎回見せるビジュアルの変化は番組の意外な名物シーンとして話題になったが、同時に祖父・吉男さんを思い続ける愛情の深さと、眞優子さんが毎回発するピュアで本質的な言葉の数々は、取材するスタッフ陣もはっとさせられる驚きの連続で、番組根幹のテーマを折々に確認する道しるべともなった。

番組に登場するもう一人の漁師・松木波男さんは、吉男さんの幼なじみ。漁師仲間からも名人と一目置かれるほど漁がうまく、笑顔で海と向き合う波男さん。しかし若い時には兄を海難事故で亡くし、毎年の灯ろう流しには船の形の灯ろうを作って家族を偲んできた。地縁・血縁を大切にした昔ながらの暮らし。知り合いの農家に魚や貝をおすそ分けし、お返しに野菜を頂くつながりは、震災の前でも後でも変わることなく続いた。津波で自宅と船を失った時にはつらい日常を嘆いたが、「生きていくしかない」と自らを鼓舞し、齢八〇にして借金して中古船を購入、漁を再開した。波男さんは、震災をばねにひたすら前向きに生きる。その根底にあるのは、大好きな海と関わって生きることのできる喜び。ひとたび沖に出れば海は恵みを返してくれる。常に明日の大漁を信じて、辛い日常を明るく笑い飛ばす波男さん。どんな境遇にあっても、人は信じるものがあれば生きていける。波男さんの生き方から学ぶべきものは多く、シリーズを通してそのぶれることのない生き方を描いた。

かつての半農半漁の集落だった荒浜を象徴する住民として、七代続く農家の佐藤利幸さん一家も記録し続けた。震災前はコメ作りと仙台湾での海苔養殖を行ってきた利幸さん一家。風の十字路・荒浜で自然と隣り合わせの仕事には、常に風を意識する暮らしがあった。津波で家も田畑も失った後、残ったのはたった一本の鍬だけ。この鍬を手に再び歩み出す利幸さん。集団移転地に新たに住まいを構え、家庭菜園ほどの小さな畑を開墾。暮らす風景は一変しても、土と触れ合い、風を感じる日常は変わらない。利幸さんの生き方にも、変わらないものや受け継がれていくものが色濃く見える。漁師の吉男さんや波男さんの営みとともに、農家の利幸さんの生き方もまた『イナサ』の根幹にある大切な視点として、シリーズを通して記録してきた。

震災の後からシリーズに登場するのが舘山政四郎さん。荒浜育ちの妻と娘を津波で失い、失意の中で仮設暮らしをする舘山さんに出会ってから、復興住宅や老人ホームに転居し、亡くなるまで、私たちは舘山さんを見つめてきた。かつては勤め人で集落とのつながりも希薄だった舘山さんは、震災後、亡き妻の縁で荒浜の人々に支えられ、仮設住宅暮らしで地域の温もりを感じる。地域の人々と触れ合える仮設住宅の集会所は、舘山さんにとっての「荒浜」だった。しかしその後、復興住宅での独居が始まると地域とのつながりも絶たれ、生きていること自体を嘆くようになる。カメラはそうした飾りのない舘山さんの日常を淡々と記録した。『イナサ』の各回で登場する荒浜の市井の人々にも、舘山さんと同じような背景を持ち被災された個々の物語があったものと思う。

番組を通して出会ってきた個性あふれる荒浜の人々。撮影はしたものの番組には登場しなかった人々を含め、多くの方に取材でお世話になった。そうして出会ってきた一人ひとりの営みの記録から、結果的に一六年に及ぶ番組の記録が残された。震災後の当初は、佐藤吉男さんや松木波男さん、佐藤利幸さんが再び家を建てて新たな暮らしができる時を『イナサ』のゴールに見据えていたが、三人が家を再建した後も記録は続いた。震災から一〇年、佐藤吉男さんが亡くなり、被災して家族を失った舘山政四郎さんも亡くなったいま、『イナサ』の物語はここで一旦、区切りをつけることとなった。

しかしそもそも、この番組はシリーズを通して、何か決定的な出来事や瞬間を記録したり、声高に課題やメッセージを表出したりする番組ではない。番組に登場する荒浜の住民たちの淡々とした日常の営みを四季にわたって記録してきたことの積み重ねで、番組を構成してきた。一〇年前の東日本大震災によって、東北の震災後の現場の苦闘や課題を描く番組や復興を応援する番組はＮＨＫでも数多く制作し、届けてきた。『イナサ』もそうした「震災番組」として語られることは多かったが、制作者としては震災前の『イナサ』と震災後の『イナサ』が伝えてきたテーマは大きく変容しておらず、番組のねらいは通底していると考える。「変わることのない人々の絆」「海と向き合って生きる人々のたくましさ」「自然の恵みと営みの不変さ」、四季折々の風が吹く荒浜を基点に、地平の目線で語っていく番組であり続けていることは変わらない。人が生まれ育ち、家族を持ち、働き、老いて、命を全うする、その営みをひたすらに記録すること。シリーズの各番組では震災復興の時間軸の中で新たな登場人物も現れるが、いくつかの家族は毎度登場する形となり、彼らの変化する暮らしとそれでも普遍的な生き方を見つめることで、生きることの意味を見る人とともに考えてきた。番組で描くのは「出来事の意味」ではなく「人が生きる意味」。それは企画立案段階のアプローチから始まっていることだった。

企画を提案したのは当時、仙台放送局制作技術グループに所属していた筆者（伊藤孝雄：以下伊藤）。番組提案の端緒は何か特別なことが起こる「出来事」ではなく、魅力的な「人」との出会いから始まると考えている。

二〇〇五年から撮影が始まった『イナサ』も、番組提案に至るまでの事前取材にはさらに一年近い時間をかけてきた。荒浜地区にはどんな「人」がいて、どのような暮らしをしているのか。集落の人々はどのように関わって地域を支えているのか。リサーチを重ねる中で出会った佐藤吉男さんや松木波男さんたちの「人」としての魅力に触発され、この地で撮影していけば必ず見えてくるものがあると腹をくくる。しかし荒浜の住民たちはこれまで自分たちの当たり前の暮らしを営んできた市井の人々。ロケ中に何か劇的な変化が起きるわけでもない、こちらから仕掛けるわけでもない。日常の営みを記録していく中で、その人を通して見えてくるものは何かを観察し続ける。その姿勢を変えることなく、出会った人々の傍にカメラを据えさせてもらうことができたから『イナサ』でも震災の前後一六年に渡って継続取材が可能になったものと思う。

〝仙台三部作〟と地域を見続けるスタッフたち

一六年続いた『イナサ』シリーズだが、実はその前史ともいえる二つの番組がかつて作られている。

『イナサ』一作目のさらに五年ほど前から、ＮＨＫ仙台放送局では制作技術カメラマングループが中心となって、仙台市郊外を舞台とする年間記録番組を取材・制作してきた。

仙台東部の田園地帯、屋敷林に囲まれた〝緑の島〟・長喜城《ちょうきじょう》地区の四季の営みを記録した『イグネ〜仙台平野に浮かぶ緑の島〜』（二〇〇二年ＮＨＫスペシャル他で放送）。仙台北部にそびえる泉ヶ岳の麓にある山里・朴沢《ほうざわ》地区を流れる用水堀が育む四季を描いた『つかい川』（二〇〇四年ハイビジョン特集他で放送）。この二作があったことが、『イナサ』の荒浜地区を取材することにつながった。二〇〇六年放送の『イナサ』を加えた三本の番組を、伊藤は「仙台三部作」と呼んでいる。自然と向き合って暮らす人々や集落の営みを年間取材するスタイルは三本に共通するが、いずれもＮＨＫ仙台放送局の地域情報番組を通して取材の途中経過を年間で随時、放送してきたもの。民放局のドキュメンタリー番組と同様、ＮＨＫ地域放送局の制作するドキュメンタリーも年間取材の初期から全国放送の番組枠が保障されているわけではなく、地域放送で積み上げてきたものをまとめて番組化するケースは多い。限られた予算とリソースで継続取材していくための現実だが、一方で地域の視聴者にとっては身近な場所を取材した番組企画が全国放送番組に成長していく過程を年間を通してともに楽しむことができる。さらに撮影者自らがスタジオ出演して地域番組での放送回数を重ねるにつれ、番組制作への地域の理解と期待が高まり取材交渉のハードルも下がるなど、放送による利点もあった。企画立案した過程で取材エリアを仙台市近郊としたのも「仙台局から三〇分程度で行き来できる場所」「機材リソースが空いている時に、出動できるカメラマンが対応する」という、継続取材を可能とする条件をあらかじめ設定したことにある。全国転勤が常のＮＨＫ職員にとっては、異動で人が変わると番組や取材が継続しないこともままあり、地域に根差して長期定点取材が組みにくい構造がある。あらかじめ、いつでも・誰でも対応できる態勢を整えるという、無理なく息長く続く仕組み作りによって、続編の制作にもつながっていった。

またディレクター提案ではなく技術カメラマン提案の番組企画という点でも、仙台三部作は画期的な試みだった。NHKでは番組提案は主にディレクターが行い、採択された提案を技術カメラマンと二人三脚でロケするのが一般的だった。しかし技術カメラマンたちは日々多様な現場にロケに出かけ、地域に暮らす人々の営みや自然の営みを「地平の目線」で切り取る中から、地域にとって大事なものを経験として蓄積してきた。伊藤ら制作技術チームはそれを地域放送局に番組提案し、局内組織間の敷居の低さもあって提案が採択されたことから、当時のNHKではユニークな技術カメラマン提案番組がスタートした。

仙台放送局でも、伊藤とともに若手カメラマンたちが参加。現場取材はカメラマン自らが行い、制作技術チームで共有して撮影に出向く。カメラマンたちは長期定点取材の中で、たとえば雛の巣立ちや木々の成長などそれぞれのテーマで撮り続けていくことで、番組素材に多彩なバリエーションを加えていった。仙台三部作の制作を重ねる彼らメンバーの中から、伊藤とともに『イナサ』シリーズを一貫して担当することになるのが、吉野耕作（以下吉野）。震災後のシリーズでは吉野がメインカメラマンとして、荒浜の人々の姿をとらえてきた。

一方、制作ディレクターはロケ段階では関わらず、素材VTRを編集する段階から参画した。ディレクターが加わり複眼的な視点で番組構成と編集・ナレーション原稿作成に関わる形で企画を作り上げ、地域番組で放送する。季節ごと不定期に放送を重ね、取材するカメラマンと議論を重ねる中から、次に取材すべき事象やテーマがより明確になっていく。こうしてシリーズ放送していく過程で内容やテーマの試行錯誤とアップデートを繰り返し、全国放送の番組につなげていった。筆者（小笠原勤：以下小笠原）は地域番組デスクの時に仙台三部作の二作目『つかい川』に関わったのが縁で、『イナサ』第一作からは制作ディレクターとして関わることになった。震災後の一年は当時の混乱した現場状況もあり、小笠原もディレクターとしてともにロケから参加し現場に出ていたが、シリーズを通して番組を主導するのが伊藤や吉野など制作技術カメラマンであったのは変わらない。

また全国放送の特集番組『イナサ』シリーズでは、伊藤と関わりの深い同僚たちが参加することで、番組としての独特の文体や肌触り、空気感を醸成し継続していった。ＶＴＲ編集（吉田秋二）、音響効果（飯村佳之）、語り手（三宅民夫）、そして番組構成やナレーション原稿など全体の「まわしを締める」役の統括プロデューサー（伊藤純）が、シリーズを通して制作に関わることになる。日頃、全国放送の特番を手掛ける彼らにこのプロジェクトへの参加を打診したところから始まり、シリーズを通して彼らも荒浜を見続けていくことになる。

一方、制作ディレクターや地域局のプロデューサーはその都度変わった。小笠原もシリーズの半数以上にディレクターやプロデューサーとして関わったが、異動により番組に携われない機会も多かった。しかし同僚のディレクター、プロデューサーたちに『イナサ』プロジェクトへ参画してもらうことで、この番組の精神を理解・継承してもらうことにつながり、続編制作の時には背中を押してくれる心強い存在となった。

こうした『イナサ』のメンバーたちが常に関わり続けることは制作継続にも大きな力となった。現場の最前線で荒浜を見続ける伊藤・吉野や仙台技術チームの活動を他メンバーが折々に共有し、荒浜の復興状況や番組の登場人物たちの暮らしを意識し続けることで、メンバー内での『イナサ』の物語は現在進行形で続き、続編制作の後押しにもなった。東京・渋谷の放送センター内でメンバーが出会った時の決まり文句は「眞優ちゃんどうなった?」、主な登場人物として小学生から二児の母になるまで追い続けた漁師の孫娘・佐藤眞優子さんの成長ぶりは、放送の度に視聴者から大きな反響があったが、メンバー個々にとっても常に関心事であり続け、眞優子さんを通して荒浜を思い続ける原動力ともなった。

そして、イナサは吹き続ける

ここまで『イナサ』が番組を通して伝えてきたこと、一六年に渡って作り続けてきた制作の裏側を見てきた。最後に『イナサ』が地域に残したものをお伝えすることで、地域放送局が伝え続けることの意味を考えたい。

現在、震災遺構の荒浜小学校には、『イナサ』第一作から五分クリップとして再編集した、震災前の荒浜集落の様子や行事などを視聴できるオンデマンド映像と、大画面スクリーンで見られる『イナサ』番組シリーズの上映設備が整えられている。地元の市民や被災地の見学・観光で訪れた人々がじっと映像に見入る姿が時折見受けられる。またNHK仙台拠点放送局内の常設アーカイブ

「三一一シアター」でも、『イナサ』を視聴することができる。震災前のかつての荒浜集落を知る人々にとっては懐かしい記憶の風景として、震災後の現在の姿しか知らない荒浜新世代にとってもふるさとを知る手がかりとして。荒浜での営みの映像記録がテレビ放送以外に視聴の機会ができたことは、私たち制作者にとっても大変ありがたいことだ。在りし日のふるさとの姿や震災の記憶をどのように伝承していくかが課題となっている今、映像記録・番組を地域のために還元していくことで貢献できるのであれば、大変有意義なことである。

震災を経てふるさとの姿や暮らしは変わっても、変わらないもの。『イナサ』が長年に渡って伝えてきたものの根底には、人々が地域で生きていく揺るぎない覚悟と、ふるさとへの誇りがある。『イナサ』が、これまで番組を支持して頂いた多くの方々にも、心のよすがとして頂いた地元の方々にも、そしてこれからも地域で歩み続ける方々にも、そよぎ続ける「心の追い風」であってほしいと願う。

二〇〇六年放送の『イナサ』第一作で、荒浜の漁師・佐藤吉男さんたちは海に出続ける魅力を「まったく取れない時もあれば、大漁の時もある。海には、夢があるんだよ」と語っていた。良い時も悪い時も、くじけずに前を向いて進むこと……未曾有の震災を経て生きる私たちへ、「情けのイナサ」はいまも吹き続けている。

第三章　地域の底力と可能性を信じて

〝一〇年で泳げる中海〟を実現する
――『中海物語』にみる市民とメディアの協働性

古川重樹（中海テレビ放送）

メディアの世界に身を置くようになってこの春で半世紀になった。

鳥取・島根両県をエリアとする日本海テレビ放送（本社：鳥取市）時代には報道現場でジャーナリズムの意義と役割について、さらにドキュメンタリーを制作するようになって「地域に生きる人々の声や心をどう番組に生かしたらよいのか……」を考えた。それは、「大きなことより小さなこと、劇的なことより平凡なこと、強いものより弱いもの」に目線を置き、大切なのは時間をかけること、つまり〝継続〟が大きな価値を生む、と当時の上司（故尾﨑良一氏）から学んだ手法の一つだった。〝映像の力〟を信じ、一年より二年、三年より四年といった長い年月をかけて取材することに心がけた。それは、芸術における重要な手法である〝誇張〟と〝変形〟を映像の世界では〝時間〟とか〝継続〟といった新たな手法に置き換える表現方法で、その狙いは時間をかけて撮影した映像によるテーマへの徹底したこだわりだった。それは、今も私が心がけている伝統的なドキュメンタリー制作の作法である。

六年前から米子市にあるケーブルテレビ局の中海《ちゅうかい》テレビ放送で、日々のニュース報道や番組制作の指導にあたっている。二〇数名のスタッフの年齢は三〇～四〇歳代が中心で女性が多く意欲も向上心も高い。振り返ってみるに、地域メディアとしてのケーブルテレビ局の存在とか役割といったことが私自身良くわかっていなかった。それは、鳥取・島根両県の東西三〇〇キロメートルの広域を放送エリアとする民間放送と比べ、ケーブル局のエリアは余りにも小さく、影響力も限られていると思っていたからだ。それは民放時代の私が「地域向け情報」だけでなく、ニュースやドキュメンタリーの「全国発信」にこだわり過ぎていたことに他ならない。東京志向が強かったのだ。しかし、現実には「地域密着」「地域貢献」「地域との協働性」をベースに、地域の未来を市民と一緒に創造しようとする中海テレビ放送の姿勢に民間放送とは異質のパワーを実感することとなった。とくに、移りゆく時代の変遷と共に汽水湖の生態やそこに関わる人々の営み、さらに水質浄化に取り組む市民の活動の様子を長年にわたって映像で記録し続けている中海テレビ放送制作の『中海物語《なかうみ》』（二〇〇一年～）はその象徴的番組だった。

ケーブルテレビ局の地域力

鳥取・島根両県で東西三〇〇キロメートル、三八市町村が放送エリアの日本海テレビ放送と比べ、中海テレビ放送は米子市・境港市を中心とした鳥取県西部地区内の八市町村が放送エリアで視聴世帯は約五・五万の小さなケーブルテレビ局である。しかし、「地域との繋がり」や「地域住民との連携・協働」に重点を置き、六つの「コミュニティチャンネル」を使って多彩な独自番組を展開していた。とくに重視している地域ニュースは専門チャンネルによって二四時間ノンストップでリピート放送している。最近ではドキュメンタリー番組にも力を入れるようになり、自社番組の年間制作本数は約三〇〇本、スポーツや祭りや花火大会の中継など生放送番組は約五〇本、地域のニュースや情報番組の発信量は放送エリアの規模は異なっても三つの民間放送を上回っている。

中海テレビ放送が開局したのは一九八九年一一月一日である。東京中心の情報が溢れている中で、米子市民にとってより身近なケーブルテレビ局を創ることによって「地域情報」を充実させ、「米子市の地域力を高めたい」創業者の一人で現中海テレビ放送会長の髙橋孝之氏らの熱い思いから生まれたものだった。髙橋氏にはこんなエピソードがある。それは会社設立に集まった出資者にこう述べたのだ。「この会社は一〇年たってもお金を配当することは難しいですが、「文化」という配当によって地域に貢献します」。地域愛を育む「放送文化」を提供することによって、一人ひとりが豊かさを実感したり、誇りあるまちをめざすきっかけとなることが地域メディアの役割だと考えていたからだ。「市民と共に歩む地域メディアで在りたい」この〝志〟は、三〇年経った今なお中海テレビ放送で受け継がれている。全国のケーブルテレビ局の中で、ここまで〝地域〟にこだわるケーブル局は聞いたことがなかった。

私が、中海テレビ放送に来るきっかけは日本海テレビ放送退職後に髙橋孝之氏の誘いからだった。民間放送と比べスタッフ数、機材、取材方法の違いなどで戸惑うことが多かった。しかし、その中で一番大きな違いは、「地域情報の量」だった。民間放送の場合、山陰地方の放送エリアは余りにも広く、日々の限られたニュースや情報番組の時間枠では、スタッフの数からみても取材対象エリアは極めて限られていた。一年で一度も取り上げなかった自治体もあった。ニュースデスク時代に「これで地域メディアと言えるのだろうか……」そんな疑問も頭から離れなかった。

一方で、八市町村をエリアとした中海テレビ放送は報道に力を入れていてニュース取材は実にきめ細かかった。一人の記者がカメラ、原稿、編集、ナレーションのすべてをこなす「ビデオジャーナリスト方式」によって、一〇数人の部員がエリア内を駆けめぐり毎日昼五分、夕方三〇分のニュース枠を埋め、翌日まで二四時間ノンストップでリピート放送している。台風や地震などによる大規模災害や大きな事件・事故が発生した緊急時には速やかに「生放送」に切り替えている。その上、毎朝一時間半の情報番組を生放送しているのだ。

中海テレビへやって来て暫らくたった日のことだった。会社内のテレビのモニター画面でふと目にした番組が妙に気になった。それは、今も毎月放送している『中海物語』である。尋ねてみると二〇〇一年から毎月三〇分番組で放送しており、その当時ですでに一五年目に入っていた。これがのちにＮＨＫ、民放、ケーブルテレビ局など全国のメディア関係者から注目され、高い評価を受けることになる。

『中海物語』誕生の経緯と秘話

鳥取県と島根県にまたがる中海は日本で五番目に広い湖である。
海水と淡水がまじりあう汽水湖で、かって、赤貝（サルボウガイ）の漁獲高は全国の六割を誇るほど豊かな漁場だった。海水浴、釣り、ボートなどレクリエーションの場所としても利用され、沿岸地域の人たちにとっては身近で大切な湖だった。しかし、昭和三〇年代の後半ごろから、合成洗剤による生活排水や農業での化学肥料の増加などによって徐々に水質汚濁が進むようになった。

追い打ちをかけたのが国の食糧政策として昭和三八年（一九六三年）にスタートした中海干拓淡水化事業である。

中海の五分の一にあたる約二・二三〇ヘクタールを造成し、さらに湖を淡水化して農業用水を確保しようという巨大国家事業だった。しかし、事業が進むにつれて水質汚濁が一段と進んだことから、沿岸住民を中心にした反対運動はやがて全国的な広がりをみせ二〇〇〇年九月、ついに国家プロジェクトの干拓事業が中止となった。住民パワーによる国の大型公共事業の方針転換は全国に衝撃を与えた。「開発から環境」の時代を迎えたのだ。

地域の活性化には「地域課題に目を向け市民と共に継続的に取り組む」。それが何よりも重要と考えていた当時の番組プロデューサー髙橋孝之氏は、この動きを「中海を市民のために活用できるチャンス」として捉えた。

二〇〇一年一月、その想いを活かすため中海テレビ放送がスタートさせたのが『中海物語』だった。月一回放送の三〇分番組で、湖岸でのゴミ拾いや環境学習に励む小学生や市民グループを紹介したり、漁業の実態や水質の変化、沿岸周辺の植物の生態系を調べるなど取材対象は多岐にわたり、一年間の放送で出演した市民は延べ二〇〇人に上った。そして、『中海物語』一二回目の最終回、「中海が住民一人一人にとって貴重な財産であることを再認識し、郷土の象徴として誇れる資源にすべく努力して行こう……」とする宣言文を出した。この番組は一年で終わる予定だったのだ。

これに待ったをかけた人物がいた。「テレビ朝日」の情報番組・モーニングショーなどで活躍した放送ジャーナリストの故ばばこういちさんである。翌二〇〇二年二月二七日、ばばさんを迎え米子市内のホテルで第一回中海会議が開催された。経済団体やさまざまな市民グループの代表ら三〇人が出席した会議だった。しかし、昭和三〇年代までの「美しい中海」を取り戻すための具体的な目標年次が決まらないことに、ばばこういち氏が檄を飛ばした。「皆さんは五〇年かけないと中海は元に戻れない」というが、「では、ここにいる誰がそれを見届けるのか……」。その席で、「一〇年で泳げる中海」という当時では無謀とも思えるスローガンが掲げられ再スタートしたのだ。

この会議に参加していた市民グループの新田ひとみさんはこう振り返る。「ばばさんが「一〇年で泳げる中海」にしようと打ち上げられた時には、出席したほとんどの人が「絶対無理」だと思っていました。海を汚した倍以上の年数が必要だと思っていたからです。でも、ばばさんは長年の経験から市民活動は目標年次を明確に定め、その目標達成に向けて具体的に行動を起こすことが何よりも重要だと考えていたようで、それをテレビカメラの前で約束させたのが「ばばさんのパワー」だったように感じます。ばばさんのあの一言が皆さんの心に「火」をつけたのかも知れません」と話す。新田さんもその一人だった。

さらに、出席者をメンバーにＮＰＯ法人「中海再生プロジェクト」が立ち上げられ中海テレビ放送内に事務局が置かれた。これまでバラバラに活動していた二〇余の市民団体や個人が一つのネットワークで結集した。思わぬ展開がその後の活動を方向付けることになり中海テレビ放送は、中断していた『中海物語』の放送を再開することになる。

市民意識の変化

これまで横の連携がまったくなかったグループ活動が一つの団体に結集し明確なスローガンを掲げたことで、「二〇年で泳げる中海」を目標に具体的な動きが始まった。その軸となったのがＮＰＯ法人「中海再生プロジェクト」である。ビデオ制作会社の当時の事務局長を中心に参加団体の人達がさまざまな企画を提案し実行に移した。しかも、事務局が中海テレビ放送内に設けられたことで、参加団体との連絡や『中海物語』制作スタッフとの情報共有が一元化できたのは大きかった。当時、中海に余り関心の無い市民や子ども達に呼びかけて始めた「中海体験クルージング」は、夏休みの風物詩として毎年二〇〇名もの親子が参加するようになった。ヨットからの景色は素晴らしいものの、水は濁りヘドロの臭いを感じさせるほどだった。「どうすれば水質は良くなるのか……」それを考える〝環境改善の意識啓発の場〟を新たに設けようと同時開催したのが米子港近くでの「中海環境フェア」である。毎年、二〇～三〇団体が参加し、中海に生息する魚介類の紹介、合成洗剤と石けんの違い展示会、中・高校生による環境調査結果の展示など盛りだくさんのコーナーが設けられ多くの親子連れを集めた。市民グループの新田ひとみさんは、「この催しによって中海への関心が市民に広がる大きな要因になったと感じている。しかも、中海テレビ放送がすぐ放送してくれるので、友人や知人ら多くの人たちからの反応があることがとても嬉しかった」と当時を振り返る。

さらに、沿岸地域の彦名地区チビッコ環境パトロール隊の結成や湖岸での「中海夕暮れコンサート」といったゴミ拾い活動とは別に中海に親近感を抱くようなイベントが定期的に開催されるようになったのだ。

とくに、番組を通して地域に提案した新しい試みが「中海アダプトプログラム」（湖岸を三〇メートルほどに区切り、市民団体・学校・企業などがそれぞれのエリアを受け持って年に三回清掃する）だった。これは『中海物語』の取材班が水質改善の先進地として訪れた長野県諏訪湖で実践していた環境改善活動の新しい手法にヒントを得たものである。こうした一連の市民活動は、その都度中海テレビのスタッフが取材し『中海物語』で紹介していたことから、放送回数の積み重ねとともに、これまで目をそらしていた人たちが徐々に「中海」に目を向け湖岸に足を運ぶようになったのだ。

「中海再生プロジェクト」の当時の事務局長は、「『中海物語』は中海の浄化にスポットが当たっていなかった人たちを紹介することで多くの市民に中海への関心を高めて欲しいという気持ちが強かった。中でも、正月特番として行ったテレビ討論会では、ばばこういちさんを迎え、三〇人の市民と二時間近く語り合ったりしたが、ばばさんからの温かい言葉や叱咤激励が出演した市民の大きな励みになっていた。そして、それぞれの出演者の発言はテレビを通じて視聴者との約束「マニ

中海・宍道湖一斉清掃

フェスト」となって引き下がれなくなっていった」と当時を振り返る。

さらに、二〇〇四年にアジア太平洋環境会議（エコアジア）が米子市で開催されたこと、二〇〇五年には中海・宍道湖ラムサール条約（国際的に重要な湿地に関する条約）登録といった相次ぐ出来事が、〝環境重視〟の流れを後押しした。やがて様子を見ていた行政も活動に加わるようになり、二〇〇六年の鳥取・島根両県による湖岸での一斉清掃活動には両県知事をはじめ住民七〇〇〇人余りが参加し、以降毎年行われるようになった。

『中海物語』の上田和泉リポーターはその当時の様子をこう述べた。「米子港の沖合の船上で取材していましたが、湖岸に近づくにつれずらっと人が並び一生懸命ゴミ拾いをしている様子がよく分りました。あの光景は今も鮮明に心に残っていて感動しました。これは一〇年で泳げるようになるかも知れない」と確信したのを覚えています。

ヨットスクールの子どもたちが自主的に始めた護岸でのゴミ拾いが、やがて数千人規模の一大イベントに成長し、「中海をもっときれいにしたい……」「美しい水辺を取り戻そう……」という〝共通の思い〟は湖面に広がる波紋のように大きな輪となって広がっていったのだ。

私は、『中海物語』で一九年間に渡って撮影された数々の映像を見るにつれ、中海テレビ放送が地域課題に目を向け、市民グループの活動と足並みをそろえて取り組んでいること、いや、むしろ主体的に活動を展開し、掲げた明確な目標が実現するまで放送を続け支援するという地域メディアの〝建設的姿勢〟に、新しい地域ジャーナリズムの実践を見る思いだった。

「一〇年で泳げる中海」実現へ……

「中海再生プロジェクト」が発足して一〇年目にあたる二〇一一年六月二六日、ついに「泳げる中海」を象徴する中海オープンウォータースイム開催にこぎつけた。

オープンウォータースイムは競泳の一種だが、プールで行うのではなく海や川、湖といった自然の中で三キロメートル、五キロメートル、一〇キロメートルといった長い距離を泳ぐ競技である。オリンピックでは二〇〇八年の北京大会から正式種目にされた比較的新しい競技だった。

この大会誘致を仕掛けたのが、『中海物語』当時の番組プロデューサー高橋孝之氏である。当時の思いを次のように語った。「きたない、臭いと言われた中海が〝泳げる中海〟に蘇ったことを多くの人達に知ってもらうには全国クラスの大会がどうしても必要」だと考えていた。

そこで、日本水泳連盟と協議し、役員に中海を視察してもらうなど事前準備を進めていたのだ。気になる水質も島根大学生物資源科学部に協力を依頼した結果、実際に泳ぐ水面付近で水質ランクC「なんとか泳げる」という判定が出て、念願の大会開催にこぎつけた。『中海物語』番組リポーターの上田和泉記者は当時のことをこう述懐している。「中海を取り巻く状況が好転するにつ

中海オープンウォータースイム

れ「泳げる中海」へ向かう私たちの背中が押されるような感覚でした。ただ、大会直前に島根大学が行った水質調査の結果は冷や冷やしながら聞いたことを覚えています。オープンウォータースイムを無事開催することができて大きな達成感と共に、これからの活動継続の原動力となりました」。

大会当日は、当時日本水泳連盟の理事の鈴木大地さん（前スポーツ庁長官でソウル五輪の金メダリスト）も会場にかけつけた。参加したスイマーは男女七一名、鳥取島根両県を中心に神奈川県や愛知県からの参加もあった。中海に設けた三キロメートルのコースを早い人で四五分、遅い人で九〇分で無事全員が泳ぎ切った。

選手からは「思った以上にきれいだった」「臭いはなかった」といった声が聞かれた。スターターを担当した鈴木大地さんは大会の印象についてこう述べた。「会場が米子市内に近いという立地条件と景観の素晴らしさ、そして、何よりも市民の熱意と手作り感にあふれた大会だった」。

しかし、この会場に「一〇年で泳げる中海」を真っ先に訴え、その後もたびたび米子市にやって来て市民活動を引っ張ってきた、ばばこういちさんの姿はなかった。ばばさんはこの大会の一年前、二〇一〇年四月九日に腎不全で亡くなっていたのだ。七七歳だった。行政に依存することなく市民と地域メディアがスクラムを組んで突き進む中海の水質浄化運動を何よりも高く評価していたばばさん、逗子市の海辺にあるマンションの仏壇には、中海再生プロジェクトのシンボルバッチが今も大切に供えられている。

私たちの番組インタビューに夫人の美耶子さんはこう述べた。「ばばだって〝一〇年で泳げる中海〟が本当に実現するなんて思ってもいなかったと思う、無理な課題を掲げて〝出席者の心に火をつける〟やり方はあの人の昔ながらの手法だ、それを米子の人たちが本当にやり遂げたことは称賛ものだし、あの人もきっと驚き、喜んでいると思うよ」。海をこよなく愛したばばさんは、太平洋が望める三浦半島の小高い山の上の墓地に眠っている。

「番組リポーター上田和泉記者」

『中海物語』のリポーター上田和泉は報道部記者である。番組がスタートした二〇年前はまだ入社二年目だった。当時の中海の印象について「汚くて赤潮が発生するなど市民にとっても余り関心のない湖」程度の認識しか持っていなかったと話す。ところが、リサーチしていくうちに、「子どもの頃に泳いだ思い出の湖」「アカガイの産地」といったように中海に思い入れのある人が予想以上に多く、漁獲量が激減し漁師の生計が成り立たなくなったこと、毎日欠かさず水質調査を続けている子どもたちがいること、家庭排水をきれいにすることが中海の水質を良くすると訴えるグループが存在すること等々、水質改善を目指して活動している人が沿岸各地に点在していることを知ったという。市民の多くが「中海の環境を良くしたい……」という同じ目標を掲げて活動していて、みんな溢れんばかりの想いを私に語ってくれたと語る。

一つひとつの活動を取り上げ市民の想いを伝える番組なので、米子市の取り組みを聞こうと取材依頼すると、「中海の水質保全計画は県が策定している」と応じてもらえず、鳥取県に依頼すると「国が管理する湖沼だから」と言われた。当時は、地元の行政と市民の中海に対する想いに大きな〝温度差〟があったのだ。しかし、中海を管理する国土交通省出雲河川事務所の対応は違った。国交省出雲河川事務所は中海の湖底にできた穴から汚染物質が染み出すのを防ぐために砂で覆う「覆砂事業」を大規模に実施しており、水中で行っている水質改善施策をＰＲしたいと前のめりで取材に応じてくれたのだ。そして「国交省の担当者が番組出演する」ことを鳥取県や米子市に連絡するとこれまでの態度と変わり、「国が出演するなら出演したい」との回答を得たのだ。行政と市民が一堂に会して中海の水質について考える番組が長く制作できるようになったのはそうした経緯があってのことだったと話す。市民と行政とが一体となって活動する機運が高まり「一〇年で泳げる中海を取り戻そう」という目標を決めた後も、市民グループの活動を密着取材したり、国・県・市と住民が話し合う会議を企画したり、あるいは上田リポーター自身が水の汚い湖底に潜ってヘドロの実態を伝えるなど体当たりでさまざまな活動を逐一テレビで紹介していた。その努力が放送回数を重ねるうちに視聴者を中海に引き付ける要因になったのだ。

「ギャラクシー賞報道活動部門」で初の大賞

映像は時代を記録した貴重な遺産である。五年前より一〇年前、一〇年前より二〇年前の映像の方が価値ははるかに高い。放送が終わった後、そのまま社内に眠っている映像素材こそ、実は「地域の宝」であり「文化的遺産」でもある。「環境改善」をテーマに長年に渡って放送を続けている中海テレビ放送の『中海物語』こそ、市民や地域にとっての貴重な映像記録なのだ。「放送済みで社内に保管されている膨大な映像を是非とも活かしたい」その強い思いから生まれたドキュメンタリーが『中海再生への歩み～市民と地域メディアはどう関わったのか～』（六〇分番組、二〇二〇年）である。

そのコンセプトは、〃地域メディアが市民のコミュニティと向き合い、地域課題解決に目を向けて共に行動する〃ことにある。編集段階で一九年間に及ぶ『中海物語』の放送回数は実に二二八回に及んでいた。私たちはその数々の貴重な映像をベースにしながら、かつて水質改善活動の手法を学んだ諏訪湖や市民活動をリードしたばばこういちさんが住んでいた逗子市の自宅などを追加取材して六〇分番組に再構築した。『中海物語』で紹介した一九年に及ぶ一連の活動の様子を、一本の作品にしてよりわかりやすく視聴者へ伝えるためだった。

そして、中海テレビ放送開局三〇周年記念特別番組として、二〇一九年一一月一日に鳥取県西部地区内の八市町村をエリアに放送した。

その後、私が尊敬する放送ジャーナリストの勧めもあって第五七回ギャラクシー賞報道活動部門に応募したところ、二〇二〇年七月二日、コロナ禍のため YouTube による審査発表で「大賞」

『中海再生への歩み～市民と地域メディアはどう関わったのか～』（中海テレビ放送、2020年）

プロデューサー：横木俊司、ディレクター・編集：鷲見衆、企画：高橋孝之

第40回「地方の時代」映像祭ケーブルテレビ部門選奨、第57回ギャラクシー賞報道活動部門大賞、第46回日本ケーブルテレビ大賞パブリック・ジャーナリズム特別賞

鳥取島根両県にまたがる中海を舞台に、中海テレビ放送が2001年から19年間にわたり、毎月放送を続けている番組「中海物語」228本の映像をベースに、追加取材した映像を盛り込んで制作した作品。「10年で泳げる中海」をスローガンに掲げ、水質改善に動いた市民グループと地域メディア、それを後押しするようになった行政。地域の課題解決と再生をめざす住民と地域メディアとの“協働性”について考える。『中海物語』は放送から20年目を迎えた今も、毎月1本のペースで放送を続けている。

に選ばれ社内は喜びに沸いた。ＮＨＫや民間放送以外のケーブルテレビ局の大賞受賞は、五七回の歴史で初の快挙として放送関係者の話題となった。報道活動部門委員長で東京大学准教授の丹羽美之氏は「放送局と市民が一緒になって地域課題を解決するこの画期的な〈中海方式〉は、これからの地域メディアの未来を力強く指し示している」と論評。さらに、副委員長で「地方の時代」映像祭プロデューサーの市村元氏は「市民と行政を巻き込んで地域の在り方を考える機会を提供した。人と人とを結びつけて力を生み出すという地域メディアの見本のような取り組みだ」と称賛した。

さらに、昨年秋にはフジテレビから「この作品を関東ローカルで放送したい」との声がかかった。編成局責任者から強い要望があったようで系列局以外の放送局で、しかもケーブル局の番組を放送するのは極めて異例のケースだと聞いた。地上波のフジテレビからの放送の申し出は、〝コンテンツ重視〟の新しい時代の放送の在り方を予感させた。

私はかつて民放時代に手掛けたあるキャンペーン報道を思い出した。それは、日本海テレビ放送時代の二〇〇九年、「鳥取方式の校庭芝生化キャンペーン報道」が第四六回ギャラクシー賞報道活動部門

の「大賞」に選ばれ、さらに民間放送教育協会の文部大臣賞を受賞したことがあった。山陰の放送局では初の快挙だった。利用者自身が芝の苗を植えて管理する「鳥取方式の校庭芝生化」は、業者へ依頼する従来の芝生化に比べて価格が大幅に安く済み、しかも、子どもたちが素足で校庭や園内を走り回り、体力づくりや緑の環境作り、そして、人が集う地域コミュニティの面からも注目され、またたく間に全国各地へ広がった。当時、夕方のローカルニュースを担当していた福浜隆宏キャスター（現鳥取県議会議員）による取材で、行政に頼ることなく学校関係者や地域住民による主体的な活動と成果が番組関係者からも高く評価されたのだった。当時、審査に当たったギャラクシー賞報道活動部門の坂本衛委員長は「行政に頼らずに〈対案〉を紹介しながら応援するメディアの姿勢が素晴らしい」と論評した。

これがきっかけで行政もやっと動き始めた。鳥取県は二〇一〇年の三月と一一月に「校庭芝生化を考えるシンポジウム全国大会」を米子市と鳥取市で相次いで開催、これを契機に鳥取県内の多くの小中学校、幼稚園、各地の公園などで取り入れられるようになった。地域のメディアによる五年余りのキャンペーン報道に加え、ドキュメンタリー番組によって全国から注目されたことがきっかけで行政が積極的に後押しするようになり、ある種の県民運動的な広がりになったのだ。

「校庭芝生化キャンペーン報道」の期間が五年余りだったのに比べ、中海テレビ放送の『中海物語』は一九年間も継続している。長年、映像の世界に身を置いてきた私には「驚き」以外の言葉は見つからなかった。環境重視の時代性、継続性、市民とメディアの協働によるメッセージ性からして、私は「校庭芝生化のように新しい形の市民活動として全国から注目され広がる題材」だと確信した。高橋プロデューサーが長年に渡ってこだわり続ける『中海物語』は、ドキュメンタリストとしての私に再び〝大きな夢〟を抱かせてくれる貴重な映像記録（財産）だった。

新たな地域ジャーナリズムの展開

地域メディアはニュースや番組を通して人々に〝気付き、知恵、感動〟を与え、行動を促すことができる。人々の意識が芽生えることによって、心豊かな生活や優れた文化を生み魅力的な社会を創り出すことに繋がる。したがって、全国的なマスメディアでは手の届かない地域ならではの問題解決にその存在は欠かせない。とくに、今はコロナ禍にあって大都市に期待し目標とするのではなく、自らの地域の価値を見出し、環境に配慮した文化的地域を新たに創造する時代を迎えているからだ。

このことは、ジャーナリズムに於いても客観性や中立・公平性を規範とした本来の報道姿勢だけでは判断できない、身近な視聴者との「共感」を背景とした新たなジャーナリズム観が求められているのだ。それは地域住民に寄り添い、共に行動し、弱者（当事者）の側に肩入れするこれまでより一歩踏み込んだ〝建設的報道姿勢〟に他ならない。一九六〇年代の後半のアメリカで生まれた新しいジャーナリズムのスタイルである。単一の番組だけでは完結しない調査報道やキャンペーン報道、それを地域住民と連動しながら一つのテーマにこだわり続ける地域メディアの熱意と姿勢は、送り手側のメディア自身が視聴者側の住民から問われているのだ。

権力批判や問題提起しか報じないメディアはやがて視聴者から見放され信頼を失うことになる。地域課題や地域再生に目を向け、住民とともにその方向性や解決までのプロセスを報じて行くことによって地域メディアの存在価値はより高まるはずだ。一九年に及ぶ『中海物語』の継続放送がそのことをより具体的に示している。

髙橋氏はこう振り返る。「目的意識を持ったメディアと住民が足並みをそろえて課題の解決に動いたことで、最後に行政も後押しするように動いた。住民主体のこの流れこそが息の長い環境保護運動に繋がっている」と。

中海で練習する子どもたちのヨットにゴミが引っ掛かって船が走らないことがあったことからスタートした小さなゴミ拾いは、やがて番組に出演した市民グループの人達によって大きな輪となって広がった。さらに、地域や学校での環境教育や環境学習といった独自の活動に繋がることで、沿岸の人達の意識や生活をも変え始めた。市民グループの新田ひとみさんは「活動に参加している内に多くの参加者が、それぞれの家庭内でも汚れた水を流さないように自分たちなりのやり方で実践するようになって行った。家庭から学校や地域へ、さらに親から子へ、そして孫へ、と世代を超えて広がり始めている。〝泳げる中海〟を目標とした市民による実践活動そのものが「環境教育」「環境学習」の実践の場になっていると指摘する。そして、こう付け加えた。「活動の様子をその都度テレビで放送するので参加者の励みにもなっている、時にはスタジオで出演者が討論することもあるが番組内でしゃべったことは〝視聴者との約束〟になるのでどうしても実行せざるを得なくなってしまった」。

私はそれが市民と地域メディア、さらに行政を巻き込んでの信頼関係に基づく〝協働性〟だと思っている。豊かな自然、大切な水を守ろうとする身近な環境保護の思想が〝地域の文化〟として地元の人達に根付き、その輪が大きく広がって行ったのである。地域メディアが地域内での難題を乗り越えるにあたって必要なのは、住民目線を尊重し共に行動し目的や期限を明確にすること、そして、決してあきらめない粘り強さである。地域メディアに属する私たちは、一方で生活者としても地域で暮らしている。その為には、従来の公平・中立・客観的といったやや傍観者的な立ち位置から一歩踏み出し、住民側（弱者）に寄り添った新たなジャーナリズムが求められている。ソーシャルメディアが活発化し衝撃的で一過性の情報があふれる中で、それはメディア自らが課題解決の道筋を示す〝当事者性の建設的ジャーナリズム〟（コンストラクティブジャーナリズム）に他ならない。

「自然環境を活かした地域の文化的価値をどう高めるのか」。中海では米子港周辺を核とした地域で大掛かりな再開発計画が浮上している。その根底にあるのは、人間重視の経済学を提唱しノーベル賞候補と言われた米子市出身の経済学者、宇沢弘文氏の「社会的共通資本」の思想を活かした「人間的に魅力ある新しい街づくり」への試みである。二〇年目に入った『中海物語』は次の時代の新しいテーマに向け動き出そうとしている。

消滅寸前から奇跡の集落へ
――国内外へ広がるやねだん魂

山縣由美子（元南日本放送（ＭＢＣ）キャスター）

消滅寸前だったやねだん集落

鹿児島県鹿屋市、大隅半島の真ん中あたりに「柳谷」という集落がある。集落名は「やなぎだに」だが、人々は鹿児島弁で「やねだん」と呼び、その人なつっこい愛称の方がよく知られている。人口約三〇〇人、四割が六五歳以上、一九九〇年代前半まではさびれる一方の過疎集落だった。祭りも途絶え、観音さまのほこらは雑草だらけ、青年団も婦人会も自然消滅、人が集う機会は年に一度の総会だけ。そんな消滅寸前の集落が、一九九六年、当時五五歳の豊重哲郎さんをリーダーに地域再生に立ち上がった……。二〇〇八年に「地方の時代」映像祭優秀賞をいただいた番組『やねだん～人口３００人、ボーナスが出る集落～』（南日本放送）は、鹿児島の小さな集落が逆境をはねのけ続けた一二年の記録である。

一二年間をざっくりお話しすると次のような経過だ。一九九六年、集落の行く末に危機感を感じた長老たちが「公民館長を漫然と高齢者の一年交代にするのはやめよう」とそっと話し合い、集落のリーダーを選ぶ公民館長選挙で初めて、五〇代の若い豊重さんが選ばれる。豊重さんは集落の人々とこんな決意をする。

「行政や補助金に頼らず、自分たちの居場所は自分たちで良くしよう」

まず、草ぼうぼうの工場跡地をみんなが集える公園に再生させることから着手する。大工や造園の経験者を中心に「丸太組み休憩所建築班」「緑化班」など集落のおとな全員がどこかに参加して試行錯誤。二年もかかったが、業者に頼めば五〇〇万円でも受注しないような事業を、わずか八万円で成し遂げる。完成した「わくわく運動遊園」は集落民の誇りと安らぎの場となり、自信をつけたやねだん集落は人の和と自主財源を築きながら明るさを増していく。長年悩んできた家畜の排せつ物の悪臭問題には、みんなで土着の微生物を研究し、畜産の悪臭解消と自然農法にも役立つ「土着菌」というヒット商品を生む。その「土着菌」と休耕地を生かして無農薬で絶品のさつまいもをつくり、さつまいも自体もよく売れたが、のちに「焼酎やねだん」という大ヒット商品に結実する。

さつまいもを植えてイチローを見に行こう

地域再生というと「おとなの取り組み」のイメージがあるが、やねだん集落では常に子どもたちにも出番をつくっていた。次の時代の主役は子どもたちだから、という考えからだったが、その手法はユーモラスで見事だ。たとえば、さつまいも生産のスタートは高校生に託した。豊重さんは集落の高校生一二人に「さつまいもをつくった収益でプロ野球のイチローの試合を見に行かないか？」と呼びかけ、その気にさせた。もちろん高校生たちはさつまいも生産など初体験だったので、親や経験豊かなお年寄りたちに教えてもらいながら挑戦、幼い弟妹たちも兄さん姉さんのまねをしたがり、さつまいも畑に幅広い世代が集うようになった。高校生たちが集落のまとまりに大貢献したのだ。初年度から三五万円の収益も出て、福岡へのプロ野球観戦バス旅行も実現した。

年々増える自主財源は、お年寄りのための緊急警報装置、子どものための補習授業「やねだん寺子屋」など、次々に集落民に還元した。地域再生一〇年めの二〇〇六年にはついに余剰金が五〇〇万円に達し、全世帯に一万円のボーナスが実現、やねだんの取り組みが広く知られるきっかけとなった。高齢化で増える空き家はみんなで「やねだん迎賓館」に再生して視察研修用宿舎や移住者の住まいとして生かし、視察は年間五〇〇〇人を超え、芸術家の移住で「めったにみられない芸術祭」も始まり、「奇跡の集落」と呼ばれるほど活気づいていった。

「もっと早く取材を申し込まれていたら断っていたと思う」

私が継続取材を決意したのは二〇〇四年、豊重さんの講演をたまたま聴き、次のような言葉にくぎ付けになった。

番組内で取材を受ける豊重さん

「行政や補助金に頼っていては「感動」がありません。自力で汗を流すからこそ「感動」があるのです。住民は命令や理屈では動きません。でも「感動」して仲間意識を感じた時、住民は喜んで動いてくれるのです」

各地の取り組みを取材する中で、企画はすばらしくても人の和が築けず頓挫するケースを数々みてきたが、「感動」が鍵と聞き、探していた泉を見つけたような気持ちになった。この集落の挑戦を映像記録に残したい。突き動かされるように豊重さんに会いに行った。「今からでは遅いかもしれませんが、ぜひ継続取材をさせてください」。そうお願いした時の豊重さんの返事は意外なものだった。

「山縣さん、あなたはちょうどいい時に来てくれた。もっと早く取材を申し込まれていたら、私はお断りしていたと思う。小さな集落がまとまるのは繊細な積み重ねなんです。まとまりきらないうちにテレビカメラに入っていただいたら、「豊重哲郎は市長選挙にでも出るつもりか？」などと不信感を生みかねない。でも、今なら大丈夫。記録を残してくださるのはありがたく、よろしくお願いします」

この言葉に、豊重さんの繊細な努力の日々が垣間見えて、さらに感じ入った。取材する私たちの繊細さも問われている。そう思った。

集落内放送の知恵

やねだんならではの工夫の一つに集落の無線放送がある。心がけていたのが、小さなことでも何かに尽力してくれた集落民をフルネームで紹介し、感謝を伝えることだった。また、「母の日」「父の日」「敬老の日」には、県外で暮らす子や孫からのメッセージをサプライズで放送、毎回多くの感動を呼び、集落全体の心の絆づくりにも力を発揮した。

もちろんメッセージは自然と集まるわけはない。集落民の家族状況を熟知している豊重さんが県外に住む子ども世代にそっと声をかけていた。リーダーの献身あってこそ、そして、集落の人々がリーダーを支えてこそ集落内放送も生き生きと人を結び、大家族のような信頼関係が育まれていったと思う。

豊重哲郎さんは地元の高校を卒業後、家庭が裕福でなかったため、大学進学を断念、一九六〇年、都会での活躍を夢見て東京の銀行に就職した。しかし、帰省するたびに故郷のやねだんが過疎化して人の交流がなくなっていくのをとてもさびしく感じた。「故郷のために何かしたい」。そんな思いがつのり、二九歳の時、Uターン。メッセージ放送には、当時の豊重さんの思いが生かされている。

一番反目していた長老が強い味方に

こんなエピソードがある。

集落の長老のひとりであるAさんと豊重さんは、当初、しっくりいかない間柄だった。地元の選挙で、Aさんの父親と豊重さんの父親が互いに対立候補の参謀だったことによるしこりだった。でも豊重さんは、公民館長になったからにはそれを乗り越えたいと思い、父の日の放送でAさんが一番求めているであろうメッセージのプレゼントを思いつく。Aさんには、県外に出たまま音信不通の息子さんがおり、Aさんはひそかに悩んでいた。豊重さんは方々手を尽くして、ついに息子さんを探し出し、メッセージを預かる。


お父さんとはよくぶつかり合い、数多くのケンカもしてきましたね。

私は家出をして、お父さんは私の写真を持っていつも警察に走りましたね。

その頃のお父さんは人の話を聞く人ではなかった。

私はお父さんをとてもこわい人だと思っていました。

今、昔のことを思うと、いろいろあったからこそ、今の私があると思う。

お父さん、私に人間としての厳しさ、我慢強さ、そして、思いやりを教えていただいたこと、心から感謝しています。

今は自分なりに一生懸命がんばっています。（Aさんの息子さんからAさんへの父の日のメッセージ）

放送後、Ａさんは涙を流しながら豊重さんにこう言った。

「オレは息子に嫌われていると思っていた。哲郎……ありがとう」

その後、Ａさんは豊重さんを先頭に立って支えてくれるようになった。

ところが、予想外の試練が豊重さんにふりかかる。大腸がんと宣告されたのだ。豊重さんは打ちのめされ、公民館長を退くことも考えたが、入院した豊重さんのところに真っ先にお見舞いに来てくれたのがＡさんだった。Ａさんは目を真っ赤にして、こう言った。

「哲郎、おまえがいないとやねだんは寂しい」

その後、手術が無事成功し、ますます地域づくりに心血を注ぐようになった豊重さん、「Ａさんのこの言葉は生涯忘れられない原動力」と話す。

ニュース特集で取材を重ねる

私は南日本放送（ＭＢＣ）のキャスターとして報道部に所属していたので、まず私にできることは、『時の風』や『ＭＢＣニューズナウ』といったニュース番組の特集として伝えることだった。職場からやねだんまでは片道三時間かかり、キャスターとしての出演や日常業務もあるため、いつでも行けるわけではない。が、福留正倫カメラマンというすばらしい取材仲間に恵まれた。彼も私と同様にやねだんに深く魅せられており、私が行けない時はカメラを回しながらインタビューするなど全身全霊の二人三脚をしてくれた。福留カメラマンはやねだんの子どもたちから大人気で、「リック」と呼ばれていた。意味はメタボリックの「リック」。彼は怒るどころか「あいつら、うまいあだ名をつける」と喜んでいた。「リック」こと福留カメラマンは、子どもやお年寄りの生き生きとした映像をたくさん撮ってくれた。

ニュース特集を一回、二回と放送するにつれて社内の反応も視聴者の反響も大きくなり、月一本程度のシリーズとして定着した。徐々にＭＢＣ全体で集落を見守る空気になっていったことは本当に心強くありがたかった。ニュースで定点観測風に伝えながら少しずつ取材を深めるペースだったからこそ、私はキャスター業と両立できたと思う。

〝明るい〟ドキュメンタリーの挑戦

やねだん再生の物語は、地方創生の分野に限らず、さまざまな分野で努力する人々をきっと励ませる。ドキュメンタリーにまとめ、全国の多くの人に伝えたい。取材を重ねるうちにそんな思いが強くなっていった。

取材を続けて三年目、全国放送のドキュメンタリー企画募集というビッグチャンスが訪れた。が、落選した。この時、「企画が明るすぎる」という審査評があったことに私はショックを受けた。「地方の現実に迫りきれていないのでは?」との疑いを抱かれたのかもしれないし、私の企画提案に何か甘さがあったのだろう。でも私は、地域の底力が伝わる明るいドキュメンタリーをつくりたかった。いえ、私が模索しているのは作品づくりでなく、地域がより良くなるために放送がどう関われるか、ということで、やねだんが明るくなるために取材をしたかった。取材者であると同時に地域の当事者として、希望のある伝え方をしたかった。それに、やねだんは本当に明るい。

そこまで思うなら、企画書の落選でうなだれる前に、自力でドキュメンタリーをつくるべきではないか。というわけで、一時間番組をつくる決意をした。が、それは簡単ではなかった。当時から地方の民間放送局はデジタル化投資、広告不況、多メディア化で厳しさが増しており、ドキュメンタリーであろうと人手はかけられない。とにかく福留カメラマンと二人でどうにかすることにした。報道部の編集室は、日中は当然のことながらその日のニュース映像の編集で常に使用中で、番組の構成、編集となると、編集室が空いている深夜、早朝、休日が中心だった。やねだんの番組は、地域再生が始まった一九九六年以降一二年間の物語をまとめるため、取材テープ（一本が二〇分～一時間）が二〇〇本以上あるほか、取材映像のない時期の資料も含めると、素材に目を通すだけでもかなりの時間が必要だった。深夜の編集作業のあと朝のニュースに出演して「こんばんは」とあいさつしてしまう失敗もあった。幾度も体力、知力の限界を感じたが、やねだんの人々の長年の努力を思っては奮い立ち、職場の人々がやねだんを伝えることに意義を感じて陰に陽に支えてくれたことに励まされ続けた。

『やねだん～人口300人、ボーナスが出る集落～』（MBC南日本放送、2008年）
取材・構成・編集・ナレーション：山縣由美子、取材・撮影・編集：福留正倫 プロデューサー：有山貴史
第28回「地方の時代」映像祭放送局部門優秀賞、第8回石橋湛山記念早稲田ジャーナリズム大賞草の根民主主義部門大賞、第45回ギャラクシー賞テレビ部門選奨、第8回日本・韓国・中国テレビ制作者フォーラム・グランプリ、第8回「放送人グランプリ」特別賞、農業ジャーナリスト賞
さびれる一方の過疎集落だった鹿児島県の柳谷集落、愛称「やねだん」が、1996年、ひとりのリーダーを中心に地域再生に立ち上がった。集落総参加で逆境をはねのけ続けた「やねだん」の笑いと感動の12年の記録。2009年にはDVD化。

こうして二〇〇八年、ついに、地域再生一二年のドキュメンタリー『やねだん～人口３００人、ボーナスが出る集落～』が完成した。

最初は鹿児島県内向けの放送だったが、反響が大きく、半年の間に五回放送されることになった。その後、「地方の時代」映像祭優秀賞、石橋湛山記念早稲田ジャーナリズム大賞、ギャラクシー賞などに選んでいただいたおかげで、やねだん集落に心を寄せてくださる人が爆発的に増えた。各地で上映会が開かれ、市販ＤＶＤ化も実現、英語版までできて、驚きと感謝の連続だった（市販ＤＶＤは南日本放送及び羽鳥書店ウェブサイトで入手可）。

実は「地方の時代」映像祭には、この番組をつくる一〇年前に思い出があった。

一九九八年、映像祭がまだ川崎市で開かれていたころ、縁あって受賞番組上映会に出かけた。午後から別の用務があったが、全国各地からの魂のこもったドキュメンタリーに引き込まれ、予定を変更してとうとう最後まで夢中でみた。私はアナウンサーが本業だったので、以前は番組制作を自分の仕事として考えたことがなかったのだが、この時、新しい世界が開けた。地方の取り組みが全国放送される機会は少ないけれども、ドキュメンタリーであれば、県境も国境も時代も越えてしっかりと伝えることができるかもしれない。その可能性を教えてくれたのが「地方の時代」映像祭だった。村木良彦さんや市村元さんなど映像祭プロデューサーの方々は地方の制作者への眼差しがとても温かく、勇気をいただいたことに心から感謝している。

南日本放送より2009年に発売されたDVD

韓国の社長さんがやってきた

二〇〇九年春、豊重さんから興奮した声で電話が来た。

「山縣さん、韓国の社長さんが来る。韓国にやねだんの店を出したいんだって！」

「韓国のシャチョーさん？　やねだんの店？」

やねだん集落は次々と新しい挑戦をして、いつもびっくり箱のように驚かされてきたが、この時ほど驚いたことはなかった。

韓国と日本でゴルフ場やホテル、旅行業を展開して業績を伸ばしていた東光・ジェイズグループの社長キム・ギィファン（金貴煥）さんが、韓国で経営しているホテルにやねだんの名前がついた居

豊重さんとキム社長

酒屋を出したい、というのだ。なぜやねだんなのかというと、「出張で宿泊した福岡のホテルのテレビで偶然やねだんの番組をみて感動した」という。確かに二〇〇九年三月、ＲＫＢ毎日放送が福岡県で私たちのドキュメンタリーを放送してくださっており、こんな出会いもあるのかと鳥肌が立った。韓国で経営するホテル内の店がリーマンショックで売り上げ不振に陥る中、逆境をはねかえし続けて故郷を再生させたやねだん魂がキム社長の心の琴線に触れ、さらに、「焼酎やねだん」の味が韓国の人々の口に合うと確信し、「居酒屋やねだん」をつくる決意をしたというのだ。キム社長は韓国語なまりの日本語で愛情たっぷりに語ってくれた。

「日本のちっちゃいちっちゃい田舎の田舎の集落がここまで来たその気持ち！　韓国の人にも紹介しましょう、と思いました」

わずか半年後の二〇〇九年九月、韓国第三の都市テグ（大邱）にとても上品な「居酒屋やねだん」が本当に開店し、やねだんからも訪問ツアーが実現し、おとぎ話のようだった。

その後、ソウルも含めて五店に増えたが、戦後最悪レベルまで悪化する日韓関係、そしてコロナ禍で、残念ながら四店は閉店した。しかし、テグの美しい「居酒屋やねだん」は今も地元の人気店で、やねだんと韓国の関係者の信頼は深まっており、民間交流の底力をみせている。

「故郷創世塾」で継がれるやねだん魂

やねだんへの視察は正式な申込を経て受け入れたものだけで年間六〇〇〇人を超え、豊重さんへの講演依頼は年間一五〇回に増えた。

豊重さんがこんな思いを話してくれたことがある。

「地域再生を学びたい、とやねだんに来てくれたり、私を講演に呼んでくれたりするのはとてもうれしい。でもね、私の話を聞いたあと、「やねだんのようになりたいけれど、うちの地域には豊重さんみたいなリーダーがいない。だから無理なんですよね」と言う人が時々いて悲しくなる。私だって高卒で学歴もないけど、必死に動いているうちにそれなりの知恵が出てきた。やねだんみたいな田舎の集落でもできたのだから、どこでも形を変えてできますよ。そう伝えたいから、視察でも講演でもなるべく断らないようにしているんだけどね」

どこでも形を変えてできる、と伝えたい豊重さんの思いと、やねだんをもっと深く知りたい人々の要望が重なり、二〇〇七年、「やねだん故郷創世塾」が始まった。やねだんに泊まり込んで学ぶ合宿のような塾で、自治体の首長や職員、民間の経営者、教育や福祉関係者などが三泊四日の塾に全

集落のみなさん

国から集まるようになった。豊重さんは人を笑わせるのもうまくオーラがあり、参加者は何より豊重さんのリーダーシップや人間力に魅せられるようだ。一方、集落の人々と接することも参加者に勇気を与えている。やねだんの住民はみんなごく普通にみえる。でも、よく話してみると、奉仕や参加の意識が高く、朗らかさ、互いへの思いやり、自分の集落への誇りや愛情が自然と身についている。そして、お年寄りから子どもまで気持ちよく声をかけあい、安心して仲良く暮らしている。そんなさりげなくも堂々としたやねだんのたたずまいに、塾の参加者は感心し、同時に、その気になれば手が届きそうな自信も得る。

二〇〇七年から年二回ほど行われてきた「やねだん故郷創世塾」は二八回を重ね、卒塾生は二〇二一年現在で一一五四人となった。コロナ禍では延期せざるを得ず、二〇二一年は一二月開催の一回となったが、卒塾生たちはそれぞれ地元での活動にやねだんの経験を生かし、豊重さんを「塾長」と慕う全国ネットワークが築かれている。

二〇一〇年の塾には、奈良県十津川村の村長、更谷慈禧さん（当時六三歳）が役場職員を四人も連れて参加していた。「村のお金は大丈夫ですか？」と尋ねると、「豊重さんのような心がみんなの心にちょっとでも入るなら安いもんです」と笑い、村長さんなのに謙虚で気さくな人柄が印象的だった。

ところが二〇一一年秋、テレビニュースに更谷村長の憔悴した表情が映し出され、衝撃を受けた。奈良県十津川村を台風による豪雨が襲い、死者七人、行方不明者六人の惨事となっていた。十津川村は人口三五〇〇人、日本一面積の広い村として知られるが、九六パーセントが山林で、七五か所で山崩れ、高齢化した集落が散在する村にとってあまりにも大きな災害だった。

しかし、更谷村長は災害という逆境を逆手にとる決意をした。「この村には林業しかない。林業再生は山の手入れにもなる。一致団結して林業を再生させよう」。

仮設住宅をプレハブにせず、地元産木材の仮設住宅を建設できるよう県と交渉、しかも、村内の大工さんたちの協力でプレハブ並みの短い工期で完成させた。村民が自発的に道路復旧作業をしてくれたり、更谷村長を中心に村民が団結していった。産業、教育、観光、あらゆる分野で山や木の魅力にこだわり続け、災害後の六年間に地元材の生産量は一〇倍、事業所も二社から七社に増加した。地元にあるものを生かし、人の和を大切にする再生、まさにやねだんと響き合う。

更谷村長は後日、こう話してくれた。

「故郷創世塾で豊重さんから、村の職員全員の名前を言えるか？　職員はファミリーだよ！と言われたことが忘れられません。豊重さんの地域を思うひたむきな気持ち。あんなに心が裸にされた気分になったことはなかった。今、村づくりで何をするにもやねだんが原点です。十津川村も災害後、村民が助け合えていることが誇りです」

更谷氏は二〇二一年、五期二〇年を全うし、惜しまれながら村長を勇退した。「故郷創世塾」の卒塾生には全国の自治体の首長が五人いるほか、各界の新しいリーダーが育っている。

人口は減っても持続可能な地域とは？

二〇二〇年、豊重哲郎さんは総務省の「ふるさとづくり大賞内閣総理大臣賞」に選ばれた。二〇二一年の今年、八〇歳になった豊重さんは相変わらず忙しい。いつも腰にタオルをぶら下げ、汗まみれで奔走しながら、集落の小道の雑草を抜き、ごみを拾い、子どもたちや集落の人々に朗らかに声をかける豊重さん。故郷を想う姿には感動が尽きない。懸命に人を愛するからこそ人に愛される、ということを、私は豊重さんから教わっている。

「人口は減っても持続可能な地域とは？」
「どうしたら生き生きとした地域を持続できるのか？」

二五年間それを考え続け、精魂込めてきた豊重さんに、贈り物のような出来事があった。草創期の一九九八年、高校生一二人がさつまいもを育ててイチローを見に行った、あの時の高校生のリーダーだった福沢大樹くんが県外からUターンした。福岡県で働いていたが、子育てはやねだんで、と、やねだんに家を新築し、一家四人で帰ってきたのだ。

過疎高齢化の進む地域では、どんなに工夫しても高齢の方々との永遠の別れが多いため、人口減が止まらない地域が多い。やねだんもこれほど努力を重ねていながら、総人口は減っている。しかし、やねだんが全国に知られるようになった二〇〇七年頃から若い子育て世代のUターンが増え始めた。二〇〇七年以降のUターン組は一四世帯五九人。現在のやねだんの人口は二一二人なので、四人にひとりはUターン組だ。Iターン組を含めると、積極的にやねだんでの暮らしを選ぶ若い転入組が三分の一を占めるまでになっている。さらに注目すべき数字は、総人口に占める一五歳未満の割合だ。国の統計によると、日本の総人口に占める一五歳未満の子どもの割合は減り続けており、二〇二一年の今年は一一・九パーセントと過去最低だ（二〇二一年総務省統計局）。一方、やねだんの総人口に占める一五歳未満の子どもの割合は二〇〇九年が五パーセントと、この頃まではまだ低かったのだが、この五パーセントを最後に回復し始め、二〇二一年は一三パーセント、全国平均を上回っている。地域づくりがじわじわと実り、心強い次世代が育ちつつあると言えるのではないか。

「やねだんの地域再生を子ども時代に体験した世代が、おとなになって帰ってきて次のやねだんを創る。そんな流れを築きたかった。やっと手ごたえが出てきたかな」

豊重さんはうれしそうだ。

「地域づくりに補欠はいない　全員がレギュラー」

ここ一〇年の私は、命に関わる病気で休職したり、二〇一四年以降は母校九州大学理事として大学経営に携わるなど、人生の転機に右往左往しながらもやねだんには通い、取材を始めて一七年になった。映像取材は福留カメラマンをはじめ南日本放送の後輩たちが続けてくれているが、文字の記録も残すべきと勧めてくれた出版界の人々のおかげで、二〇一九年、『奇跡の集落やねだんを取材した日々』（羽鳥書店）という取材記を出版できた。

今、世界がさまざまな危機に揺れる中、持続可能な世界を目指す国連の目標ＳＤＧｓが広く浸透しつつある。その根幹が「誰ひとり取り残さない」という精神だが、思えば、「誰ひとり取り残さない」を自然体で実践してきたのがやねだん集落だった。私が好きな豊重さんの言葉に「地域づくりに補欠はいない。全員がレギュラー」という言葉があるが、やねだん集落の真髄を表しているように思う。誰ひとり見捨てず、一人ひとりの個性を大切に出番をつくる。そして、一人ひとりが「自分たちの居場所は自分たちで良くする」というレギュラーメンバーの気構えを持っている。

メディアなど伝え手も、第三者ではなく地域づくりのレギュラーメンバーだ。伝え手のみなさんに映像記録で地域の底力を照らしていただきたい。私の番組制作の経験はわずかだが、これだけは言える。ドキュメンタリーはきっと地域の人々の応援歌になり、ほかの地域の誰かをも励まし、そして、あなたを励ましてくれる。

人と人との結びつきが地域を豊かにする

――「ケーブルテレビ」だからこそできること

丸山康照（Goolight）

「地方の時代」映像祭との出会い

二〇二〇年、「地方の時代」映像祭は節目の四〇回を迎えた。この映像祭と私との直截的なかかわりは二〇一〇年に始まる。映像祭のプロデューサーを務めていた（現在もだが）市村元さんが日本ケーブルテレビ連盟を訪れ、ケーブルテレビ部門の独立と、新たに主催者団体の一員として運営面でも積極的に参画することを要請された。当時、業界は、二〇〇〇年代から展開してきた伝送路の広帯域化、インターネットサービス、放送のデジタル化といった基盤整備が一服し、上位レイヤーとして各社の番組流通のあり方を検討していたタイミングだった。コンテンツ流通部会を担当し、番組制作のスキルと各局との番組交換のあり方を検討していた私にとって、この相談はとても大きなチャンスになると感じた。連盟が実行委員会のメンバーとして主体的に関わるのは二〇一一年からのことだが、何より、これまで「一般部門」として大学生や市民・自治体の方々と同じカテゴリーで審査されていたケーブルテレビの作品が、独立した部門として参加できるこの英断に驚いた。後日、関係者からはケーブルテレビ部門の増設について「作品の質の低下」や「賞の権威が下がるのでは」など一部に根強い反対があったともお聞きしたが、市村プロデューサーの強い信念が新しいステージを切り開いた。

ただ、ドキュメンタリー作品をそもそもどれほどの局が制作しているのか？　当時の連盟の部会でもその実態は不明だった。業界内の番組アワードなどでは出品する局の偏りや受賞メンバーの固定化もあり、番組を制作できる局とそうでない局との二極化が進行していた。そうした状況化でのこの機会は、私たち業界の番組制作やコミュニティチャンネルのあり方を考える、まさに千載一遇のチャンスとして「ぜひやりましょう」と連盟事務局に要望したことを覚えている。

独立部門の創設以来、この一〇年間、多少の紆余曲折があったもののエントリー数は毎年五〇本前後と安定し、二〇一八年、二〇一九年には審査委員特別賞などにも選出された。まだまだ一部の局ではあるものの日頃から地域課題と向き合い、ドキュメンタリー制作を積極的に取り入れる局が少しずつ増えてきていることは大変嬉しいことだ。従来、私たちはケーブルテレビのコミュニティチャンネルという表現の場で比較的自由な発想で、どちらかというと「ケーブルテレビだから」というネガティヴな評価の中で内向きな番組制作を続けてきた。二〇一〇年からの「地方の時代」映像祭の本格的な参加は、外から内を見ることの大切さや「地域のメディア」として地域課題を発掘し、地域を記録する役割の重要性を多くの交流の中で呼び起こしてくれた。

と言える。

「地方の時代」映像祭との関わりは、そうした意味においても大きなターニングポイントとなった

業界のさまざまな仕掛け――番組制作を地域の強みに

日本最初のケーブルテレビ施設は一九五五年（昭和三〇年）に群馬県伊香保温泉に誕生した共聴施設と言われている。以来六六年、共聴組合からスタートしたケーブルテレビは、再送信事業を経て、一九八五年以降のニューメディアブームにも乗り、都市部と地域間の情報格差の是正や衛星放送などの多チャンネルビジネスの推進役として主に放送分野での事業展開をしてきた。潮目が大きく変わったのが、二〇〇〇年前後からスタートしたインターネット事業への進出だ。多くの局が伝送路の広帯域化に着手し、新しいビジネスとして通信事業に参入した。ケーブル一本で多チャンネルと高速インターネットが享受できるサービスは、これまでのケーブルテレビの事業構造・収益モデルを大きく変容させた。乱暴な言いかたをすれば、放送を中心としたコンテンツ産業からインフラ事業への大きな転換だ。

その後、私たちの業界はインターネット事業のみならず、固定電話・MVNO（格安携帯事業）など通信事業全般にもその事業領域を拡大し、現在では、電気やガスといったライフラインの提供や自治体、地元企業と連携したさまざまな地域ビジネスを展開する局も増えている。

「地方の時代」映像祭に本格的に関わることとなった二〇一〇年前後は、各局とも通信事業分野の

整備が一息ついたものの、競合他社とのシェア争いの中で、さらに生き残りをかけた差別化戦略が必要となった。それが設立当初から一貫して展開してきた「コミュニティチャンネル」を業界横断的に展開する事業戦略だ。

まず始めたのは、内なる地域の魅力をドキュメンタリー番組として制作し、全国に配信するシリーズ番組の展開だ。業界の番組制作力の向上とともに、日常の番組制作に追われているケーブルマンのドキュメンタリーへの挑戦を促進する狙いだ。制作費の一部を連盟が負担し、当初は総合ディレクターも起用した。二〇一〇年の『仕事人列伝』を皮切りに女性に焦点をあてた二〇一二年の『輝けるなでしこ』。二〇一四年からは完全4K収録となった『美 Japan』シリーズ。「食や祭り」、外国人とのふれあいを描く『Beauty of Japan』。そして、最新作では地域を色で表現する『彩《いろどり》』シリーズも完成し、全一九二本（うち4K制作は一四四本）を連盟に加盟する九〇局が制作した。それぞれの番組は全国各局のコミュニティチャンネルで編成され、従来のように地域の番組をその地域だけで放送するのではなく、全国各地の良質な番組が別の地域の課題再発見につながった。「人と地域のつながりを真摯に描くこと」をテーマにしたこのシリーズの中からは、「地方の時代」映像祭をはじめ、いくつかの番組コンテストで高い評価を得て、さらには海外への番組販売などにも実績を記した。

そして、番組制作とともに、力を入れたのは番組流通のシステム開発だ。これは、当時の連盟副理事長でＪＣＯＭの社長も務めた石橋庸敏さんの「業界を横断したコンテンツ流通が各局のコミュニティチャンネルの充実とクオリティの向上につながり、結果として魅力あふれるコンテンツが業界の強みとなる」という考えを形にしたものだ。当時、番組交換には今では考えられないほどのワークフローと経費が掛かっていたが、ネットワークを活用した一元的なコンテンツの流通システムは飛躍的に業界での番組交換を推進し、今では、連盟加盟局の八五パーセントがこのシステムを日常的に活用している。『けーぶるにっぽんシリーズ』や業界の番組アワードなどで入選したクオリティの高い番組の多くは、このシステムによって全国に配信されている。

そして、三つ目の取り組みが業界の統一チャンネルとして二〇一五年一二月からスタートした「ケーブル4K」チャンネルだ。4KとしてはNHKやBS放送よりも先んじて始めた専門チャンネルだ。スタート直後は、業界内で4K番組を制作できる局は数社程度だったが、丸五年経過した現在、制作局は一一二局（二〇二一年三月時点）となり、全国七七局に番組を配信している。また、この間に制作した4K番組は二一〇〇本を超え、大きなアーカイブとして成長してきた。何より嬉しいのは、4K制作局の増加だ。連盟加盟の三分の一の局が4Kの番組制作を可能としていることは大きな力だ。「地域を彩る珠玉の映像をお届けする4Kチャンネル」というコンセプトのもと、業界の統一チャンネルとして地方創生のプラットフォームの役割も期待したい。

二〇一〇年以降、「地方の時代」映像祭への本格的な参加とともに、業界あげてコンテンツに関わる具体的な事業戦略を推進してきた。まだまだ当初掲げた目的を達成したとは言えないが、「地域コンテンツ」を基軸とした各局の事業展開に少しでも寄与できているとしたら幸いだ。良質な番組制作と全国流通が業界の強みとして確固たるものになるよう業界あげての取り組みはこれからも続く。後半では、私が所属するケーブルテレビ会社Goolight（グーライト）の取り組みを紹介したい。

人と人をつなぎ、地域を豊かにする

私が所属する株式会社Goolightは、一九八九年開局し、一昨年三〇周年を迎えた。本社は長野県北東部に位置し、須坂市・小布施町・高山村をエリアとしている。二〇一七年に中長期事業計画「challenge 2027」をまとめ、多様性ある地域連携を推進し、コンテンツをベースとした町づくり事業を推進している。ただ、局単独でさまざまな事業展開を進めていくことは非常に困難だ。Goolightも自社だけで展開できる事業は限られており、より広範に多くのステークホルダーと連携したビジネス展開が急務だ。そうした考えから、当社は、地元自治体を中心に、大学、企業、スポーツ団体、放送事業者など、全国や海外の方々も含め多くのみなさんと連携することで、力強いビジネス展開とともに地域の活性化に寄与したいと考えている。

二〇〇六年から長野県高山村を拠点に「学生の視点からアートで町おこし」をテーマに東京の女子美術大学と産学官の連携事業を進めてきた。コロナ禍により、この二年間は事業を中断しているが、これまでの一四年間に七五〇人余りの学生が村を訪れ、観光ポスターのデザインやバスストップの修景、高山村産ワインのプロモーション、エチケット制作などを展開してきた。二〇一七年度からは、女子美術大学と提携している国立台湾芸術大学の学生も加わり、国際間交流も始まった。この交流事業は、総務省の放送コンテンツ海外展開強化事業にも採択され、「日台を結ぶ学生のデザインプロジェクト」として現在も継続している。インバウンドを目的とした番組は、日本の観光地の案内やグルメ紹介に終わってしまうケースが少なくないが、日台双方の大学と地域間交流を題材

田中泯が表現する信州須坂プロモーション

『芸術ガールがつなぐ日台交流』

としたドキュメンタリー番組『芸術ガールがつなぐ日台交流』（二〇一八年）、『日台藝術交流之旅～芸術ガールの新たな挑戦』（二〇一九年）、そして『日台藝術交流之旅～最終章～』（二〇二〇年）の三部作の放映は、台湾の地上波でも高い視聴率を記録した。長野県高山村と台湾新北市烏來区の交流や言葉の壁を乗り越えた双方の学生の活動は多くの共感を呼んだ。二〇二〇年度からは、日本の特産品でもあるワインや焼酎のイメージ戦略を台湾藝術大学生に依頼している。

本社のある長野県須坂市とのシティプロモーションの事業も一〇年目を迎えた。地元を知る私たちが地域の魅力を映像でまとめ、全国のケーブルネットワークを活用したシティセールスはこれからのケーブルテレビ事業者の担うべき役割の一つと考えている。全国各地でのイベントの出展とともに、地域の魅力や宝を映像で紹介し、生産者や農家の魅力を丁寧に伝えることは私たちの大きな役割だ。コロナ禍でここ一年はリアルイベントのほとんどが中止となったが、昨年度は、舞踊家の田中泯さんを招いて、須坂市の文化遺産、東日本最大級の積石塚古墳「八丁鎧塚《はっちょうよろいづか》古墳」でドキュメンタリー番組を制作。場の持つ磁力と田中さん独特の幽玄な場踊りが須坂市の魅力を新たに表現した。地元の特産品を全国に出向いてPRすることも大事だが、私たちの地域の魅力をどのように伝えていくべきなのか？

4K 共同制作番組『そらじかん』

スラックラインワールドカップ開催

私たちが気づかない場の魅力を一流のアーティストが表現する。地方の小都市の観光戦略は、大きな曲がり角にある。

また、二〇一七年からは、スポーツイベントにも挑戦している。幅数センチのロープの上でさまざまなパフォーマンスを繰り広げる「スラックライン」だ。地元の長野県小布施町に世界チャンピオンが誕生したことを契機に、競技団体や小布施町とともにワールドカップを誘致。４Ｋでの全国生中継やインターネットでの世界配信を実施した。さらに二〇一九年には、５Ｇの実証事業にも参画し、高精細映像と観客席に振動をリアルタイムに伝送する新たなスポーツ観戦の提案も行った。地域スポーツを支援することは、映像中継だけでなく、クラウドファンディングやキャッシュレス決済など新たな事業領域にも発展し、多様なビジネスチャネルに挑戦する大きなステップとなった。人口一万人の町に約三万人の観戦者が訪れ、新たな地域活性化策として期待されるが今後の課題は安定した大会の開催だ。コロナ禍の新しい生活様式の中でオンライン配信やＡＩ（人工知能）、ＶＲ（仮想現実）の技術を取り入れた採点方法、番組制作にも挑戦したい。

放送事業者との連携では、鹿児島県の南日本放送と海外への番組配信などを展開している。台湾向けインバウンドでは、屋久島と志賀高原という双方の山岳リゾート地の魅力や地方鉄道の旅、さらには鹿児島産焼酎と信州産ワインの販路拡大をコンテンツで実現すべく模索している。また、二〇一九年にスタートしたドローンで撮影した4K制作番組『そらじかん』は毎月、両局のレギュラー番組として放送している。地域を越え、地上波、ケーブルテレビという枠を超えた連携は、実は、二〇一〇年の「地方の時代」映像祭シンポジウムで南日本放送の中村耕治社長（当時）と知り合ったことがきっかけだ。業界の垣根を越えて新しい可能性をともに追求できることにあらためて感謝したい。

安心安全の町づくりに向けて

令和元年（二〇一九年）一〇月の台風一九号は、長野県にも大きな爪痕を残した。一九八三年以来という千曲川の決壊や越水により、長野県の北東部では、死傷者数一五〇人、住宅被害も八〇〇〇戸を超えた。当社では、発災当日にメディア本部社員と幹部社員を招集。地元・須坂市の災害対策本部から二四時間体制で生中継のラインを設け、千曲川周辺の河川カメラのライブ映像を逐次提供するとともに、避難所への災害情報端末（テレビ）の設置や無料WiFiの支援なども行った。ドローンを活用した被害地域全体の把握にも努め、道路情報や避難された方の家屋の状況などコミュニティチャンネルだけでなく、SNS（ソーシャル・ネットワーキング・サービス）を活用し、細かな生活情報も配信した。大規模災害時には、地上波は、人口密集地やより大きな災害現場を中心に報道することになる。この時も、新幹線の車両基地の浸水箇所や千曲川が決壊した地域は多くの報道がされたが、右岸（反対側）にあたる私たちのサービスエリアの現状はほとんど放送されることはなかった。当社

24時間ライブ中継チャンネル「グーライブ」(2021年～)

は、地域に限定し「地域の今がどうなっているのか」を最新の生活情報とともに伝える努力をした。この特別体制は、発災からおよそ二週間続き、従来型のテレビ中心の災害報道だけでなく、ＳＮＳやインターネットを絡めた複合的な情報伝達がこれからのケーブルテレビの大きな使命と役割になることを実感した。一方で避難所でのテレビやインターネットの設置。伝送路の光化や無線基地局などのインフラ整備の強靭化。そして、地元自治体との平時からの災害訓練の実施や情報交換など、まだまだ取り組むべき課題は多い。一昨年のこの災害報道を契機に当社は、地元自治体との災害協定をすべて見直し、ＮＨＫ長野放送局とも、この二〇二〇年一一月に「災害時における放送連携に関する協定」を締結した。二〇二一年五月には地域の実情を踏まえ、ロボットカメラ（定点カメラ）の映像交換や番組・素材の相互提供を柱とした覚書も交わし、いよいよ運用モードに入る。また、二〇二一年四月からは二〇台を超える定点カメラやＳＮＳ、地域防災情報などをタイムリーに放送する二四時間ライブチャンネルの「グーライブ」をスタートし、安心安全の町づくりに少しでも寄与したいと考えている。

ケーブルテレビだからこそできること

当社は、二〇一八年、会社名を従来の須高ケーブルテレビ株式会社から株式会社Goolightに変更した。須高（すこう）という地域名とワイヤレス時代を迎えた今、ケーブルテレビという社名を乗り越え、地域から世界へ、有線から無線へと事業シフトを転換するという強い思いの表れだ。しかし、そこには変わらない事業の根幹としてコミュニティチャンネルをベースとした番組制作・コンテンツ制作がある。「不易流行」の言葉通り、私たち業界は放送事業から通信事業、そして生活サービス業まで、時代の流れの中で新しい事業を数多く取り込んできた。おそらく、これからも事業領域の拡大は必須となろう。しかし、地域から学び、地域を記録し、地域に寄り添い、地域を発信する「ケーブルテレビだからこそできる」番組制作はこれからも永遠に続く。

『月刊民放』二〇一〇年二月号が手元にある。「地方局の底ヂカラ」という特集の最後に市村元プロデューサーが記した一文だ。「映像祭の初代の審査委員長であった鶴見和子さんが繰り返し主張したように、小さき民の小さき営みから時代を描き、地域の文化や伝統を見直し、生活者の視点に立ち、多角的に、地域の内発的発展を目指していく。地域メディアはそんな活動の最前線に立ち続ける。そして、「地方の時代」映像祭は、これからもそうした作り手の終結する広場でありたいと思う」。

まさに、私たちは地域メディアとしての大きな役割を自覚し、ケーブルテレビだからこそできる実践をひたむきに続けていきたい。

誇張でも負け惜しみでもなく、地方こそ次の時代を拓く知恵がある

——広がり続ける「里山資本主義」

井上恭介（ＮＨＫコンテンツ開発センター）

はじめに——「里山資本主義」とは

ちょっと変わった書き出しになるが、お付き合いいただきたい。

初夏、ケヤキ並木の下を歩くと楽しい。東京には、結構あちこちにケヤキ並木がある。強い日差しが和らいだ木漏れ日。親鳥が散歩に連れ出した赤ちゃんスズメを見つけることもある。間延びした幼い鳴き声が、なんともかわいい。

楽しみはそれだけではない。結構立派な枝が、結構な数、根もとあたりに落ちているのだ。

もちろん、ほとんどの人は気にも留めないし、そもそも気づかない。何を喜んでいるのか。拾って帰り、ご飯を炊くのだ。家には、広島にいた時、番組でお世話になったグループに教わって作った「エコストーブ」という釜がある。木の枝などを燃料に、煮炊きができる。ガソリンスタンドなどから廃品として出るペール缶という小型の石油缶を改造してつくった釜は、安全なうえ、熱効率が素晴らしいつくりになっているから、太めの枝なら五、六本もあればご飯が炊ける。羽釜はネットで、要らなくなった人から安価でもらいうけた。

マンションのベランダなどで、拾ってきた枝をくべながらご飯を炊くのは、この上なく楽しい。ナマの火は、いつまでも見ていられる。いわば「家にいながらのソロキャンプ」だ。炊きあがったご飯は、文句なくうまい。家電量販店などに行くと、よく「羽釜のように」とか「土鍋のように」とかをうたい文句にした高性能炊飯器が、驚くような高値で売られているが、こちらは正真正銘のかまど炊きだ。

しかもこれ、なんとも気分がいいのだ。

枝は、私が拾わなければ、そのうち掃除の人たちが集めて、ゴミとして処分してしまうだろう。しかし今回は立派な燃料になった。ゴミをエネルギーとしていかしたのだ。エネルギーに関しては百パーセントお金を出して買うしかない自分が、ほんの少しとはいえ自力で調達できたと考えれば、なかなか意義深い。

そんなことが、田舎はもちろん、東京のど真ん中でもできてしまう。ちょっとした発想の転換、気づきと実行で。

こうした考え方、あるいは態度と実践。それを、「里山資本主義」という。

問題意識の原点は「マネー資本主義」

ＮＨＫ広島放送局で、「里山資本主義」と銘打った地域放送のシリーズ番組を制作したのは、東日本大震災が起きた二〇一一年から翌年にかけて。東京電力福島第一発電所の事故でエネルギーの巨大システムが突然崩壊し、東京の街が真っ暗になる、という経験をした直後のことだった。私は、震災の数か月後に、東京から広島に異動になり、若いディレクターたちと、番組作りに取り組んだ。

東京にいた頃から、私には考え続けていることがあった。産業革命以来、私たちの暮らしを劇的に便利にし、豊かにしてきた資本主義なるもの。今や都会人であろうが田舎の人であろうが、それなしでは一瞬たりとも生きられないようにしているそのシステムは、これから先も私たちにとって「打ち出の小づち」であり続けるのか。百パーセント頼り切っていいものなのだろうか。

そんなことを考えるようになったきっかけ。それは、二〇〇八年の秋に起きた金融危機、いわゆるリーマンショックのあとに、この危機の実像を明らかにするため、「マネー資本主義」というスペシャル番組の制作に取り組んだことだった。

アメリカ・ニューヨークに本店を置く大手証券会社、リーマン・ブラザーズの経営破綻を発端に、世界経済を奈落の底に突き落とした金融危機。それは、摩訶不思議なものだった。大きいとはいえ一企業の破綻が、世界の金融システムを機能停止に追い込み、この世にあったマネーの何分の一かを一瞬にして消滅させてしまったのだ。

金融機関、年金基金などの投資家、金融工学者といわれるシステム開発者などへの取材を進めるうち、明らかになった「資本主義の変質」は、驚くべきものだった。

二〇世紀の終盤、自動車とか電化製品とか、あるいはサービスなどの売り買いで富を増やし、豊かさをもたらしてきた、いわゆる「実体経済」が頭打ちになってきた。そこで、経済成長を持続させるために、マネーでマネーを生み出し、それをてこに、どんどんものが売り買いされる仕組みが作り出された。

金融危機の引き金となった「からくり」。それは、返す当てのない貧困層に不動産や自動車などを売って高利のローンを組ませ（サブプライムローンと呼ばれた）、そのローン債権を組みあわせて「利回りのいい金融商品」が作られると、資金を増やしたい投資家や、指南役の金融のプロ・ヘッジファンドなどが買っていく、というものだった（貸し倒れの危険があるから、ローンは高利になるが、それが金融商品に化けると、利率が高くて魅力あり、ということになる。リスクは金融工学の高度な数学理論で抑え込んでいる、と説明されたが、よくよくきいていくと、ローンの返済日がきたら、期限を繰り延べして借り換えしていたという）。

金融機関も投資家もハッピー、家や車が手に入った貧困層もハッピー、家や車を作ったり売ったりした企業もその従業員もハッピー、経済成長を謳歌できて世界もハッピーという状況をつくりだした「砂上の楼閣」は崩壊。深刻な経済危機は、マネーの世界と関係ないと思っていた人にまで及んだ。膨大な国家のマネーがつぎこまれることで、危機は収束したことになっているが、基本的な構造は今も変わっていない。

番組オープニング画面

ここで私の得た取材実感。それは、「マネー資本主義一辺倒」では危ない、ということであり、一見完璧なマネーの巨大システムも案外もろく、どこか一か所が壊れると、突然深刻なシステム障害を起こすということであった。

その数年後、さらに私たちは、資本主義を支えるもう一つの巨大システム、エネルギーのシステム障害を体験する。大きいとはいえ一発電所の機能停止が、突然システム全体をダウンさせたのだ。

当たり前のように享受してきた便利や豊かさが、遠くで起きた何かのせいで、一瞬にしてなくなってしまう世界。自分の力では回復させることができず、受けた損害の多くは自分でかぶるしかない、いわば「生命維持装置のスイッチ」を誰かの手にゆだねているような、空恐ろしい世界。そんな世界におんぶにだっこ、の状態から、少しでも抜け出す術を見つけなければならない。そんなことを考えていた時、私は東京から広島に転勤になり、そこで、一〇年も二〇年も前から、今の経済の常識に疑問を抱いてさまざまな試みを行い、風穴を開け始めた人々に出会ったのである。

私は、そうした人たちを取材した番組に『里山資本主義』というタイトルをつけた。なんのことはない、「マネー資本主義」から「マネー」をとって「里山」をくっつけたのだが、そこに、我々のアタマにこびりついた今の経済への妄信からの脱却、できそうでできない発想の転換をしていく「しなやかなダイナミズム」を見出そうとの思いをこめた。

なんとも壮大な話になってしまった。読者の多くは、あきれているかもしれない。人類が数百年にわたって進化させてきた、資本主義という「豊かさの方程式」の行き詰まりを解決するようなすごい知恵が、中国地方の田舎にあるのだろうか。本当にあるなら、日本経済は、とっくの昔に「失われた一〇年」といわれる停滞から抜け出しているのではないか。

私たちが主に取材してまわった中国山地の山あいは、「過疎」という言葉が生まれたところである。戦後、日本が高度経済成長に沸き立つ中で、発展から取り残され、疲弊してきたところで、今も、若者の多くは高校を卒業すると東京など都会を目指す。人口減少、さらには市町村の消滅が現実の危機として指摘されている。現に、私たちが普段つくる番組やニュース企画は、そうした課題をテーマにしている。暗澹たる状況に眉をひそめながら、ちょっとした新たな試みを紹介しては、「挑戦は始まったばかりです」という常套句で締めくくっている。

しかし、私たちは確かにつかんだのだ。これまでのやり方の延長線ではない、豊かさの生み出し方を。次々出会った達人たちは、従来型の経済のここが変だと鋭く指摘し、常識の逆をいく新たな方法があると語った。もちろん、多くの場合すぐに大金が手に入るわけではないが、お金ではない豊かさ、そして豊かな気持ちを手にすることができ、結果として、お金も少しずつついてくるようになる。豊かさを手に入れる手段であるはずのマネーが目的になり、マネーの額だけが豊かさの尺度になってしまった世の中の「本末転倒」を、本来の形に戻しながら、経済と暮らしと社会のあり方を鮮やかに示してくれるものだった。

それはどのようなものか。

過疎との闘いでたどりついた「エネルギー」の常識破り

私たちがまず出会ったのは、エネルギーを自力で作り出している、中国山地の山あいに暮らすおじさんたちだった。

書き出しで紹介した「エコストーブ」を仲間で作り出した、広島・庄原の和田芳治さんは、「思想的トップランナー」とでもいうべき存在である。

福島の原発事故のあと、中国地方でも今後のエネルギーを何に頼るべきか、議論されていた。私が異動する直前、NHK広島が企画した討論番組に出演して、「私は、自力でエネルギーを確保する術を手に入れた」と言い放ち、原発か、原発抜きかの議論に終始している場合ではない、今の状況が突きつけているのは、もっと根本的な人とエネルギーとの関係の見直しだと訴えた。討論番組では深めきれなかった真意を、あらためてじっくり取材することにした。

和田さんは、長年考え抜いてたどりついた確信を、切れのある言葉で表現する達人である。過疎が進む田舎で生きることは、貧しいことでもみじめなことでもなく、可能性に満ちていて、何より楽しいことだ、ということを声高に言い、実践している人だ。

なぜ、過疎は進む一方なのか。和田さんはこういう。

「わが子に、努力に努力を重ねて、ふるさとを捨てさせようとするからだ」

真理を突いている。

外では、過疎化を食い止めよう、そのために何をすべきか、とか言っていながら、多くの人は家に帰ると、田舎に残った自分の人生を否定し、都会に出ていい暮らしを、と子どもに言っているではないか。それでは、過疎に歯止めがかかるわけがない。親自身が、ここにいるから幸せだ、都会なんかよりずっと楽しい、といわなければ、過疎化は永遠に止まらない。

和田さんは、同志たちと「過疎を逆手にとる会」という活動団体をつくり、イベントなどを次々行ってきた。二〇年以上続いている。

過疎対策は、過疎をなくそうとする。でも、過疎は進む一方だから、負け戦の連続になってしまう。これに対して和田さんたちのモットーは「ないものねだりはしない」。過疎の現実を受け入れ、それでも楽しい、いやいや、だから楽しい、とアイデアを繰り出し、実践していく。

「見せびらかすんですよ」と和田さんは言う。まず自分たちが楽しむことを第一とする。楽しくて、うらやましくて、次も来たくなる人を増やしていく。

たとえば、「雑草を食い尽くそう」というイベント。野草といわず、わざと雑草といい、摘んで食べてみよう、ではなく、食い尽くすというのが、和田さんらしい言葉のセンスだ。育てなくてもそ

エコストーブ

の辺にいくらでもはえてますよ、到底食べ尽くせない豊かさですよ、というわけだ。

タラの芽とか、ワラビとかいう王道の野草だけでなく、イタドリも、アザミの葉脈もおいしい料理に変身させる。そんな里山暮らしの知恵が受け継がれている豊かさを、嫌味なく伝えていく。

みそ汁の具は、その辺の川でとってきたカワニナ。これが実においしい。カワニナはホタルの幼虫の大好物。夏には金色に輝くすごいホタルが乱舞しますから、またイベントをやりましょう、来てください、という話になる。

そしてご飯は、みんなで開発したエコストーブで炊く。米を研いで羽釜をセットし、焚口に雑木を数本くべれば、さほどの苦労もなく、二〇分ほどで炊きあがる。

燃料は自宅の裏山から拾ってくれば無尽蔵なんです、という話をする。洗濯かごでも持って三〇分も歩けば、すぐに落ち葉や枝でいっぱいになる。

「原価ゼロ円」の食材や燃料が大活躍する、豪華なパーティーが始まるのだ。

そして薪拾いは、もちろん田舎の方が有利だが、都会でもやる気になれば十分やれる、という一言が、付け加えられる。田舎と都会の良し悪しを比べるためにやっているのではなく、自分が大切にしたい場所の良さ、隠れた実力を再発見しよう、誇りを持とう、という姿勢を問うているのだ。

和田さんは、私たちが番組で取り上げた頃から、ますます活動範囲を広げ、全国各地で地元の良さを見直す活動をするグループなどのところへ出かけて行っては、エコストーブの製作講習会を行った。

講習の最後には、こういって威勢よく締めくくる。


「これで皆さんは、マネー資本主義の奴隷状態から解放されました！　エイエイオー！」


その心を、和田さん風に語るとこうなる。

田舎でも、現金収入が少ないとかいいながら、エネルギーは全部お金を出して買っている。出したお金は地元に残ることはなく、多くが「アラブの石油王」のところに行ってしまう。それが便利で進んだ暮らしなんだと信じ込まされ、稼いでも稼いでも、吸い取られる仕組みに甘んじているのだ。でも、エコストーブという武器を手に入れると、魔法から目が覚める。思い込みから解放される。千円札を握りしめ、落ち葉や枯れ枝がいっぱい積もる山を踏み越えて、ガソリンスタンドへ灯油を買いに行くのはナンセンスなことなのでは、と考えるようになる。もちろん、すぐに全部自給というわけにはいかない。でも、そういう発想で周りを見渡せば、未活用資源は他にも見つかるかもしれない。使えるものを捨てていることに気づくかもしれない。このことはまた、災害などで、エネルギーの供給が遮断された時に、自力でなんとかする術を身につけることでもある。

この発想の転換は、昨今のＳＤＧｓの盛り上がりの中で、地域の電力を、小規模の太陽光発電システムや、小水力発電でまかなおうという取り組みの基礎でもある。遠くで大量に作られたエネルギーを買うのが便利で合理的だとしていた時代から、自分たちの分だけ身近にあるものでエネルギーを調達するのが安心で実は安上がりとする時代への転換。和田さんは、私が東日本大震災で感じたマネー資本主義の危うさを、過疎を逆手にとって豊かに生きようとする実践の中で感知し、脱出法を編み出して、鮮やかに「見せびらかして」くれたのである。

木くずは「ゴミ」ではなく「地域に富をもたらす資源」だ

エネルギーに関して、もう一人、私たちに「目から鱗」の発想の転換を見せてくれたのは、同じく中国山地の山あい、岡山・真庭の建材メーカー社長、中島浩一郎さんだ。製材の際に出る大量のおがくずなどを、ゴミとして捨てていることに疑問を抱き、燃料として活用することで、本業も、さらに町全体を活性化させた。

中島さんの発想の原点、それは自分たちが何か大事なことを忘れてしまっているという感覚だった。

「日本人は、ずっと木を使うのが上手だったはずなのに、どうしてこんなに下手くそになってしまったのか」

山には木がいっぱいはえているのに、林業はさびれていくばかり。製材所の閉鎖や廃業も各所で相次いでいる。日本は世界有数の木材需要のある大市場なのに、戦後のある時点からはもっぱら外材頼み。大きく育ったスギやヒノキのことに人々の関心が集まるのは、花粉が飛散する時ばかり。普通に考えれば、この状況はおかしい。今の世の中の常識を疑い、変えていくべきではないか。

バブル崩壊のあと業績が落ち込んで、中島さんは経営を立て直すために何をすべきか、取引銀行と相談した。生産の規模を拡大したり新商品を開発したりして、売り上げアップを目指すべきとアドバイスされたが、中島さんは、かねてから考えていた、木くずを燃やして発電する施設をつくるために設備投資したい、融資してほしいと、銀行を説得した。まだ「バイオマス発電」などというものは、日本でほとんど見かけなかった時代のことである。

決断は正しかった。製材の際にかかっていた電気代がゼロになった。機械の動かない夜間は売電できるから、その分は収入になる。そもそもおかくずなどをゴミとして捨てようとすると、産業廃棄物として処理代がかかる。年に億単位のプラスとなり、経営の安定を取り戻した。

さらに、発電で使い切れないおがくずは、ペレットといわれる固形燃料にして売ることにした。ハウス栽培をする近所の農家などが使ってくれるようになった。

農家から感謝された。それまで使っていた重油のボイラーだと、近頃は石油の国際相場の変動で、燃料代が乱高下する。種をまいたとき、これくらいの収支になるだろうと計算していても、その後値上がりすると採算が取れなくなってしまう。近所の製材所で調達でき、価格も変わらないペレットは安心だ、というわけだ。

炭や薪にたよっていた山間部のエネルギーが石油にとってかわった頃には、便利で安く、いつでも欲しいだけ手に入るともてはやされた。時代の最先端の技術や、それによってもたらされる新しい暮らしは、かっこよく、豊かさを実感させるものだった。しかし、どんな山奥にもガソリンスタンドができ、電気もガスも、果てはウォシュレットつきの水洗トイレも普通にあるようになった「田舎暮らし」は、都会同様の「高コスト体質」になっていた。

そこに訪れた、石油などのエネルギー高騰の時代。自分の強み、地域の強みは何か、見直しながら、それまでのやり方を変えていかなければ、その負担がボディーブローのようにきいてくる。

中島さんが取り戻したいと考えていた、先人たちの「木を余すところなく使い切る」知恵。そのこだわりが、石油の時代が終わりに近づいた局面で、新たな地平を切り開く最先端としてよみがえったのである。

中島さんたちによる挑戦は、さらに展開する。行政の強力な後押しも得て、町全体の電気をまかなう「木の発電所」を建設したのだ。燃料には、町のあちこちにある製材所のおがくずだけでなく、木を切ったとき山に放置されることが多かった枝葉や木の皮なども使う。集積所に持っていくと買い取りをする仕組みをつくったところ、軽トラックに山で集めてきた木の皮や枝を積んでやってくる人が、連日たくさん見られるようになった。「これで今夜の飲み代ができた」と、にこにこしながら帰っていく。

当初は、燃料の集まり具合を心配して、発電所のフル稼働は難しいとみていたが、杞憂となった。

ちなみに、発電所が建てられたのは、もともと外からの企業進出を呼び込もうと整備された工業団地の空き地だった。今ここに、日本各地から、先進事例を学ぼうと見学者が訪れている。

山のゴミだったものが、お金になる。地域のエネルギー自給を支える燃料になる。

地域で回るお金が増えたことはもちろんだが、それにもまして、なんとも誇らしい気持ちになる。

これぞ、見えていなかった地域の強みをいかし、都会も思いつかなかった新時代のモデルを示す、里山資本主義の真骨頂である。

島のジャム屋の挑戦――経済原理の逆をいくことで若者流出も後継者不足も解決

私たちは、食や農の分野でも、従来の経済の常識を覆して、地域の課題を解決しながら、楽しく生きる人たちに次々出会った。

瀬戸内海に浮かぶ山口・周防大島の松嶋匡史さんは、奥さんのふるさとであるこの島にIターン。起業したジャムの店でのさまざまな挑戦で、地域の弱みを克服していった。

松嶋さんは、もともと大手電力会社の社員だったが、新婚旅行で訪れたフランス・パリのおしゃれなジャム屋さんで、その魅力にとりつかれ、反対する奥さんを説得して、会社を辞め、島でジャム屋を始めた。

この島は、長年、高齢化率全国一という、中国地方でも筋金入りの「過疎と高齢化の島」だった。主力産業はみかんなどの柑橘生産だが、アメリカなどの安い輸入ものに押され、産地間競争でも後れをとり、若者のほとんどは島の外へ、という状況が続いていた。

しかし、そんな「お先真っ暗な島」も、変な先入観のない松嶋さんにとっては魅力にあふれていた。義理の父と、カフェ併設の店を建てる場所を探しに行くと、目の前に砂浜が広がり、青い小島がのぞめる土地が、都会の相場に比べて二けた安い価格で手に入った。義父には、海なら島のどこでも見えるから特別いいとは思わないといわれたが、実際店をたてると、この景色を眺めながらジャムパンをほおばり、コーヒーを飲むのは最高と、広島などの都市部から多くの客が訪れるようになった。

原料の柑橘は近所の農家から簡単に手に入る。ベテラン農家は、ジャムづくりにも役立つ知識の宝庫。会話の中で、色づく前の青いみかんには、虫を寄せ付けない独特の香りがあることを知り、その香りをいかしたジャムを開発した。逆に収穫期を過ぎて熟しすぎた実に、ジャムにするとおいしい味や香りのある品種もある。こちらの希望にあわせて収穫してもらえるのは、みかんの島ならではだ。

松嶋さんは、ジャムの価格をひと瓶千円ほどと高めに設定し、農家に支払う原料代も高くした。ジャムづくりは手作業にこだわり、多くの人を雇って無添加・手作りを売りにした。自分だけ儲かればそれでいいというのでは、島全体の経済が持続可能にならないと考えたからだ。

年間通して、次々と切れ目なく旬のジャムが出せるように、島では作られていなかった果物も、少量ずつ生産できないか、知恵を絞った。ブルーベリーでは、興味のある高齢の夫婦などに木を配り、実を摘んで持ってきてくれたらお金を払う仕組みを作った。

いわゆる経済合理性からいうと、コスト高ととらえられ、マイナスと考えられる挑戦の数々。しかし、そのことがこの店のジャムの魅力になり、売り上げアップにつながった。大手メーカーが安く大量に作るジャムは、なかなかお土産にならないが、「こんな島でこんな風につくられている」というストーリーを土産話にすれば、実に気の利いたプレゼントになる。いちごの季節にジャムを買いに行くと、もう少しするとブルーベリーの季節だといわれ、瀬戸内の青い海の魅力もあいまって、また行こうかという話になり、年に何度もジャムを買いに来るリピーターが増えていった。

松嶋さんの成功体験は、島出身の同世代も刺激した。代々続くいりこ業者の息子が、いりこの漁ではサイズがあわないと捨てられていた大きめのいわしを活用して、オイルサーディンを開発し、ヒット商品になる、といった事例が相次いでいる。

さらに松嶋さんは、島が抱える根本的問題にも、解決の糸口をつくっていった。

島の農家の高齢化は、極限に達している。毎年農家が何人も亡くなる。体が動かなくなりもう農作業はできない、といったことが、よく起きる。そういう時には、店の従業員が繰り出して、収穫などを肩代わりする。ジャムの店では、松嶋さんたちの話を聞いて都会からやってきた若者たちを積極的に雇っている。若者たちはしばらくここで働き、一定の収入を確保しながら、島に関するさまざまな情報や、人のつながりを身に着けて、起業のアイデアを練っていく。行政などとも連携して、辞める農家の後継者として、あっせんするケースも増えている。今の品種ではうまくいかないとなれば、みかんの木を切って、たとえばジャムにするとおいしい島の固有種のさつまいもの生産をすすめる、といった知恵出しもする。Uターン、Iターンの起業者の面倒見の輪は、島に入ってきた若者たちが孤立して挫折してしまうリスクを減らし、定着する成功例を増やしている。

若い人口が流出するばかりで流入者が少ないという問題、高齢化する農家の後継者の問題。過疎高齢化に悩む地域の一番の問題が、解決に動き出しているのだ。

島では今、高校の授業でこうした新たな動きを学び、高校生が島の魅力を発掘するといったカリキュラムを設け、いったん外に出ても、帰ってきてくれる若者を増やそうという取り組みも始まっている。

耕作放棄地――「価値ゼロ」が都会がうらやむ場へ

取り上げたい実例は、次々と見つかった。マクロでみると大変な状況だが、ミクロに見ていくと実に希望が持てる素晴らしい実践があちこちに見られ、成果も出ていた。中身をしっかり見ていくと、それぞれが、これまで資本主義が増大させ、放置してきた問題を解消させていくものだった。

山あいでも、瀬戸内海の島でも増える一方で問題になっている「耕作放棄地」を活用して、地域の課題を解決している事例は各地で見られた。

島根・邑南町では、一流のシェフを招いて、味はA級、値段は都会に比べたらお手頃、というイタリアンレストランを作り、そこに都会の若者を呼び込もうと、接客や料理の腕をみがきながら、まわりにいくらでもある耕作放棄地で、地元の農家の実地指導のもと、自由に野菜作りをしてくださいという、「耕すシェフ」と銘打った仕組みをつくった。そんなことで来てくれるのかと、最初は半信半疑だったが、応募が相次いだ。

耕すシェフ第一号となった、横浜でウェブのデザイナーをしていた女性は、都会の若者にとって実に「かゆいところに手が届いた」仕組みだと語った。

都会でも、今や、自分で野菜を育てる生活にあこがれる若者は大勢いる。しかしいざ畑を借りるとなると、なかなか近くで見つからず、借り賃も馬鹿にならない。教えてくれる人もない。いっそ田舎に移住して、ということも考えるが、自力で条件を整えるとなるとハードルが高い。そうした悩みを一挙に解決してくれ、しかも作ったものをレストランで食べてもらって感想まで聞けるというので、島根と鳥取の違いもわからないまま、やってきたという。もらえるお金の額は減ったが、逆に住居費や食費は低く抑えられ、都会では感じなかった自分の役立ち感も増して、充実した田舎暮らしを手に入れた。

仕掛け人の役場の職員、寺本英仁さんは、こうした若者の呼び込み策に、子育て支援も組み合わせて、毎年の出生率が二を超える「子どもがたくさん生まれる町」を実現した。

人口減少、子どもの減少という日本の一番の課題を解いて見せた最先端事例として、今全国から注目されている。

同じ町で、ある青年は、広大な耕作放棄地を借りて、三六五日、二四時間放牧で牛を飼い、生産した牛乳をヒットさせた。濃い牛乳をつくるなら穀物飼料を食べさせるべし、という常識を打ち破り、耕作放棄地で伸び放題に育つ百種類を超える雑草を食べた牛の出す、驚くほど濃厚で、その日食べた草によって味や香りが変わる牛乳が自然志向の消費者の心をつかんだ。

広島・世羅町では、都会で神経をすり減らす生活に疑問を抱いていた会計士の若い女性が、ヨーロッパの有機栽培の農家でしばらく働きながら暮らすという体験旅行に参加し、そこで出会ったスペイン人の男性と意気投合。結婚してふるさとに帰り、耕作放棄地で育てた有機栽培の小麦でつ

シリーズ『里山資本主義』（NHK 広島、2011〜12年）
制作統括：井上恭介、ディレクター：夜久恭裕
第51回ギャラクシー賞報道活動部門大賞
里山の資源を活かして新たな経済の循環を生み出す「里山資本主義」という考え方を、1年半に６本のシリーズ番組で提案した。書籍化した『里山資本主義——日本経済は「安心の原理」で動く』（藻谷浩介・ＮＨＫ広島取材班、KADOKAWA、2013年）は、新書大賞2014大賞を受賞。
NHK スペシャル『里海 SATOUMI 瀬戸内海』（NHK 広島・岡山・高松、2014年）
プロデューサー：井上恭介、ディレクター：花井利彦・伊藤加奈子・藤島恵介・藤原和樹
第34回「地方の時代」映像祭グランプリ
人の手で破壊された自然環境を人の手で取り戻すSATOUMIという考え方が世界的な学術用語ともなった。カキの養殖、アマモの森作りなどで生物多様性が取り戻される姿を瀬戸内海の長期取材で追った。

くった、スペイン風のピザやパンを売りにした古民家カフェを開いた。今では、各地で開催されるパンのイベントに引っ張りだこになっている。

広島・尾道の向島では、古い工場でつくられる帆布に魅せられ、都会から移住した染織家の女性が、地元の主婦たちと、昔は瀬戸内の主力産品だった綿花の栽培を耕作放棄地で復活させ、独特の風合いのポーチやカバンなど新たな製品の開発を仕掛けている。

耕作放棄地こそ、今の経済が「価値ゼロ」として見捨ててきた、地域の未活用資源だ。確かに、競争の激しい市場を勝ち抜く農作物をつくるのは、難しいかもしれない。でも、知恵を働かせ、地元に役立つ使い道はないかという発想で見直せば、都会の若者が呼び込めたり、自然志向の消費者の支持を集める商品がつくられたりと、大きな価値を生み出している。

市場原理にのっとり、マネーを稼げないものは退場させ、あるいは、ないのと同じとみなす発想、マネー資本主義の呪縛から解放されれば、案外いくらでも道は開けるのだ。

庄原の和田さんの同志が理事長をつとめる社会福祉法人では、少しでも安い県外産の野菜を使うことでホームの食材コストを下げることばかり考えていたある日、施設を利用するお年寄りが自家菜園で育てた野菜のほとんどを食べきれず、無駄にしていることに気づいた。提供を呼び掛けたところ、百人以上が協力したいと手をあげ、ホームの食費が劇的に下がった。お年寄りたちは、自分のような者でも役に立てたと喜び、ますます畑仕事に精が出て、元気になったという。

経済だけでなく、地域社会や人を元気にする。これが、里山資本主義の流儀だ。

地球規模の問題に立ち向かう「昔ながらの地方の知恵」

私たちは、里山資本主義の番組作りのあと、「里海」の取材にも取り組んだ（取材成果をまとめたNHKスペシャル『里海SATOUMI瀬戸内海』は、二〇一四年の「地方の時代」映像祭でグランプリをいただいた）。

経済成長の時代、赤潮が頻発する瀕死の海となった瀬戸内海で、ある時期、魚がガクンととれなくなった。長年海をつぶさに見てきた漁師たちが、ちょっと前まで浅瀬にはアマモという海草がいっぱいはえていたのに、なくなったことが関係しているのではないかと、自分たちでアマモの種をまき始めた。水の汚染の原因となっている過剰な窒素やリンで育つプランクトンを、カキがせっせと食べてくれることをいかして、水の透明度をあげた。カキとアマモを上手に育てるうち、瀬戸内海の環境は驚くほど回復した。そして、ほとんど見られなくなっていたイカやエビなどが、再び網に入るようになった。

資本主義の世の中で、経済的利益を追求するために、自然を破壊してきた人間。しかし同時に日本人は、「里海」という、古来持ち合わせてきた、目の前の海をいたわり、適切に手を加えることで、経済的利益も自然環境も手に入れようとする感覚と作法を、今も忘れず実践している。

専門家によって世界に発信された日本発の自然とのつきあい方、SATOYAMA・SATOUMIは、今や気候変動や温暖化など、地球規模の問題に立ち向かう有効なやり方として注目され、世界中に実践者を増やしている。

まだまだ挙げたい事例、驚きの話は尽きないが、これくらいにしておく[1]。

要は、地方にこそ、今の世の中の行き詰まりを打開する知恵と実践があり、我々取材者は、これまでの常識や価値観の色眼鏡に惑わされずに見ていくことが肝要だ、というわけである。

和田さんは、先日亡くなった。活動は同志に引き継がれて、今も続いている。エコストーブの製作講習会は、伝言ゲームのような形で、東京も含め、全国各地に広がっている。

［1］さらに詳しく知りたい方は以下の書籍も参照されたい。『里山資本主義――日本経済は「安心の原理」で動く』（藻谷浩介・NHK広島取材班、KADOKAWA、二〇一三年）、『里海資本論――日本社会は「共生の原理」で動く』（井上恭介・NHK「里海」取材班、KADOKAWA、二〇一五年）、『マネー資本主義――暴走から崩壊への真相』NHKスペシャル取材班、新潮社、二〇一二年）。

第四章

映像が語る時代と社会

――審査から見えたもの

地域発の作品群が語る
——一九年間の審査員経験から

大石芳野（フォトジャーナリスト）

審査員を引き受けて

全国で放映したテレビ・ドキュメンタリー番組を一堂に集めて審査するという画期的な事業が一九八〇年に川崎市で始まって五回目に私は審査員として招かれた。朝から夕方まで（時には夜まで）一週間がかりで、応募された作品を見続けた。まだ体力のあった年齢だったとはいえ、さすがに疲労困憊状態だった。それでも、毎年、引き受けて一九回分（一九年間）テレビ・ドキュメンタリーと向き合った。審査員のなかには手慣れた人もいて、「出だしの五分間を見れば、良いか否かの判断がつく」と言っていたが、私はさすがにそうした気持ちにはなれなかった。

各テレビ局や制作会社がこの一年間での一押しの一本を応募してくる。ということはその局にとって「今年のドキュメンタリーはこれだ」という意気込みでの応募だと認識していた。それを五分で判断しては制作者に失礼ではないかとの思いもあり、作品の後半で思わぬ展開が描かれているかもしれない……とも思った。けれど、半分近くも見たら、その作品が受賞に値するか否かの判断がつくことが多い。それでも作品からのメッセージはなるべく受け止めたいと思った。

ドキュメンタリー写真に携わっている私にとっては、動きも音もない分、撮影しながら物足りなさを感じることが少なくない。ああ、ここで動いた写真が撮れたら……言葉や音があったら……と、これまでどれほど思ったことか。ない物ねだりをしても仕方がないので、動かない、音がないという限られたなかで写すしかないと自分に言い聞かせる。それだけに、動画であるテレビ作品には多くを教えられた。これで審査をするのは申し訳ない……授業料を払おうか……などと冗談をつぶやきながら、一九回も携わらせてもらった。

振り返ればあの一九年間は、テレビ・ドキュメンタリーから影響や刺激を受けたこともあったろうが充実していた。時代も今とはだいぶ違っていた。審査員も開催地である川崎市の関係者も誰もが緊張感を漲らせていた。その第一の理由が「地方の時代」という言葉にあったのではないだろうか。私たちは、地方とは何か……、今こそ地方が問われなければならない……などと「地方」を常に意識し、話題の端にあげていた。

あのころはベトナム戦争に代表されるインドシナ戦争が繰り広げられ、政治の暴力に見舞われていたが、一方では反戦意識も高まり報道はむろんのこと運動も含めてさまざまな形で反対が表明された。一九七五年に戦争が終結した。が、その直後からカンボジアではポル・ポト時代（一九七五〜

七九年）に突入した。ポル・ポト政権がベトナム軍の侵攻によって倒れて以降の八〇年代は新たな政治の時代となり、人間の命の問題を軽んじてイデオロギーを芯に置いた意見が飛び交い、人びとは振り回された。「右」だ「左」だ、「ソ連派」だ、「中国派」だ……と報道も情報も、巷でも盛んに口角泡を飛ばしながら話が行き交った。

そうした最中のカンボジアを一九八〇年から私は足しげく通った。実際に目にしたこと、耳にしたことのおぞましさは四〇年経っても脳裏にこびりついている。百万とも二百万とも言われるカンボジア人がポル・ポト政権のジェノサイド（大虐殺）によって犠牲となった。しかし人命よりもイデオロギー的な政治の駆け引きはまだまだ横行し、「ジェノサイドはなかった」の意見も強力で、日本の多くの報道や情報は「黒」を「白」、「白」を「黒」と言い続けた。殺された人たち、地獄に突き落とされた弱き人たちに対する寄り添う気持ちはないのかと戸惑うばかりだった。いったい何のために？　誰のために？

九〇年代になってようやくインドシナで吹き荒れた嵐も収まり始め、事実が近・現代史に刻まれた。

この種の類の政治の時代に、テレビ局でのドキュメンタリー制作はさぞかし厳しかっただろう。それだけに「地方」の意味が注目されるようになり、「東京や大阪ではない。地方だ。いえ、東京も地方と捉えなければならない」と審査員たちは「地方の時代」の意義を深く受け止めた。むろん、個性の強い委員たちだから賛成しがたい考えを持つ人もいたかもしれない。そしてカンボジアの大虐殺やベトナムの戦争に象徴されるように、国内でも、公害や差別、人権抑圧などのさまざまな問題に苦しむ弱き人たちは少なくなかった。弱者の側に立つ意識を貫くことの大切さを再認識させられながら応募されたテレビ・ドキュメンタリー作品と向き合った。

鶴見和子さん

委員長をされていた社会学者の鶴見和子さんはそうした弱き人たちを「小さき民」と呼んでいた。左記に一九八七年、「地方の時代」映像祭記録から、鶴見和子さんの言葉を抜粋する（鶴見和子基調講演『映像にみる「地方の時代」』より抜粋）。

「この「地方の時代」映像祭の意味は何かというと、小さき民が歴史を作るということを、非常にはっきりりと打ち出した、その歴史観の展開ということがあると思います。そして、歴史を作るその民の姿を、歴史の発生の場においてまるごととらえるということが、映像によって描くということの意味であろうと私は感じました」

「映像を鍬として地域の歴史を深く掘り進むことによって地球に突き抜ける、変な言い方ですけれど、（映像を見続けて審査するなかで）そういう感じを持ちました」

「学者の仕事を乗り越えてゆくということが、映像制作者と我々小さき民の仕事であるということを、非常に強く感じます」

「小さな地域の中に起こっている出来事と地球的規模で比べあわせ、比較をし、関連付けることによって、その意味をより深くよもこんでゆく、そういう作業がこの八年間の作品には表れていると思います」

この講演で鶴見さんは個々の作品の感想も述べている。その中から私なりに気になったキーワードを拾うと左記のようになる。

「地域の小さき民による内発的発展の担い手」
「女が歴史の主役である、女が歴史の担い手である」
「中央集権型近代化と内発的発展とを対比させて考える」
「差別の問題は、差別している私達の側の心に非常に強く突き刺さる」
「映像は論理を越える」

社会学者であるがゆえだろうか、鶴見さんの映像に対する思い入れは実に深い。文章では言い表せない実態の深さが映像によって丸ごとすくい上げられる世界観に学者らしい多くの発見をしている。「思想の映像化」という言葉に頷かずにはいられない。こうも述べている「日本の近代化は、小さき民にとって何を意味するのか、（中略）西欧型中央集権型近代化に対して、もう一つの発展、あるいは内発的発展というものを地域に根差してどのように進めていくか」（一九八二年講評）。制作者ばかりか私たちも深く考えさせられる。無意識のように中央集権型近代化に覆われた歳月に私たちは浸かって生活しているからだ。地域が壊されていくことを嘉とはしないと思いながら多くの人たちがどこか他人事になって流されていく。それをテレビ映像という動きと音声、時間の流れによって具体的に突き付けてくるから、見る者は胸を深くえぐられる。

写真はいくらドキュメンタリーでもそうはいかない。何しろ動かず音がないのは致命的だ。それだけにドキュメンタリーテレビや映画に私は惹きつけられる。写真は見る人の想像力に頼ることが大きい。けれど写真家はそれ以上の力量を持ち合わせなければならないことは確かだ。それでも一方では時間の流れがないだけに一瞬のシャッターチャンスとして、まぐれ当たりもある。それも実力の内になることもあるだろうが、やはり動画の映像には叶わないと思わざるを得ない。むろん、この二者は異なったものだから比較にはならないが、たまたま筆者の私がドキュメンタリー写真家だということで触れてみた。

審査会に話を戻そう。賞を決める最終審査のときには各自が思い思いの意見を率直に述べる。同じ作品を見ているだけに説明や解説を必要としない分、話しやすい。それでも各自の見方や感じ方は違うので、審査会は白熱したものとなることが多かった。その時間帯は私にとって実に有意義なものだった。各委員の意見には多くを教えられたし、考えさせられた。むろん反対意見にも芯があって聞き逃せないものが多々あった。それだけに審査員たちのことは今でも記憶に刻まれている。なかでも鶴見和子さんの言葉は明快だった。水俣ばかりか現地での調査を重ねていることもあったからだろうが広がりと深みがあり説得力に満ちていると今でも私は思っている。

鶴見和子さんと私は親子ほどもの年齢差があるのが不思議なほど似た面があり、気が合ったと私は勝手に思っている。審査会のときばかりではなく、雑談のときでも私はよく頷いていた。あのころの私はかなり緊張していたが鶴見さんの懐の深さのおかげで、現場と現場を渡り歩いていた私に社会学という学問の角度からの見方を鶴見さんはさりげなく、しかしかなり深いところで教えてくれた。

「地方」という言葉は暗いのか？

一九八五年の五回目が私の初審査となった。その時の大賞は『絆～高校生とヒロシマ』（NHK広島放送局）でヒロシマの被爆者と大阪西成高校の生徒たちとの交流を描いたものだ。荒れていた生徒たちが被爆者に会うことで意識を高めていく。被爆者も生徒たちに刺激されて語り部となって次世代に伝えていこうとする。差別される苦しみや悩みを少しでも乗り越えようとする一人ひとりの姿は胸を打つ。粗削りな表現がむしろ臨場感とリアリティを見る者に与えた。

この作品と競いあったのが文化の創造賞となった『ロウ管はうたった～オペレッタと子供たちの一一五日』（北海道テレビ放送）だった。これは長期間にわたって子どもたちに寄り添いながら、きめ細かく丁寧に創り上げている。子どもたちが歌の練習を通して大きく変化していく姿が魅力的なばかりか、オペレッタの指導者もすてきな女性だ。女性が制作するという感性を十分に生かした作品だ。後で「地方の時代」映像祭の審査委員になった境真理子さんがその制作者だった。彼女と交流をするなかで作品と本人が一体化していることに安心感と信頼感を覚えた。

『ヒロシマ』と『ロウ管』は甲乙つけがたいものだったが、結果はヒロシマの社会性、地方の時代性にあったことだったろうと思う。以降、審査会に毎年、参加して大いに刺激を受けた。やがて「バブル経済の時代」に向けて日本社会が徐々に歪んでいった。経済ばかりではなく、文化も習慣も、人との繋がりも、会話のなかにも……周辺は新たな格差社会の誕生がうごめいていた。自分や自分の周辺さえよければ良いといった利己主義が恥ずかし気もなく横行していくなか、「地方」という言葉にある差別意識が都会人に増えた。同時に、都会人になろうとする人たちが夜汽車や深夜便バスに乗るなどして、暗い夜の町からネオンの明るい街に集まってきた。

「地方」は暗い。これが日本の八〇年代半ば以降の高度成長期の状況だったろう。それだけに「地方の時代」はマイナーな名前だと決めつけられ、その真なる内容を深く問い、お互いに考え、討議しようという社会状況は深まらなかったかもしれない。けれど、さまざまな角度からジェンダーがより強く問われるようになってきた現在、あらためてこの四〇年間の「地方の時代」映像祭を振り返るとハッとするほど新しいテーマだったような気がする。もし、この「地方の時代」映像祭は古いイメージがあるという人たちがいたら、その意味を聞きたい。けれど、今やその当時よりはずっと地球は狭くなり国際化が進んだ状態の中にあることを考えると、日本中が地方だとも言える。そう考えれば、新たな別の言葉を探すのも興味深いものかもしれない。

鶴見和子さんが居られたらこの点について何と論ずるだろうか。是非とも聴きたい気がする。振り返れば鶴見和子さんとの想い出はたくさんあり過ぎて語ることもできないほどだ。着物姿が良く似合い知的で上品な「素晴らしい女性」という印象を初対面で受けた。最終審査会での討議では張りのある声で端的な言葉遣いで意見を述べた。見上げるばかりの存在感にあふれていた。それだけに鶴見和子さんが亡くなるまで公私にわたってお付き合いができたことは幸せだったとつくづく思っている。彼女が遺した数々の言葉を反芻しないではいられない。

時代のカナリアと出会う
――映像との対話と「地方の時代」映像祭

境真理子（桃山学院大学教授）

はじめに――映像祭の価値とは

「地方の時代」映像祭に審査員として参加したのは一九九九年から二〇〇九年のほぼ一〇年間である。[1]手もとの記録集で作品のタイトルを見ると、鮮明によみがえってくる作品がいくつもある。時が経っても記憶が薄れることはない。いまも心揺さぶられたシーンを思い出す。映像は、行ったことのない場所の見知らぬ人々と出会う経験をもたらす。痛みを分け合い共感の感情を呼び覚ます。映像は、抽象を具象で表し、個別の事象を人間の普遍に変え、ひとりの声を多数の声に広げる強い力がある。

映像の可能性を信じ、多くの制作者が社会の諸相を映像に編み上げてきた。優れたドキュメンタ

[1] その後、二〇一八年から市民・学生・自治体部門・高校生・中学生部門が別審査となり、一二年間審査委員を務めた。

リーは各地で生まれている。これほどの映像が地域だけの視聴で終わるのは、実に〝もったいない〟。「点」であった番組をつなぎあわせ「面」にして広げたい。「地方の時代」映像祭は、それらの作品を集め顕彰するとともに、地域や系列を超えて制作者と作品が一堂に集まり、交流する場を提供してきた。ドキュメンタリーの地平を広げ、新たな土壌を創る機能も果たしてきたのだ。

その映像祭が四〇年のときを刻んだ。四〇年継続するのは容易ではない。映像をめぐる環境も激変した。継続できたのは、新しい文明のモデルとして提示された「地方の時代」の思想が、先見性と重要性をいっそう増しているからと考える。裾野も広がった。プロデューサーと拠点となるアカデミア、市民や自治体、協賛社など、専門家だけに閉じず映像の今日的広がりを予見した取り組みが支えてきた。本稿では番組審査に参画した経験をもとに、強く心に残る過去の作品について述べてみたい。さらに、この唯一無二の映像祭が果たしてきた役割や、映像祭が掲げた理念を整理し、未来へつなぐことができればと考える。

制作者と市民の水平的な往還

「地方の時代」映像祭の役割はいっそう重要なものとなっている。なぜなら、映像はいまや私たちの日常に深く入り込み、人間と社会に働きかけ、動かし、その影響は計り知れない。映像は、遠い誰かの経験が私の経験となる跳躍も引き起こす。それゆえに素晴らしく、それゆえに危うい。かつて映像祭のプロデューサーを務めた村木良彦[2]が語った言葉を思い出す。「映像は両刃の剣であり、人間にとって「プロメテウスの火」である。火は人を寒さから守り食べものを増やし幸福をもたらすが、一方で争いや戦いに使われ災いや不幸も生みだす」。私たちがテクノロジーを手にしたときから、映像はその両義性と力ゆえに、どう使うのかが問われてきた。

危うさとどう向き合うのか。その問いに、「地方の時代」映像祭は一つの答えを示してきた。映像をめぐる制作者と市民の水平的な往還によって、一人ひとりが映像の思想を手繰り寄せることができる場の創造である。そのための道標が、キーワードとしての「地方の時代」であった。このキーワードは、四〇年を経て精彩を欠くことはない。それどころか、いっそう重要な意味をまといながら今日に至る。

『「地方の時代」映像祭22年の歩み』という記録集で、当時プロデューサーだった村木は、初代審査委員長の鶴見和子が、「映像が思想を語り始めた」と審査講評で述べたことを、特別の感激をもって言及している。[3] 映像の力について考え続け、その力をどう使い得るかを問うなかで、村木は一つの答を、「映像が思想を語る」映像祭に見出したといえる。私たちが手にした映像というプロメテウスの火が、人間を照らすものとなるよう希望を託した。「地方の時代」映像祭はそのような意図のもとで成立し、その後も価値を支えたいと参画した人々によって今日まで継続してきた。

［2］村木良彦プロデューサーは、一九八一年の発足当初から「地方の時代」映像祭審査員をつとめた。一九九二年から二〇〇七年までプロデューサーとして映像祭の継続に尽力し二〇〇八年に逝去された。

［3］「地方の時代」映像祭実行委員会編『「地方の時代」映像祭 22年の歩み』「地方の時代」映像祭実行委員会発行、二〇〇二年。

映像祭四〇年、コロナ禍のいまと呼応するものとは

「地方の時代」映像祭がもたらしたものと、これからについて考えている。この間、社会は激変した。映像祭の四〇年は、二一世紀に入った二〇〇一年をはさんで、それぞれ二〇年ずつの歳月である。言うまでもなく二〇〇一年の前後で、テクノロジーの進化やデジタル化は映像をとりまく環境を根底から変えた。あたかも隔絶した別世界のような様相を呈している。しかし、今日、コロナ禍の閉塞状況をみると、むしろ四〇年前といまは呼応していると思えるのだ。

「地方の時代」を提唱した長洲一二神奈川県知事は一九七七年、「日本社会の近代化を支えてきた三つの原理、国民国家、市場経済、科学技術が今やいずれも行き詰まり、多くの歪みを生んでいる。歪みを正すには、それらに代わる新たな文明のモデルが求められている」[4]と語り、「人間を取り戻す社会に立ち返る」文明論を掲げた。いまの私たちが、現在のスピーチとして聞いても自然にうなずける内容だ。

四〇年前の問題意識は、二〇二一年コロナ禍にいる私たちに多くのことを示唆する。少なくとも目先の利益ではなく明日のために何を大切にするかを黙示的に語っている。ここに「地方の時代」映像祭の価値が接続する。それは、残された映像から過去との対話を試みたり、歴史ではなく痛みや記憶として心にとどめたりすること、さらに、それぞれの地域を等価なものとしてとらえ、作品を媒介に市民と対話することの価値である。

作品と対話する

「地方の時代」映像祭が一九回目を迎えた一九九九年に初めて審査に参加した。阪神淡路大震災や地下鉄サリン事件が影を落とし、失われた一〇年と言われた一九九〇年代が終わり、二〇世紀がまもなく幕を閉じようとする時期であった。当時は東京に住んでいた。テレビはキー局の賑やかな番組であふれ、札幌で生まれ育った私にとっては膨大な番組数の割に地域の情報が欠け、物足りなさを感じていた。また、東京を中央と規定し、単純に「中央 vs 地方」の二極に分ける考えも腑に落ちなかった。どこに居住しようと自分のいる場所が始点であり、視点でもあると思っていた。水平で等価な場を思い描けない〝中央意識〟的な放送では、自分の立っている場所や足元が見えにくく、東京にいるといつも浮遊感や違和感があった。

審査会では、東京では視ることができない作品を視聴することができた。貴重な経験に身が引き締まる思いだった。百本近い応募作品を何日かに分けて視聴するのだが、驚きの連続であった。それは体を揺さぶられるような衝撃に近い感覚として憶えている。まず作品のテーマに圧倒された。拡大する貧困、差別と人権、公害の惨禍、原子力発電と立地、農林漁業の苦悩、過疎と限界集落、戦争の悲惨、数え切れないほどのテーマが重層的に提示されていた。

深刻な事象があちこちで亀裂をひろげて進行していることを知らされる経験であった。これほど

［4］「地方の時代」は長洲の月例談話で語られた。このあたりの経緯については、市村元プロデューサーが本書の序でくわしく記述している。

重大なことが起きているにもかかわらず、これまで表層をなぞるだけで当事者の声や背景を知らない自分の無知を恥じた。しかも、各地から届く多様な作品をみるうちに、それぞれ個別で無関係にみえた問題は、地下茎で繋がり、大きなひずみとなっていることに危機感が呼び覚まされた。さらに、ドキュメンタリーという映像表現を得て、多くの制作者が奮闘する姿も浮かび上がってきた。問題を知ったからには「ドキュメントする」という制作者の覚悟と向かい合うことになった。

ここからは、審査に携わった期間に出合い対話した作品について書きたい。特徴やテーマ、問題意識などもとりあげる。審査の時間は濃密で豊かでときに重いものであったが、いつも深く心に刻まれた。すべてに言及することは叶わないが、作品を大きく三つの特徴に分けて述べてみたい。第一に、時代のカナリアと言えるような優れた予見で社会の危うさを指摘したジャーナリスティックな作品を振り返る。第二に、制作者が共感の眼差しで丁寧に取材した作品に言及する。第三に、二〇一八年から審査にかかわることになった市民・学生・自治体部門と高校生・中学生部門について触れる。そのうえで、地域の文化資源として、映像を蓄積／アーカイブする意味について書いてみたい。

「時代のカナリア」を探して

審査に加わった一九九九年、届けられた作品は戦争の不条理、環境汚染、差別や病に鋭く迫る作品が多かった。優秀賞『ゴミの島からの民主主義』（山陽放送）は、産業廃棄物の不法投棄に苦しむ香川県・豊島の住民による闘いを長期で記録した。元の島を返せと訴える住民の声は、まさに「危ない」と鳴く炭鉱のカナリアに重なる。それを無視する政治の貧困、経済優先のつけが噴出した時代の傑作である。

続いて、二〇〇〇年の優秀賞『記者たちの水俣病』（熊本放送）も強く心に残った。水俣病が和解に至るまで四〇年を要した背景に迫る。なぜ長期化したのか、公害認定されるまで問題視しなかった報道に責任はないのか。マスメディアの責任と、水俣病取材に生涯をかけた記者の姿を交差させながら報道とはなにかを問いかける。自らの問題として引き受ける覚悟が伝わり、ジャーナリスト精神にあふれた作品であった。

二〇〇三年のグランプリは、『原爆の絵～市民が残すヒロシマの記録』（NHK広島放送局）に贈られた。広島放送局は被爆直後の被害の実態を後世に残す試みとして、市民から原爆の絵を募集する。寄せられた一〇〇〇枚あまりの絵は、いまも生き続ける苦しみや悲しみの記憶を物語り、心の真実を浮き彫りにする。ドキュメンタリーの地平を広げる試みで、記録が少ないものをどう伝えるかについて新たな可能性を示した。

二〇〇四年のグランプリは、『わしも〝死の海〟におった～証言・被災漁船50年目の真実』（南海放送）である。五〇年前の水爆実験、いわゆるビキニ事件で被災した漁船はおよそ一千隻にもおよぶ。半世紀ののち第五福竜丸以外は忘れ去られようとしていた事件を、被災船の元乗組員たちの証言を集め今日に問う。いまも証言者の苦渋の表情が浮かぶほど作品の衝撃は強かった。本来の報道スクープとはこのような仕事ではないかと思う。権力が残す歴史は往々にして周縁の人々を伝えない。事実は取り上げられなければ存在しないものとなる。ドキュメンタリーは、表層にスコップを

『わしも“死の海”におった』（南海放送、2004年）の一場面

入れて深層をすくい取り、光をあてる作業といえる。忘れ去られることがないよう、時代のカナリアがここでも鳴いた。

二〇〇五年に優秀賞を受けた二つの作品も忘れがたい。『ある出所者の軌跡～浅草レッサーパンダ事件の深層』（北海道文化放送）と『山が死んだ』（山陽放送）である。『ある出所者の軌跡』は、東京で起きた大学生刺殺事件がテーマだ。犯行時にレッサーパンダの帽子をかぶっていた犯人は、軽度の知的障害を持っていた。取材をすすめると刑務所では軽度の知的障害者が少なからず服役している事実がわかる。知的障害を持つ犯罪者がどのように裁かれ、服役し、さらに出所後は何に直面するのか、その現実が浮かび上がる。事件に潜むものに目を凝らす優れた調査報道である。

『山が死んだ』は、経済発展を追い求めて、この国が置き去りにしてきたものを問う。荒れ果てた山を再生させようと林業に奮闘する男性を描くが、山は衰退するばかりである。抑制された映像は林業への希望が断たれていく過程を静かにとらえ圧倒的な力があった。現在、世界的な木材不足に陥っているという。放送から一五年が過ぎ、ドキュメンタリー『山が死んだ』は、捨て去ったものの真実について今も静かに語り続けている。

二〇〇六年の優秀賞、『消える産声～産科病棟で何が起きているのか～』（中京テレビ放送）は、産科病棟の閉鎖が加速している問題に迫り警鐘を鳴らした作品である。激減する産科病棟の原因は訴訟の多さや激務ばかりでなく、国の方針で地域病院に医師を派遣するシステムが国の方針により崩壊していることを鋭く指摘する。この作品の特徴は、深刻なテーマを扱いながら全体に温かい眼差しがあり、告発と共感が破綻なく表現された稀有な作品として心に刻まれた。警鐘はいまや深刻度を増している。女性が安心して子どもを産める状況は危ういまま、ずいぶん前から信号を発してきたのだ。政府は少子化に有効な手を打てないまま、近年は「女性が輝く社会づくり」などと言い出し現実との落差に言葉を失う。『山が死んだ』や『消える産声』は、消えつつ死につつあるものの渾身の警告である。

共感の眼差し、蓄積される映像

二〇〇〇年の審査で出会った作品のなかで、自治体・ＣＡＴＶ局部門でとくに忘れ難い作品がある。『サタデー北九州～共に学ぶ喜び　青春学校～』（北九州市広報室・ＲＫＢ毎日放送）で、優秀賞が贈られた。戦中・戦後の混乱で学ぶことができなかったオモニたちが、夜間に日本語の読み書き教室に通う姿を記録した一三分の短編である。八〇歳をこえて一字でも多く覚えようと学校に通うオモニを共感の眼差しで見つめ、一三分という時間に人間ドキュメンタリーのすべてを包み込んだ稀有の作品だ。当時、審査員のひとりが「これこそ全作品中のグランプリにふさわしい」と言ったことを今も記憶している。実は、本書で審査について書くよう依頼されたとき、まず思い浮かべたのは、この「青春学校」の魅力であった。審査中に委員たちは授賞作をめぐって意見を交わすが、講評として記録されるのはほんの一部である。どこかでこの作品の気高さや素晴らしさに言及しておきたいとの思いが叶った。

共感のドキュメンタリーとして心に刻まれた優秀賞作品に、二〇〇六年の『イナサ～風と向き合う集落の四季～』（NHK仙台放送局）がある。あたたかい観察眼と対象への敬意があふれ、視る者はあたかも集落の住民になったような感覚に包み込まれる。大漁と豊作をもたらす風「イナサ」とともに暮らす仙台・荒浜地域の人々の日常の記録である。この作品が制作された後、東日本大震災によって地域は大きな被害を受ける。予想もしなかった災禍のあとも取材は続けられ、その後も『イナサ～風寄せる大地　16年の記録～』などにまとめられ、失われたものと変わらないものが描かれた。集落を定点で記録する始点となった作品で、蓄積され厚みを増した映像が地域と人々のもとに還ることを如実に物語る。

『やねだん～人口300人、ボーナスの出る集落～』（南日本放送）は、二〇〇八年の優秀賞受賞作である。温かな血の通った人間賛歌であり、一二年にわたる取材が共感を生み出し深く心に届いた。過疎高齢化の集落であった鹿児島県鹿屋市の集落、愛称「やねだん」は行政に頼らない地域再生を目指し、住民参加で自主財源を増やし福祉を充実させ、ついには全世帯にボーナスを支給するにいたる。集落発のアイデアにユーモアが散りばめられた記録は、全国で過疎高齢化がすすむ今日に多くのヒントを提供している。共感を呼ぶのは、制作者が人々と共に走る、いわば伴走者の目線をもつためだろう。長期取材が功を奏し人々の表情が柔らかく美しい。

審査で出会った作品について書いてきた。あわせて審査する行為について少し触れたい。全国から選りすぐりの作品を視聴するのは充実した時間であるが、同時に選択を迫られる苦しい作業でもある。

誰もが自身の評価軸や価値観で判断するのだから、当然のように評価は分かれ平行線をたどることもある。この作品こそと思っても力が及ばず授賞に至らなかった作品は、なぜ残せなかったのかとあとで悔やむこともある。また、自分の未熟さや至らなさが原因で、大事な作品を見逃してしまったかもしれないと振り返ることもある。両手からこぼれたものの愛おしさはずっと心に残り続けるものらしい。

そのような作品は数多いが、一つだけ書き残したい。二〇〇五年の応募作でＮＨＫ徳島放送局制作のふるさと発ドキュメント『福を届け　福を待つ〜徳島・伝統の三番叟まわし〜』だ。消えつつあった徳島県の民衆芸能「三番叟まわし」を伝承する女性の日々を静謐に見つめた。民家を訪れ無病息災を祈り、福を授ける門付け芸から、困難な今日を生きるための水平的で豊かな知恵が見いだせる気がした。思えば、日本中から「地方の時代」映像祭に届く数多くの作品は、私たちの幸福を祈る訪問者なのかもしれない。映像祭を通して、文化資源としての映像に社会の理解が深まり、未来に向けた蓄積、すなわち映像アーカイブの充実につながることを期待している。

「市民・学生・自治体部門」の審査から見えるもの

二〇〇九年以降は審査から離れ、ある意味で選ぶ苦しさから解放された。関西大学で行われる毎年の贈賞式は、市民として心から楽しむことができた。アカデミアに拠点をおいた市村元プロデューサーによる映像祭は、対象とする人や地域を大きく広げ、共有財産としての映像の価値を高く掲げるものであった。作品上映やシンポジウムにとどまらず、多様なワークショップが準備され、いつも大勢の学生参加者がいて未来を感じさせた。毎年の市民フォーラムでは映像をめぐる市民との開かれた対話が生まれた。まさに市民との水平的な往還を具現化した活動で、映像祭が運動体の性格をもつことが強く意識できた。

二〇一八年、一〇年ぶりに審査にもどった。市民・学生・自治体部門の審査を放送の部門から分けて行うことになったためだ。自由に楽しみながら参加してきたので、依頼がきたとき、すぐに返事ができなかった。しかし、映像祭の裾野を広げ開かれた映像祭を創ってきた市村プロデューサーのヴィジョンは自分なりに理解できた。放送局やケーブルテレビの制作者にとどまらず、新たな地域主義は、より広範囲に、多くの自治体や市民、学生の参加を招聘する。映像表現はすべての人々に開かれているとの次世代ヴィジョンが伝わってきた。

緊張と躊躇が混じりあう感情をかかえ取り組んだ審査であったが、それは新鮮な驚きに変わった。市民・学生・自治体部門では、表現したいと願うのびやかな感性があふれていた。放送局やケーブルテレビ部門は、放送を仕事とするプロフェッショナルによって制作され、公の放送を前提とし、不特定多数の視聴を対象としている。これに対し市民や学生が紡ぎ出す作品群は、これらの前提がなくのびのびとした躍動感がある。等身大の取材からにじみ出る表現や迷い、思わぬ展開や構成、それはプロフェッショナルな方法とは異なるが、思いが形をなしていく喜びが見える。大切な誰かに伝えたい、そう願うところから表現は始まるのかもしれない。

今日、インターネット上に映像はあふれている。多様な表現が生まれ発信される一方で、映像の力を無自覚に使い、責任なき映像氾濫社会に向かう危うさも抱えている。それゆえに、自治体や市民、大学生や高校生・中学生に制作と交流を呼びかける部門はいっそう重要になる。表現は、制作する者の自覚と責任のうえで成り立ち、影響も含めて受けとめる姿勢が求められる。届ける人々を想像する力が映像社会の成熟を促してゆく。その意味で、市民・学生・自治体・高校生部門は、「地方の時代」映像祭の原点のように思われる。

市民・学生・自治体部門の審査に二回参加して、取りあげたい作品は数多くあるが、ここでは高校生と大学生の作品について述べたい。取り上げるテーマは、ＬＧＢＴ、貧困、病気、教育、災害、戦争、家族、地域愛など多様で、身近なことから問いを立て問題意識を深めていく姿勢が伝わる。

『しゃべり捲くれ』（北海道旭川工業高等学校、2018 年）タイトル画面

二〇一八年の優秀賞で、『しゃべり捲くれ～時代を超える詩人～』（北海道旭川工業高等学校）は、高校生のまっすぐな視点が届いた。一九四〇年に三九歳で亡くなった郷土の詩人、小熊秀雄をとりあげている。日本が戦争へと向かう暗い世相のなかで押し黙ることなく〝しゃべりまくれ〟とうたう詩人の魂に、今を生きる高校生が共鳴したのだ。地域の人々によって文学賞や朗読劇が続けられ、その志を高校生が受け継ぎ映像化する姿は、まさに時代を超えた精神をとらえて心打たれた。

同年に奨励賞を贈られた『ひろばを追え！～歴史から消えたゾウ』（関西大学社会学部黒田勇ゼミ）は、地域との交流で生まれた映像だ。一九七〇年大阪万博の際、タイから複数のゾウがおくられ開催地の吹田市を行進した。そのとき日本で生まれたゾウは「ひろば」と象徴的な名が付けら

『ベトナム戦争の記憶』（中央大学総合政策学部　肥沼直寛、2020 年）の一場面

れ人気があったという。万博を経験した地元住民が「ひろば」の行方が気になるとブログに書きこみ、それを見て制作が始まったという。吹田市で学ぶ大学生たちは、かつて万博を盛り上げた赤ちゃんゾウのその後を追い、タイまで足を延ばし調べる。「ひろば」のその後がわかり、ほぼ半世紀を経て地元に物語が還ってきた。住民を呼んでの上映会が開かれ好評だったと聞く。大学生と地域との交流が生まれ、映像は文化資源として地域に還る。循環型の映像祭を象徴する好例である。

コロナ禍が社会を覆った二〇二〇年、制約や困難を乗り越え、工夫しながら制作する姿勢に感動した。同年の優秀賞、『ベトナム戦争の記憶―元LST乗組員の葛藤―』（中央大学総合政策学部 肥沼直寛）は、ベトナム戦争当時、日本から出港する米軍の揚陸艦で働いた乗組員の証言で構成した力作である。輸送物資のなかには弾薬や枯葉剤も含まれていたという。話を聞くため元乗組員のもとに何度も通ったという大学生の発掘力と取材力に驚いた。丁寧な調査がなければ生まれない優れた作品である。

消費から蓄積へ、映像の贈り物としてのアーカイブ

そもそも映像は誰のものだろうか。取材し撮影した者や組織のものだろうか。これは著作権や帰属の言及ではなく感情についての問いだ。「被写対象」となる人々にとって自分の映像は自分か

ら引きはがされたようなものだろうか。引きはがされた感覚があるなら還る感覚もあるのだろうか。このような問いと仮説を立ててみるのは、被写体から自分に還る映像の意味を考えてみたいためだ。映像を取り戻すことは、取材者と被取材者の水平的往還となる可能性を示唆していないだろうか。懐かしい人々や場所の記録が再び地域に還る。そのとき、映像は単なる記録や歴史ではなく、息遣いを伴う記憶として地域に還るだろう。

現在、地域の記録を地域に還す試みは、アーカイブという蓄積の思想に支えられて盛んになりつつある。その核心は、引きはがされたアイデンティティをとり戻すだけでなく、メディアが映すものを自分たちの視点で再び対象化することではないだろうか。アーカイブの映像は、人々や地域を照らすあたたかい火として再び利用できる可能性を含んでいる。

共有財産としての映像という思想は、「大量生産、大量消費、大量廃棄」のサイクルにのみ込まれる映像産業へ、別の道を示唆している。循環型社会が模索されている今日、映像祭が寄与できることは多い。

映像は贈り物に近いかもしれない。誰かが紡いだものが手渡されると、それは売り買いの経済で説明できない。贈り物は直接の見返りは求めておらず、相手に満足や幸福をもたらす。手渡された映像の贈り物は、また誰かに手渡されてゆく。現在のコロナ禍は持続可能な社会への転換を問いかけている。困難な時代に私たちはどこに向かうのか。「地方の時代」映像祭は、不確定な時代の羅針盤であってほしい。表現者が次の時代に帆を上げるために、これからも長く継続されることを願ってやまない。

ドキュメンタリーのために集まる、観る、話す

森　達也（映画監督・作家）

最初に告白しなくてはならないが、僕は記録が下手だ。この場合に下手という言いかたが適正かどうかは微妙だが、要するに記録する習慣があまりない。日記はつけない。メモもほとんどとらない。決して開き直っているわけではないが、生来の性格が刹那的なのだと思う。

ただし、記憶する力はそこそこだと自分では思う。もちろんすべてを記憶できるなら、日記やメモなどは必要ない。記憶のポイントはアトランダムだ。脈絡もない。だから記憶の断面が自分の過去においてどのタイミングにあるのか、それがよくわからない。

……ここまで長い言い訳を書いている理由は、「地方の時代」映像祭の審査員を自分がいつから拝命したのか、その正確な年度がわからないのだ。つまり記録がない。でも記憶はある。映画祭のプロデューサーだった村木良彦から、会って話したいことがあるとの連絡をもらったのだ。二〇〇二年か二〇〇三年くらいだと思う。

テレビ・ドキュメンタリーの世界において、テレビマンユニオンの創立メンバーであり、「お前は

ただの現在にすぎない」の執筆者の一人であり、『あなたは…』『わたしのトゥィギー』など多くの伝説的なドキュメンタリーを発表した村木は、二回りほど世代が下の僕たち作り手にとって、まさしく雲上人に等しい存在だ。

テレビディレクターとしての現役時代、最初に勤務したテレコムジャパン（現テレコムスタッフ）を三年で辞めて、それ以降制作会社を転々としていた僕は、いわゆる賞にもまったく縁はない。一応のフィールドはドキュメンタリーだが、声をかけられれば報道番組もやったし、バラエティ形式のクイズ番組や早朝の子供向け番組のディレクターを続けた時期もある。

いわば中途半端なディレクターだった。もちろんこの時期に、村木と出会ったことなど一度もない。

そんな状況が大きく変わったのは、一九九五年に地下鉄サリン事件を起こしたオウム真理教の取材を始めてからだ。当初はフジテレビの深夜ドキュメンタリー枠「NONFIX」でオンエアする予定で撮影を始めたが、この時期に所属していた番組制作会社の制作部長との意見の相違をきっかけにして、最終的には放送は白紙となって撮影中止を言い渡された。

納得できないままに一人で撮影を続けたが（ちょうどこの時期、民生用デジタルビデオカメラの歴史において大きなエポックとなったSONYのDCR-VX 1000が発売されたことも大きな追い風となった）、その動きを知った制作会社からは解雇を通告され、相談のためにそれまでの撮影素材を荒く編集して見せた他局のプロデューサーや番組制作会社の知人たちからもこれはテレビでは無理だよと拒絶され、最終的に『A』というタイトルで自主製作映画となった作品だ。

つまり僕と作品はテレビから拒絶された。追われた。でもその過程でいろいろ考えた。悩んだ。気がついた。

結果として僕は、自分自身が作った『A』から大きな影響を受けた。ときおりインタビューなどで「あなたが最も大きな影響を受けた作品は？」などと質問されるとき、本音では「『A』です」と答えたい。自分で作った作品に自分が最も大きな影響を受けたのですか、とあきれられる。でも事実だ。すべてを思うようにコントロールできないからこそ、ドキュメンタリーはそうした力を持つ。

ただし僕自身は『A』によって大きなターニングポイントを迎えたけれど、テレビ業界全般では（当然だが）まったく評価されなかった。ベルリンなどいくつかの国際映画祭に招待されたけれど、ほとんど報道もされない。東京や大阪など都市部のミニシアターで公開されたけれど、そもそも観た人の数はとても少ない。一万人余りだと思う。この時期に初めて会ったディレクターから、こっちは何百万人を相手にしているんだ（自主製作映画と一緒にしないでくれ）、と言われたことがある。

いずれにしても生活しなくてはならない。『A』公開後に僕はテレビに戻り、『放送禁止歌』、『職業欄はエスパー』などを発表する。このころの活動はほぼ深夜のドキュメンタリー枠だ。おまえはもうゴールデンタイムでは仕事ができない、と言われたこともある。二〇〇一年に『A2』を発表するが、僕の環境は大きくは変わらなかった。少しだけふてくされかけていた。このころには活字の仕事も増えていたから、もう映像の仕事は終わりにしようかと思い始めていた時期でもある。

そんなときに村木から連絡がきた。どこで会ったかはもう覚えていない。でも「審査員を引き受けてくれませんか」と言ったときの村木の表情は覚えている。ニコニコと微笑している。でも目は笑っていない。テレビ業界においては何の実績もない僕はかなり恐縮した。いや焦った。何か勘違いされているのでは、と本気で思った。

もう映像はやめようかと内心では悩んでいた時期ではあるけれど、まだ現役だという気持ちも同時にある。それが偉そうに審査などしてよいのだろうか。二重三重の後ろめたさだ。

そんなことを言う僕に村木は、何の面識もない僕に審査員を依頼した理由を説明した。それを一言にすれば、『A』と『A2』を撮ったあなただから審査をしてほしい、ということだった。

一度でも会った人ならば、誰もが村木を温和で優しい、と形容するはずだ。でも実際の村木は、その作品群と経歴が示すようにかなりラジカルだ。おそらくは『A』と『A2』の何かが、村木の琴線に触れたのだとは思う。でもそれまで面識がない（つまり人柄もわからない）人物に、自分がプロデュースする映像祭の審査員を依頼する行為は、大胆とかラジカルのレベルではない。明らかに乱暴すぎる。そんな疑問をできるだけ穏便な言葉で呈したら、やっぱりにこにこと微笑みながら、「作品を観れば、人柄もだいたいわかります」と村木は静かに言った。

それからもう二〇年近くが過ぎる。僕が審査員に加わった当時は、いつもスタイリッシュな吉田喜重監督が審査委員長だった。吉岡忍や大石芳野など諸先輩がいた。村木は二〇〇八年に亡くなり、その後はＴＢＳ出身で『ＮＥＷＳ23』や『報道特集』のプロデューサーだった市村元が映像祭プロデューサーに就任した。審査員の顔ぶれもずいぶん替わった。僕が拝命したころにいた人は、もう一人も残っていない。つまり村木にいきなり打診されておどおどしながら引き受けた僕は、いつのまにか審査員の中では最古参になってしまった。ただし『Fake』を撮る前後は、市村に頼んで数年だけ抜けた。理由はやっぱり、現役で制作する感覚と誰かの作品を審査するという感覚がどうしても折り合えなかったからだ。

でも審査員に復帰した二〇一九年は、『I～新聞記者ドキュメント』の撮影の渦中だった。それなのになぜ復帰できたのだろう。そろそろ戻ってほしいと市村から言われて引き受けたときは、まだ新作を撮るかどうか決めていなかった。その後に撮影が始まったけれど、さすがにいったんは依頼を受けたのに、こちらの都合だけで断ることはできないと思ったような気がする。こう見えてけっこう義理堅いのだ。

とにかく復帰した。やはりドキュメンタリーは面白い。理由はこれにつきる。

ギャラクシーや民放連賞などテレビ作品のコンペティションは数多くあるが、地方の時代の特徴は、テレビ番組（放送局部門）だけに限定せず、「ケーブルテレビ部門」「市民・学生・自治体部門」「高校生（中学生）部門」の四カテゴリーがあることだ。グランプリはこのカテゴリーすべてから選ばれる。つまり高校生の作品がグランプリをとることもありえる。吉岡忍や石井彰などと一緒に審査をしていたころは、「高校生の作品がグランプリをとったら、テレビに対して大きな刺激になるよね」などとよく話していた。いわば虎視眈々とその機会を狙っていたのだけど、でもやっぱりプロとアマの差は大きい。今のところグランプリはすべて（少なくとも僕が審査員を引き受けてから）、放送局部門から選ばれている。

ちなみに二〇二〇年度のグランプリは、NHK大阪拠点放送局が制作したETV特集『おいでや！おやこ食堂へ』に決まった。僕も一押しの作品だ。ディレクターは西澤道子。映像作品の概要や価値を、観ていない人に伝えることは難しい。というか不可能だ。だから感覚的で断片的な言葉を使うしかないけれど、大傑作だ。そして傑作になった理由は被写体を選択する姿勢にある。

優秀賞は『おいでや！おやこ食堂へ』に加えて、『ヤジと民主主義～小さな自由が排除された先に』（北海道放送）、BS1スペシャル『ラストトーキョー〝はぐれ者〟たちの新宿・歌舞伎町』（NHK）、民教協スペシャル『サンマデモクラシー』（沖縄テレビ放送）の四本だ。

選奨は『どーんと鹿児島・ど・ローカル閃隊タネガシマン』（南日本放送）、『ETV特集〝ひとりぼっち〟で死なせない』（NHK水戸放送局）、『ザ・ドキュメント　ともぐらし～風薫るホームホスピス　なごみの家～』（関西テレビ放送）、『ザ・ドキュメント　裁かれる正義　検証・揺さぶられっ子症候群』（関西テレビ放送）、『よりそい～静寂と生きる難聴医師』（CBCテレビ）。

こうして書きながら、一つひとつの作品を思い浮かべる。やっぱり傑作ばかりだ。毎回のことだけど審査は大変だ。絞り切れないのだ。グランプリは一本と言わず五本くらいは認めてほしいと毎回思う。ならばケーブルテレビ部門の優秀賞『SALA DE ARTE～多国籍団地　アートでつながれ～』（ひまわりネットワーク）、『子どもの声が聞こえる～伊座利の三六五日～』（ケーブルテレビ徳島）『「アップル」は届かず　日本最後の空襲はなぜ決行されたか？』（秋田ケーブルテレビ）や、市民・学生・自治体部門の『ベトナム戦争の記憶——元LST乗組員の葛藤』（中央大学総合政策学部肥沼直寛）なども選ばれていたかもしれない。

……こうして作品タイトルを書き連ねながら、記録ではなく記憶を探りながら、僕はやはり、テレビが好きなのだとあらためて実感する。だって自分が育った場所だ。あきれたり怒ったり裏切られたり失望したり、排除されたり関係を断たれそうになったり黙殺されたりなど（ある意味で）翻弄され続けて二度とテレビの仕事などやるものかと思った時期もあったけれど、テレビからは多くを学んだ。気がついた。発見した。

　正直に書けば、自分が審査員として適格であるとの自信は、今もまったくない。だってまだ現役だ。客観的に観察したり分析したりする力がまだ乏しいと思う。すぐに自分を置き換えてしまう。初めて村木に会ったとき、そんなことを言う僕に、それでいいんですよ、と村木は言った。そのためにあなたにお願いするのだから。

　とくに最近は思う。ドキュメンタリーとは人柄そのものだ。短気な作品がある。穏やかな作品がある。過激な作品もある。人懐っこい作品もある。

　つまり個性。優劣などない。順位をつけることなどできない。だから違う観点から作品の欠点を探す。いってみればあら捜しだ。そうでもしなければ評価などできない。

　ならばなぜコンペティション形式にするのか。大義をしつらえるためだ。僕はそう思っている。大切なことはドキュメンタリーの作り手たちが一堂に会すること。テレビ業界だけではなく一般の人や高校生も含めて、集まって互いの作品を観たり魅せたりして意見を言い合うこと。愚痴を言ったり泣き言を聞いてもらったり、とにかく話すこと。そして気づくこと。ドキュメンタリーとはこれほどに豊かなのだと。

第二部

「地方の時代」映像祭の四〇年

第二部では、「地方の時代」映像祭を支える理念と原動力はどのように変遷し、変化してきたのかを問い直す。まず第五章では、「地方の時代」というキーワードから、映像祭の始まりと、開催地であった川崎市や当時の日本の状況を振り返り、論じた上で、大阪開催に至るまでの経緯も紹介する。第六章では、高校生や大学生の作品の発表の場ともなっている映像祭の役割とともに、教育の立場から映像制作の価値を事例を交えながら紹介する。第七章では映像祭の未来に向けて、その現代的意味や役割を記述する。

第五章　「地方の時代」をキーワードに

曲がった竹をなおすには反対方向にうんと曲げる

――「地方の時代」の提唱から映像祭へ

市村　元

一九七五年四月、横浜国大教授から神奈川県知事に転身した長洲一二氏は就任挨拶でこう述べた。

「政治と経済の流れを、人間尊重、福祉優先の軌道に切りかえることは、今日、わが国、国民全体の合意となっています。……私は県民の皆さん、県職員の皆さんとしっかりと手を結び合い、人間優先、県民自治の県政を目指してこの歴史的課題に取り組んでいく決意であります」

以来、毎月一回、庁内放送で「月例談話」を行うのが新知事の慣例となった。その二年後の一九七七年四月、「地方の時代」というキーワードが、長洲知事の口からはじめて語られた。「地方自治法三〇周年と「地方の時代」」と題した月例談話である。

（世界の各地で）地域尊重、地方分権への動きが先進工業社会における新しい政治的・文化的潮流となっていることが注目されます。……人間優先、福祉尊重という大原則から地域社会や自治の尊重が導き出されざるを得ない。「福祉の時代」「人間の時代」は、まさに「地方の時代」でなければならないのであります。

（長洲一二『燈燈無尽――「地方の時代」をきりひらく』ぎょうせい、一九七九年）

この年の暮、長洲知事を中心に美濃部亮吉知事の東京都、畑和知事の埼玉県、飛鳥田一雄市長の横浜市、伊藤三郎市長の川崎市の五つの革新自治体によって「首都圏地方自治研究会」が発足した。そして、この研究会の主催で開催されたのが、翌一九七八年七月一四、一五日のシンポジウム「「地方の時代」を求めて」である。そして、このシンポジウムの基調講演で長洲氏が語った「地方の時代」の基本理念は、以下のようなものであった。

……これまでの日本社会の近代化は「国民国家」「市場経済」「科学技術」という三つの原理に支えられてきた。しかし、「国民国家」の名のもとに地方・地域の個性と多様性を押しつぶし、「市場経済」優先の開発が進められた結果、公害や環境破壊、格差や貧困といった社会の〝歪み〟が見過ごせないまでに進んでしまった。今や「巨大科学技術」による物質文明の進歩ではなく〝地域の個性や暮らしに根ざした自律的発展の原理を見出だす〟ことが求められている。それが「地方の時代」なのだ。

長洲氏はこう続けた。

「明治以来百年、とりわけ戦後三〇年のわが国の近代化を振り返ってみると、それはあたかも近代化と国民国家という名のブルドーザーで、地方や地域の個性や文化を強引に押しつぶし、全国を画一化して、まことにつまらない国にしてきた過程だった」

「私たちは歴史的に形成されてきた地域生活、伝統文化にもう一度新しい光をあて、新しい命を吹き込んで復権させなければならないでしょう」

「わが国は、国家万能、東京中心の中央集権制に偏りすぎ、そのメリットよりデメリット、その弊害が今や顕著です。曲がった竹を真直ぐにするには、反対方向に一度はうんと曲げなければならない。その意味でも私たちは「地方の時代」をあえて強調したいのです」

（『世界』一九七八年一〇月号、岩波書店）

「地方の時代」というキーワードが、社会に与えたインパクトは極めて大きかった。シンポジウムをきっかけに「地方の時代」は一挙に時代を代表する言葉として人口に膾炙することとなった。当時は、すでに革新自治体運動が退潮期を迎え、「大山鳴動して長洲鯨一頭」と揶揄される空気が流れていたのだが、それにもかかわらず「地方の時代」は時代の流行語として確実に市民権を得ることになったのである。

「地方の時代」を「映像祭」に

こうした時代の動向を注視していた人物がいる。のちに「地方の時代」映像祭の初代プロデューサーとなる柳治郎氏である。一九二五年、東京生まれ、教師を志して東京高等師範学校に進んだ一九歳の時、学徒動員で戦争末期の中国戦線に出征した。親しかった戦友の死など過酷な経験を経て、戦後間もなく復員。その後、就職したのは岐阜県の三井金属神岡鉱業所、後にイタイイタイ病の発生源として知られることになる鉱山である。同社の組合で活動していた柳氏だが、やがて一人の人物との出会いで新たな世界に飛び込むことになる。富山県の北日本新聞社の二代目社長だった横山四郎右衛門氏。横山氏は組合機関誌の印刷の相談で訪れた柳氏にこう持ちかけた。「近いうちに富山市に民間ラジオ局を作る。そこで働いてみないか」。

それが放送業界との最初の縁だった。北日本放送が開局した一九五二年から二年間、柳氏は同社編成部等の現場に身を置いた。続いて一九五四年、東京にニッポン放送が開局したのを機に、同社に入社。業務局業務部を振り出しに営業から制作までさまざまな現場を経験する。以来二四年間のラジオ局生活で番組作りの魅力を知る一方、テレビを含めた放送界に幅広く人脈を広げていた。そんな時に参加したのが、前述のシンポジウム「「地方の時代」を求めて」である。そこで聞いた長洲氏の講演に柳氏は大きく心を動かされた。柳氏はこう書いている。

長洲一二知事が提唱した「地方の時代を求めて」……それは私にとって、啓示とも言うべき文明論だった。

「地方の時代」をテーマにしたらどんな映像コンクールができるだろうか……映像祭の構想が閃いた。（柳治郎「地方の時代映像祭一〇年」『放送批評』一九九〇年四月号）

シンポジウムの一か月半後、柳氏は、辞表を出してニッポン放送を退社し、株式会社「民間放送プロモーション機構」を立ち上げた。そして、映像祭の実現を目指して精力的な活動を開始する。柳氏夫人の文子さん（八三歳）は「夫は「地方の時代」映像祭をやるために会社を辞めた」と語っている。

一九七九年から八〇年にかけて、柳氏は神奈川県の県民部文化室、川崎市の市民局市民文化部を頻繁に訪れ、映像祭実現に向けて精力的に働きかけを行っている。その作業にあたって、柳氏が頼ったのは、ＮＨＫの名物ディレクターとして知られる吉田直哉氏（ＮＨＫスペシャル番組班チーフディレクター）と、ＴＢＳの編成担当取締役（のちに副社長）の絹村和夫氏であった。吉田氏は「地方の時代」映像祭の構想を聞いて「それができたら地方は燃える」と言い、絹村氏も「これで地方局は奮い立つ。絶好のテーマだ。とにかくやろう」と柳氏を励ました。

八〇年春、柳氏は吉田氏、絹村氏とともに横浜のレストランで長洲一二知事と会い、「地方の時代」映像祭の構想について協力を求めた。長洲氏は最初「「地方の時代」が映像コンクールのテーマになるなんて、そんなことができるんですか」と驚いた様子だったという。しかし、自らが提唱する「地方の時代」にＮＨＫや全国の民間放送局が同調し、映像作品で問題提起を行ってくれるとすれば、それほど力強いことはない。否も応もなかった。

このようにして長洲知事の全面支持を得て、「地方の時代」映像祭構想は本格的に動き出した。川崎市の伊藤三郎市長も長洲知事とともに映像祭実現の牽引役になることを引き受けてくれた。そこで柳氏は、長洲知事、伊藤市長連名の文書として「「地方の時代」映像祭趣意書」を起草する。

趣意書には、こんな呼びかけが記されている。

「地方の時代」の提唱から二年、いまだにそれは実現していないが、各方面で貴重な模索が続けられている。放送界においても地域の多様性や個性を共有する動きが進んでいる。地方自治体と放送界が共同して新しい時代を切り拓くために「地方の時代」映像祭の企画にぜひご協力を賜りたい。（神奈川県公文書館資料）

この趣意書を携えて、柳氏は各方面の協力取り付けに全国を駆け回った。中でも最も重要なのは、ＮＨＫの全面協力を確定させることだった。一九八〇年八月一五日、柳氏は、神奈川県の湯沢信治副知事、川崎市の工藤庄八助役らとともにＮＨＫ放送センターに川口幹夫理事・放送総局副総局長（のちにＮＨＫ会長）を訪ねた。川口氏の横には吉田直哉氏の姿があった。柳氏は、第一回「地方の時代」映像祭の企画と次年度以降の「映像コンクール」構想を熱を込めて説明した。

この時の川口氏の答えは極めて印象的なものである。「世界にはすでに一〇〇を超える映像祭があるが、このようなテーマ〈地方の時代〉を掲げる映像祭はほかにはない」「そのような映像祭であればＮＨＫは全面的に協力する。そのための実行委員会にも真っ先に参加する」。さらに川口氏はこう付け加えた。「ＮＨＫとしても、いつの日かこのコンクールで受賞した作品を全国ネットで放送したい。たとえそれが民放の作品だったとしても…」（柳治郎「振り返って～「地方の時代」映像祭の理念」後藤和彦編『「地方の時代」映像祭』日本評論社、一九八一年）。

その時の川口氏の言葉は今、現実のものとなっている。毎年、「地方の時代」映像祭のグランプリ受賞作品はＮＨＫ・ＢＳプレミアムの「ザ・ベストテレビ」で全国放送される。またＥテレの「ＴＶシンポジウム」でも毎年の「地方の時代」映像祭シンポジウムの様子が一時間番組として全国放送されている。

映像祭が自治の基盤を強化する

一九八〇年一一月二七日、川崎市の川崎市民プラザ大ホールに、全国から自治体関係者、放送関係者、一般市民など約四五〇〇人が集合した。第一回の「地方の時代」映像祭である。大慌ての準備ではあったが何とか無事に開催された。主催は神奈川県と川崎市、ＮＨＫと全国の民放九四社が後援に名を連ねた。実行委員会を代表してあいさつした伊藤三郎川崎市長は、「地方の時代」を推し進めるために、「テレビの映像を通して、地方とは何かを自らに問い、映像を交流することで自治の基盤を強化できるのではないか」と地域のテレビ局と地域住民が共通の理念と目的をもって運動を続けていくことへの期待を述べた。

続いて長洲知事が問題提起者の一番手に登場し、「知事である私も、小なりとは言え権力者のひとりであり、七百万県民の代表者として、お金も権限も握っている。これに対しマスメディアはそうした権力者に対し常に批判者の立場に立つ。このような緊張関係が絶えずなければならない」と述べた上で、「それでもなおかつ自由な市民社会の発展のために、行政・地方自治体と放送界が共同で挑戦すべき課題もあるのではないか」と相互協力を呼びかけた。

「地方の時代」映像祭であいさつをする長洲一二氏

大会は三日間にわたり、色川大吉氏（歴史家・東京経済大学教授）ら識者の問題提起と各地から参加した制作者たちによる現場報告が続いた。その間、大ホールを囲む、屋内広場やギャラリー、会議室には各電気メーカー等から借り受けた映像視聴端末が設置され、モニターには会期を通して、全国の民放局、NHK地方放送局、地方自治体等から出品された一〇五の作品が繰り返し〝映像展示〟された。
華々しいスタートだった。「地方が燃える」は現実のものとなった。各メディアは「放送文化の新時代」として映像祭の成功を伝えた。しかし、プロデューサーの柳氏らはこのスタートを一つの通過点として捉えていた。というのは、彼らが目指したのは「全国規模の映像コンクール」の実現だったからだ。「地方の時代」映像祭の進行と並行して、会場の一室では次年度から開始する「映像コンクール」に向けて、審査基準小委員会が開催された。神奈川県公文書館の記録には、小委員会の委員として牛山純一氏（映像記録センター代表）、松山善三氏（映画監督）らの名が記されている。

〝映像コンクール〟実現に向けた柳氏らの準備作業は大会終了後も精力的に続けられた。ＮＨＫの箕浦弘二氏（「日本賞」事務局長）と野崎茂氏（日本民間放送連盟研究所長）が検討に加わった。第一回映像祭の終了直後から毎月開催された検討会では、ＮＨＫが主催する教育・教養番組の国際コンクールである「日本賞」を参考に、映像コンクールの実施規約や作品審査のあり方が検討された。

興味深い資料が神奈川県公文書館に残されている。八一年三月一八日の打ち合わせ記録である。検討のテーマは審査基準小委員会からすでにアイデアが示されていた五つの〝テーマ賞〟についてイメージを固めることだった。誰が記録したかは不明だが、ノートに残された手書きのメモにはそれぞれのテーマ賞についてこう記されている。


〈新しい自治体賞〉

自治体と住民の関わりあいの変化を感じさせる新しい自治体のイメージ。

〈地域づくり賞〉

暮らしやすい地域、生きがいに満ちた地域をつくる努力。コミュニティー再生の原動力。

〈地域交流賞〉

地域間交流によって、問題が捉え直され、互いに活性化する。そうした成果が見られる作品。

〈文化の創造賞〉

地域の独自性に根ざし、その個性的視座を映像化した作品。

〈草の根市民賞〉

無名の一市民として静かに生きつつ、鋭い感性や高い技能で人々を引き付ける人物を描いた作品。


いずれも発足当時の映像祭の性格、つまりコンクールに何が期待されたかがよく表れている。テーマ賞の存在は、この映像祭が〝自治体運動の一環〟であることを旗幟鮮明にしていたとも言えるだろう。

小さき民が歴史を作る

一九八一年の第二回「地方の時代」映像祭、初めて開催された映像コンクールには、NHKから二三、民放局から五七、自治体およびケーブルテレビ局から二九、合わせて一〇九作品が参加した。その中で「地方の時代賞・大賞」に選ばれたのは、青森放送が制作した『下北能舞伝承』であった。

前年の一九八〇年は記録的な冷害が東北各地を襲った。人口一九〇人ほどの東通村大利も米の収量ゼロという甚大な被害を受けた。それでも人々は、村の伝統である能舞を季節ごとに舞い、五穀豊穣と暮らしの安寧を祈ることをやめない。若者たちが作る敬神会を中心に伝統を守り続ける農民

『下北能舞伝承』（青森放送、1981 年）の一場面

たち。一方、村には原子力発電所の建設が予定されている。原子力船〝むつ〟の母港化で揺れる関根浜が隣にある。そして今年も冷たい夏の訪れが伝えられている。津軽訛りでとつとつと語るナレーションが印象的な作品であった。

テーマ賞としては〝草の根市民賞〟に、大阪・生野区に生きる在日韓国・朝鮮の人々を追った『新・アリランのうた〜'80・冬・猪飼野〜』（毎日放送）、〝地域づくり賞〟に、障害者と健常者がともに生きる中学校、夜間中学校を描いた『ともに生きる〜二人の中学生』（関西テレビ）、そして〝新しい自治体賞〟には、原発の建設計画をめぐって町を二分する争いが続いた『ドキュメント　窪川原発の審判』（高知放送）が選ばれた。

初代の審査委員長は、南方熊楠の研究や地域の〝内発的発展〟の提言等で知られる社会学者の鶴見和子氏（上智大学教授）である。鶴見氏は審査委員長になって全国各地から発信される多くの意欲的な映像作品に出会い驚いたという。そして「初めてテレビを買うはめになった」「それほど出品される映像作品には魅力があった」と語っている。（鶴見和子「暮らしの流儀」はる書房、一九八八年）

翌一九八二年、第三回映像祭の大賞には『地底の葬列』（北海道放送）と『わが故郷は消えても』（東海テレビ）の二作品が選ばれた。前者は石炭政策、後者はダム建設という圧倒的な国策に翻弄される地域住民の姿を描いた作品であった。続く八三年の大賞は偏見・差別の消えない国立ハンセン病療養所に初めてカメラが密着した『もうひとつの橋』（山陽放送）である。療養所のある長島と本州側を隔てる幅およそ三〇メートルの海、そこにようやく橋がかけられる。しかし人々をつなぐもう一つの橋はかけられるのか。

そのようなすぐれた作品群があらためて受賞作品として人々に紹介され、その作品への評価が重ねられるうちに、「地方の時代」映像祭は、放送界、制作者、自治体関係者の枠を超えた幅広い社会的認知を確実にしていった。

鶴見和子氏は一九八六年まで審査委員長、その後も一九九八年まで通算一八期にわたって審査員をつとめ、その間、「地方の時代」の基本理念について多くの発言を行っている。一九八七年、第八回映像祭の基調講演「映像に見る地方の時代」ではこう語った。

「この「地方の時代」映像祭の意味は何かというと、小さき民が歴史を作るということを非常にはっきりと打ち出した、その歴史観の展開にあると思います」

「小さき民が歴史を作る」……この発言は、「地方の時代」映像祭の性格を象徴する言葉となった。さらに鶴見氏は「地域を深く掘り下げることは、地球を突き抜けることにつながる」と述べ、一九八一年の堀田善衛氏（小説家・評論家）の講演を振り返っている。堀田氏は「地方という言葉に対比さるべきは中央ではなく〝国家〟だ」とし、「文化の根としての地域・地方が相互に交流するインターローカリズムが必要だ」と述べていた。こうして回を重ねるにつれ映像祭を支える基本理念は深まっていった。

そうした理念の進化は、映像祭を〝自治体運動〟の一部として捉えることから、より幅広い文明論の中で、自治体と放送界がそれぞれに特性を生かすという新たな関係への変化をもたらさざるを得ない。自治体運動の象徴として設けられた五つのテーマ賞について柳氏は、「そうしたテーマで賞を出すことには無理が生じ、いつの間にか消滅してしまった」と書いている（前掲「『地方の時代』映像祭一〇年」『放送批評』一九九〇年四月号）。映像祭は自治体運動という枠組みには収まらない存在へと発展していった。

一方、六〇年代から一〇年余り、大きな流れを作った〝革新自治体〟は、一九七〇年代末期から八〇年代にかけて次々に姿を消していく。日本の高度成長がもたらした都市問題や公害、格差等に異議を唱え、開発優先から福祉優先へという流れを作った革新自治体。その果たした役割は大きかった。人間優先の施策、自治への住民参加や情報公開の制度化は保革を問わず評価され、その後の自治体あるいは国の政策にも大きな影響を与えた。しかし、財政政策への批判や国政レベルの支持基盤の弱さ等からブームは去り、世の中はやがて「保守・中道」路線へと流れを変えていく。

一九七九年、長洲知事は保革相乗りの統一候補として再選。一九九五年まで五期、無党派の立場で神奈川県知事をつとめた。川崎市の伊藤市長も三期目の一九七九年以降は公明党・民社党も加わった幅広い支援を受け、各政党と等距離の姿勢をとった。五期目途中の一九八九年に病に倒れ引退、助役として伊藤市長を支えた高橋清氏が市長となり路線を継承した。「地方の時代」映像祭の川崎開催が終了するのは、二〇〇一年、高橋市政の終了の年である。

たしかに「地方の時代」という文明論は、革新自治体にその根を持つものであった。しかし、「地方の時代」映像祭はそうした運動や党派の枠を大きく超えたものとして成長し、多くの人々に受け入れられる普遍的価値をもって四〇年の歳月を歩んできた。

柳治郎氏は一九九一年富山市で開催された第一二回映像祭を最後にプロデューサーを辞した。後任として一九九二年の第一三回からプロデューサーを務めたのは村木良彦氏である。村木氏はTBSでドラマやドキュメンタリーの制作に携わった後、テレビマンユニオンの設立に参加。TVプロデューサーとして当時すでに名前が知られ、「地方の時代」映像祭にはコンクールの発足と同時に審査員として関わっていた。映像祭の川崎開催が終了した後、一年の休止を経て、二〇〇三年、埼玉県川越市の東京国際大学で映像祭が再スタートしたのも同大学の教授となった村木氏の努力の賜物である。

村木氏は、二〇〇七年、映像祭の大阪開催に力を尽くした後、病の悪化により二〇〇八年一月に鬼籍に入られた。柳氏は「地方の時代」映像祭を離れた後も、世界テレビ映像祭、アジアテレビ映像祭等のプロデューサーとして活躍するが、二〇〇九年一一月逝去された。「地方の時代」映像祭の四〇年を支えた二人の先達に心からの感謝をささげたい。

川崎市が「映像祭」で目指したものを問い直す
——「人間都市」と「地方の時代」

中山洋子（中日新聞・東京新聞川崎支局）

水没した文化拠点

東北を中心に一〇〇人を超える犠牲者を出した二〇一九年一〇月の台風一九号は、川崎市でも深刻な浸水被害を引き起こした。武蔵小杉駅周辺のタワーマンションなどとともに、水没した施設に川崎市市民ミュージアムがある。

「都市と人間」というテーマを掲げて、一九八八年一一月に多摩川沿いの緑地公園に開館した美術館と博物館の複合的文化施設。「ギャンブルの街」「公害の街」のイメージを払拭したいと、必死に文化振興に取り組んだ行政と市民の夢の結晶だった。

一九八〇年に川崎市で始まった「地方の時代」映像祭は、一九八九年の第一〇回からほぼ毎年、多摩川沿いの緑地公園内に設けられたこの市民ミュージアムを会場に開かれ、川崎で最後に開かれた二〇〇一年まで全国から若手制作者たちが集う記録映像の拠点であり続けた。

映像祭が四〇年の節目を迎え、多くの映像人や市民の手で守り伝えられてきた強靱さで輝きを放っているときに、映像祭を手放した川崎市の文化拠点が、再起が危ぶまれるほどの打撃を受けているのは、皮肉な巡り合わせだろう。

市民ミュージアムでは、地下収蔵庫がすべて濁流に呑まれ、戦前の漫画や写真雑誌、映画などのコレクションの九割にあたる約二三万点の収蔵品が水没し、被災から一年以上立っても被害の全容は明らかにされていない。断片的に伝わる状況は深刻で、市は二〇二一年一月の段階で、漫画雑誌など約四万三〇〇〇点は修復が困難で廃棄処分すると発表している。今後も廃棄処分の対象は増えていく見通しだ。

ちなみに、ミュージアムが所蔵していた歴代の映像祭出品作品は、ずさんな管理を知った映像祭事務局が、数年前に可能な限り回収していたと聞く。本来は二三五〇本のＶＨＳテープが収蔵されているはずが、当時ですでに半分の約一二〇〇本しか残っていなかったとか。事務局の先見の明に感嘆するとともに、貴重な市民の財産を水没させる惨状が起こるべくして起こった「人災」との疑念も強まってくる。実際、かわさき市民オンブズマンに、収蔵品管理が不適切だったとして二〇億円の損害賠償を求める損害賠償も起こされている。

市民ミュージアムの水没が私たちに突きつける問いは重い。文化を守るとはどういうことなのか、川崎市に文化の担い手たる資格はあるのか、もっと言えば、地方自治体や市民にとって、守り育てるべき文化とは何なのか。

映像人でもなく、映像文化に造詣もない無粋な新聞記者が、蛮勇をふるって本書への寄稿をお引き受けしたのも、四〇年前に川崎市が目指したものをあらためて振り返ることで、これらの問いにじりよれるのではないかと思ったからだ。

川崎は、「地方の時代」映像祭にどんな夢を託し、そして映像祭とともに何を切り捨てたのだろうか。

「地方の時代」映像祭開幕

川崎市は「地方の時代」映像祭に先立って一九八〇年四月に市企画調整局内に「文化室」を新設している。それまで教育委員会の文化財課などはあっても「文化」を専管するセクションはなく、政令市では初めてだったという。

「青い空、白い雲を取り戻せ」と公害対策を訴えて一九七一年に日本社会党・日本共産党の推薦で初当選した伊藤三郎市長（一九二〇～一九九七年）の三期目。

公害対策では全国で初めて大気汚染物質の総量規制を盛り込んだ、国より厳しい大気汚染防止条例をつくったほか、やはり全国で初めて環境アセスメント条例を制定。きめ細かい福祉行政などでも市民から幅広い支持を集めていた。基盤が安定しつつあった市長が、次の課題に据えたのが「文化行政」だった。東京と横浜に挟まれながら、都会的なイメージにはほど遠く、「文化不毛の地」と自嘲気味に語る市民も少なくなかった。

「川崎でソフトクリームを食べると真っ黒になる」と揶揄されたほど、悪いイメージがつきまとう。

たとえば、福祉政策に力を入れた伊藤市政では、保育園を増やす約束をし、実際に増やしたが、保育士集めは困難を極めたという。全国に募集をかけても、「川崎は治安が悪い」と敬遠されることも少なくなかったからだ。

川崎から新しい文化を発信していくことは、行政と市民の悲願でもあった。

新設の文化室には、教育委員会や広報課、企画調整局などから市長の肝いりで五人が集められた。まったく初めての部署だけに「文化ってのは、つまり何だ」という率直な議論から手探りしたという。初代メンバーの一人だった小笠原功さんは「伊藤市長が目指していたものは、教育委員会で扱う文部省的な文化とは違う何か。床の間に飾るようなものではなく、ごちゃごちゃ市民が暮らしている中から生まれてくるような、庶民が勝手に作り上げているものを扱う部署をつくりたかったんだと思う」と振り返る。市民自治を文化の面で後押しする部署だというのが、担当者たちの認識だった。

スタート間もない文化室の最初の大仕事が、一一月の映像祭である。

当時の川崎市の記録（一九八一年三月発行『企画情報』第九号）によると、一一月二七日〜二九日の三日間で、延べ一〇五〇人が参加。放送関係者一四五人、自治体関係者二五九人、学者・文化人一〇九人、報道関係九九人、神奈川県・川崎市職員三八二人、そのほか市民五六人という内訳だ。全国のテレビ局や自治体から寄せられた一〇〇本以上の映像が、五二台のビデオモニターで展示された。

主催者を代表して挨拶にたった伊藤市長は「市民生活と切り離せないテレビを通して、地方とは何かを問い直したい。これまで、中央から地方へという方向性を帯びてきた文化の流れは、いまや、逆転、逆流しようとしている。メディア界においても、すでに〝地方〟を重視する動きが目立ってきた。地域文化の自立した発展と、地域文化の交流は、メディア、自治体、市民にとって、共通のテーマである。メディアを介して、国内の各地域はもとより、世界の地域の情報を得て、町作り、福祉のあり方などを相互に学び合っていきたい」と挨拶した。

東京新聞も一九八〇年一一月二八日付朝刊川崎版で映像祭の開幕を大きく報じている。こちらは伊藤市長の挨拶から「世界の平和のためにカンヌ国際映画祭に匹敵するような世界的な行事にしたい」という壮大な野望を記録している。映像祭に賭けた川崎市の期待の大きさがにじむ。

小笠原さんによると、NHKと民放の後援を得て、市と県の共催が決まり、その八月末に会場で展示する映像作品の出品を全国の地方局に呼びかけた。「「地方の時代」といわれても、どういう番組をさすのか戸惑う地方局も多く、電話でやりとりをしながら、各地の特産物を紹介する番組ばかり集まったらどうしよう、と心配した時期もあった」。ふたを開けてみれば、問題意識をもち、バラエティーに富んだ一〇〇本以上の秀作が集まった。

ちなみに、三日間の日程の最終日に、川崎市内で大学浪人中の息子が金属バットで両親を撲殺する事件が発生。会場にいた記者たちがいっせいに飛び出してしまうハプニングも起こった。入念に準備してきた自慢のイベントを事件でかき消された悔しさも加わり、印象深い門出となったようだ。

その翌年から、優秀作品を評価するコンクールも始まった。評論家の鶴見和子氏や映画監督の岡本喜八氏、芸術家の岡本太郎氏などそうそうたるメンバーが、東京の都市センターホテルの一室を借り切った視聴室に集まり、全国から集まったビデオテープを何日も見続け、へとへとになるまで議論したという。

よくよく考えると、「地方の時代」映像祭は、川崎市でやらなければならないイベントとは言いがたい。「地方の時代」の提唱者であり、横浜国立大学教授だった長洲一二知事の人脈に支えられたイベントであり、それこそ県庁のお膝元の横浜市で開いてもいいような催しである。ただ、当時の横浜市長は旧自治省出身の細郷道一氏。革新市政ではなくなっており、長洲県政にとっては組みがたい相手だったことが、川崎市には奏功した。たたき上げの伊藤市長は、著名な学者でもあった長洲知事を尊敬し、その話をよく聞いたという。長洲氏も当代の文化人たちを数多く川崎につないだ。長洲氏が目指した「地方の時代」をどこよりも愚直に実践しようとしたのが、川崎市だったと言えるかもしれない。

それでも市内には「テレビ局が一つもない川崎市でなぜ」と疑問視する声も少なからずあったという。「なぜ川崎で?」というもっともな疑問をはねのけたのは、長洲知事と伊藤市長の盟友関係だけではなく、当時の川崎には、「文化」への渇望と、川崎から何か新しいものを生み出したいというエネルギーが横溢していたことの証左だろう。

小笠原さんが思い出すのも、手探りで「文化」を模索していた現場の熱気だった。「東京と横浜に挟まれてパッとしない川崎だからこそやろう。横浜が格好をつけてやらないんならうちでやろう。いいじゃないか、全国でやらないものを川崎でやろう、というパワーがあった」。

革新自治体ブームと伊藤三郎市長

東京五輪の前年の一九六三年、横浜市長に社会党衆院議員だった飛鳥田一雄氏が当選して以降、神奈川県内を中心に各地に革新首長が次々に誕生する。その一人が市労連委員長だった伊藤三郎氏である。反公害キャンペーンを展開し、一九七一年に保守系の現職を破り初当選した。五期目の任期途中の一九八九年に病気で辞任するまで、企業や国の論理ではなく「市民生活最優先」の施策を貫いた。労働組合時代からの仲間で、元市職員の峰岸是雄さんは「戦争で悲惨な目にあったことが伊藤さんの根底にある」と振り返る。

早稲田高等工学校出身。戦時中は工兵として朝鮮半島に渡り、その後に旧満州に転戦、最後はインドネシアの離島で終戦を迎えたという。仲間が次々に餓死していく戦場を生き延び、帰国後に川崎市役所に土木系の技術職員として入庁し、組合活動で頭角を現していった。

「良くも悪くもワンマンな市長だったが、同時に人材育成にも力を注いだ。若手の海外研修制度もつくっている。自分でテーマを選び、研修先との交渉などもすべて自分でやらなければならない独特な内容。海外に放り出して鍛えた。職員の質を高めないと、市民目線の市政はできない、という思いが強かった」（峰岸さん）

人の心をつかむのもうまく、職員の士気も高かったという。

周囲がどれだけ進めても「天下り」をほとんど受け入れなかったかたくなさもあった。同じ革新自治体ではあっても横浜市の飛鳥田市長も国とのパイプを求めて、大蔵省のキャリア官僚などにポストを用意している。やっとの思いで復員した悲惨な戦争体験からか「国の世話にならない」という気概と、自治への信念は人一倍強かったらしく、現場を知る生え抜き職員を重んじた。

「伊藤さんも苦労人だが、当時の職員たちには生活者の痛みや苦労がわかる人がいくらもいた。一人を高校や大学に出すために、ほかの兄弟が進学をあきらめる家は多く、そうやって家族の期待を一心に背負って市役所に入った職員も少なくない。伊藤さんが言う「市民自治が大事」「市民が主体」というテーマは職員たちにも当たり前に納得がいくものだった」（峰岸さん）

伊藤氏にとっての「地方の時代」を端的に表す言葉がある。

二期目の始め、一九七九年六月に市議会で行った施政方針演説で「地方の時代」のうねりに言及した伊藤氏は、地方自治とは「人間の復権」であると述べている。

このような激動の時代における地方自治、つまり人間の復権にむけての潮流は、人間愛を基本にすえた市民の自立と連帯による地域の自立と市民社会の構築、人間の価値をあまねく世界人類の間にうちあてようとする人間の理性と精神の問題として、まさに八〇年代にむかっての国民的課題をさし示しているように思えるのであります。（「資料　伊藤・高橋市政――施政方針」より）

「人間都市」をスローガンにした伊藤市政が目指す「地方の時代」も、誰もが人間らしく当たり前に暮らせる社会であるべきだった。

一九八八年六月に開館した市ふれあい館も、そんな伊藤市政を象徴する一つである。

在日外国人と日本人が理解を深め、差別を克服するために設けられた全国でも希有な公的施設である。工業地帯の川崎南部には、戦前から多くの朝鮮半島出身者が移り住んでいる。一九七〇年代ごろから、就職差別を始め、公的サービスの対象からも外されていた在日コリアンたちに対する差別解消を求める運動が盛んになり、地域のこうした要求を受け止めることで、川崎は独自の共生施策を進めてきた。

旧外国人登録法が在日コリアンらに義務づけていた指紋押捺を「民族差別だ」として拒否する動きが広がったころ、伊藤氏はこうした拒否者を「告発しない」と公然と発言。「法も規則も人間愛を超えられない」とし、法務省との対立も辞さなかった。全国的な注目を集め、制度を見直す動きに大きな影響を与えている。

市政末期には川崎駅西口の再開発計画にからみ、市助役に未公開株が譲渡されていた「リクルート事件」が発覚。政治家や官僚を巻き込む戦後最大規模の企業犯罪事件の端緒となり、事件の渦中にひっそりと伊藤市政は幕引きした。

後任で、市助役を務めた元教員の高橋清市長は「伊藤市政の継承」を掲げ、リクルート事件への反省から全国初の市民オンブズマン制度を導入する。政令市で初めて市職員採用の条件から国籍条項を撤廃したり、外国人市民代表者会議を創設するなど、他の自治体や国よりも前に出ることをいとわない「川崎方式」の施策を引き継いだ。三期一二年を務めた高橋市長は二〇〇一年一〇月の市長選で、多選批判を受けて阿部孝夫氏に敗北。元自治官僚の阿部氏は、職員の削減など徹底的に行財政改革を進めたほか、ＪＲ武蔵小杉駅周辺の建築制限を大幅に緩和し、超高層ビル開発に道を開いた。阿部市政になって整理対象とされた一つが、「地方の時代」映像祭だった。

伊藤氏が音頭を取り、一九八三年から続けられていた「地方新時代市町村シンポジウム」も、阿部市長時代に姿を消していく。経費の問題だけではない。そのころには市民参加による地方分権を目指した革新市町村はほとんど残っていなかった。バブル崩壊後の日本社会で、効率的ではないもの、利益を生まないものは次第に顧みられなくなっていく。

「地方の時代」の現在地

二〇二一年一〇月に退陣した菅義偉首相（衆院神奈川二区）は、地方へのこだわりが強い首相だった。官房長官を務めた安倍政権下で「地方創生」政策を強力に推し進め、二〇二〇年九月の就任会見で「日本のすべての地方を元気にしたい」と強調した。

だが、官邸に権力を集中させ、トップダウンで政策を進める安倍・菅政権の「地方創生」は、かつて川崎を始め全国の自治体が模索した「地方の時代」とは似て非なるものだ。

「地方創生」のための補助金を勝ち取るため、どの自治体も見栄えのいい政策づくりやイベント業務を東京の広告代理店に依存。東京の一極集中を是正するための多額の予算が東京の企業に吸い上げられているという皮肉な現実が横たわる。北陸中日新聞の報道で、全国の自治体が東京で開く移住相談会では事業を受注した都内の企業が人材派遣会社などに発注してサクラを集めていた問題まで発覚している。

総務相時代に菅氏が創設した「ふるさと納税」も、地方を疲弊させている中央集権的政策の最たるものだろう。税金で特産品を買い上げて返礼品にするいびつな産業振興も、自治体同士が税金を奪い合う不健全な競争も、もとより自治体自身が望んだ競争ではない。参戦しないと税金が逃げてしまうため、やるしかないと追い詰められてのゼロサムゲームである。自治体の自主財源である地方税を国が一方的に奪ってしまう「ふるさと納税」の仕組みには、当初から多くの専門家が批判している。にもかかわらず、「ちょっと得したい」という素朴な国民感情につけこんだ制度は、真に地方のためになるのかという本質的な議論を欠いたまま拡大している。

二〇二〇年度課税分で六三億七〇〇〇万円も流出した川崎市も「背に腹は代えられない」として、とうとう数年前から返礼品競争に参戦した。高額寄付ができる富裕層への返礼品として、市内の音響メーカーによる一〇〇万円のヘッドホンメーカーなど禁断の高額返礼品も導入してしまっている。

川崎市の名誉のために言い添えると、全国の自治体同様に個性を失いつつあっても、市民参加の伝統が今も息づいていると感じる場面は少なくない。ヘイトスピーチに刑事罰を科す全国初の差別禁止条例（二〇二〇年七月全面施行）などは、その最たるものだろう。市民と行政が差別解消のために手を携えて歩んできた道のりの延長戦上にある。

「地方の時代」を目指した経験は、職員も市民も鍛え上げた。目には見えないが、川崎に残された大きな財産だったことは間違いない。それは、何もしなければ次第に失われていくもろい宝物でもある。「分断」が進む今だからこそ、「地方の時代」が目指したものを問い直す意義は大きい。かつての川崎が目指した「人間都市」、誰もが当たり前に暮らせる社会は、まだ到来していない。

「地方の時代」映像祭、大阪開催へ
――毎日放送・山本雅弘最高顧問に聞く

聞き手：辻 一郎（「地方の時代」映像祭前審査委員長）
音 好宏（上智大学教授）

「地方の時代」映像祭は、二〇〇七年一一月の第二七回より、大阪府吹田市の関西大学吹田キャンパスで開催されることになった。この映像祭の関西移転は、在阪の放送各局の全面的な支援・協力がなければ、なし得なかったことだった。この関西での映像祭開催にあたり、在阪各局の支援・協力にご尽力くださった毎日放送・山本雅弘氏へのインタビューを掲載する。映像祭の関西移転の経緯、関西での映像祭開催の意義が伝われば幸いである。

インタビューに入る前に、まず、移転当時の状況を説明しておきたい。

二〇〇六年一〇月七日（土）、埼玉県川越市の東京国際大学で開かれた第二六回「地方の時代」映像祭の贈賞式で、同大学の荒井孝昌学長は、「この川越の地で映像祭を四年にわたって開催できたことは学生たちにとっても意義深いことだったが、川越市とも相談し本学での開催は今回を最後としたい」」と述べた。その理由は二〇〇二年に神奈川県川崎市が二二年続いた映像祭の開催を断念した時と同じく、経済的事情であった。

その前日、ある全国紙が「「地方の時代」映像祭今年で打ち切り」との記事を書いた。これに対し村木良彦プロデューサーは「この記事は誤報だ。第二七回の「地方の時代」映像祭は、どこで開催するかまだ確定はできないが必ず開催する」（第二六回映像祭記録誌）と強く反発、映像祭の継続を目指して各方面への働きかけを開始した。

年が明け、二〇〇七年一月一四日に関西テレビが全国放送したバラエティ番組『発掘！あるある大事典Ⅱ』でのデータねつ造問題が発生した。〝納豆を食べると痩せる〟とした内容だが、紹介された〝ダイエット効果〟の実験データや専門家のコメントが、ねつ造されたものであったことが発覚。関西テレビには外部委員による〝調査委員会〟が設けられ、委員として村木良彦さんと音が名を連ねることとなった。調査委員会で連日顔を合わせたなかで、村木さんより、直接、「地方の時代」映像祭について、川越の後の開催地が決まっていないことを聞いた。

音は民放連研究所勤務時代に、大阪で民放ＢＳを一波持つという構想を調べていたこともあり、日本の発信拠点が中央に集中しない方がよいと考えていたこともあって、「地方の時代」映像祭の理念と性格からすれば、首都圏以外での開催が適当と考えていた。とくに『発掘！あるある大事典Ⅱ』の調査で、関西のテレビ局の制作事情もより深く理解しつつあったので、何とか大阪で「地方の時代」映像祭を引き継ぐことはできないだろうかという思いを強くしていた。

（音　好宏　記）

以下、山本雅弘氏へのインタビュー（二〇二〇年七月二八日、毎日放送本社にて）

辻　それで山本さんに話しに行ったわけですね。その時は、私も同席していました。二〇〇七年当時山本さんは毎日放送社長で、六月に会長になられた時期ですね。

山本　何とか映像祭を大阪で引き受けられないかということで、音さん・辻さんから話があった。大阪でやるには在阪各社の協力が不可欠。そのために各社をまとめてもらえないかということだった。

「地方の時代」映像祭というのは、東京の営業にいた時代から聞いていて、地方、地域色を打ち出して局の存在価値を高めていくというところに魅力を感じていた。とくに当時は二〇一一年のデジタル化にむけて、大阪局がどう大阪局としての存在感、大阪局のアイデンティティを確立していくかが将来を切り拓く重要なテーマだった。そのことと「地方の時代」映像祭を大阪でやるということは方向が完全に一致する。だから、「これはすぐにやるべきだ」と直感的に思いました。

音　当時、山本さんは「スーパー・リージョナルステーション」という言葉をしばしば使われています。地域の局がいかに地域に貢献するか。そしてそこから何をどう地域の外に発信していくか、そのことの大切さを強調されていた。それが、「地方の時代」映像祭の考え方と一致したということでしょうか？

山本　その通りです。デジタル時代に向かう地域放送局の最大の役割は〝地域貢献〟。それは、地域の情報を的確にとらえて発信するだけでなく、地域の経済とか文化とかさまざまな活動を発掘したり、再生したり、作りあげたりして、その価値を全国に、あるいは世界に発信していく。それを〝スーパーリージョナル〟という言葉で表現していました。

たとえば二〇〇二年から毎年神戸市を舞台に開催している日本最大のファッションショーと音楽のイベント「神戸コレクション」。関西ファッションを盛り上げ、それを全国へ、世界へと発信する。それが地域メディアとして〝地域のためにできること〟です。また、二〇〇四年から二〇〇八年まで大阪城公園で開催した参加型のイベント「オーサカキング」などもにぎやかにやってきましたが、目的はやはり地域を元気にする、と同時に関西の情報を全国に発信する。そして関西と他の地域が交流できる場をつくっていくことでした。

辻　「地方の時代」映像祭の理念と通じ合うものがあった。それで、山本さんの呼びかけに対する各在阪民放局の反応はいかがでしたか？

山本　在阪の各局からは映像祭の大阪開催に異論はありませんでした。その背景には二つの要素があったと思います。一つは、「大阪局というのは地方局の代表。そこがリーダーシップをとって、地方からの発信を応援していく。東京キー局とは違う形で、地域のメディアをまとめ、地域情報の交流を通じて発信力を高め合っていく。それは大阪局のあり方としても望ましいことだ」という共通認識です。

もう一つは、大阪局には〝オールオーサカ〟という東京キー局では考えられないような独特の仲間意識というか、共同作業にヒョイと乗っかるノリの良さというか、そんな伝統が脈々と息づいていることです。たとえば「御堂筋パレード」の生中継などはその典型で、朝から夜まで各社がバトンタッチしながらノンストップでやっていました。そうしたベースがあったので、どこの局のトップも「オールオーサカで引き受けよう」ということに異論を挟むどころか、大いに盛り上がりました。

少し後になりますが「大阪文化芸術フェスティバル」「うめだ文楽」「大阪マラソン」といった共同作業が生まれたのもこうしたことの延長線上です。

辻　ＮＨＫはどうでしたか？

山本　ＮＨＫの大阪放送局は、とてもノリが良かったと記憶しています。大阪局は〝地域貢献〟というのが絶対のテーマで、歴代の大阪放送局長は皆そのことを強調しています。そういう意味で「地方の時代」映像祭の大阪開催は、地方・地域を盛り上げる大事なファクターと受け取ったのではないでしょうか。

音　ＮＨＫの〝映像コンクール〟との関わりは、当時、中央に一本化されていて、担当は原田豊彦専務理事・放送総局長でした。「地方の時代」映像祭は、川崎時代も川越時代も、そして今も実行委員会方式で運営されていて、ＮＨＫからは専務理事・放送総局長が実行委員に名を連ねていました。

大阪での開催に向けて、ＮＨＫとの連絡役を買って出てくださった関西テレビの宮前周司さんから伺ったのは、原田さんは、「地方の時代」映像祭の川越での開催が終わったことを本当に残念がっていて、「大阪が引き受ける」という流れになったことを大変喜んでおられ、全面的な支援をご快諾くださったとのことでした。大阪放送局長とも密接に連絡を取られていたのだと思います。

その後、大阪開催の四年目から、ＮＨＫ側の担当が大阪放送局長に代わりました。これについて原田さんの後の放送総局長だった日向英美さんに聞いたところ、「大阪を担当としたのは、その方が素早く動ける。また、大阪放送局の機能強化の一環にもなる」との説明でした。

辻　そのころ、民放連からの実行委員は玉川寿夫専務理事だったと思いますが。玉川さんに大阪開催の話をしたのは山本さんでしたか？

山本　当時私は民放連の番組基準審議会の議長という役割についていたので、玉川さんとも話す機会がしばしばあった。ですから話した可能性はありますが、具体的にどういう話をしたかなどは残念ながら覚えていません。

音　二〇〇七年の前半というと、まさに『発掘！あるある大事典Ⅱ』のことがあって、関西テレビが民放連を除名になるといった激動の時期。「関西テレビが〝あるある〟で失われた名誉を挽回するために「地方の時代」映像祭を大阪に持ってきた」などということも噂されたと思いますが、実際はどうだったんですか？

山本　確かに、あの事件で失われた放送界全体の信用を回復するために、関テレさんが何らかの社会貢献をする必要がある、ということが言われていた。とくに当時取締役・総務局長だった宮前周司さん（現・テレビ長崎代表取締役社長）は熱心だった。ただ、当時の関西テレビのおかれていた立場から言えば、とても映像祭の大阪開催などを自らが各方面を説得して働きかけられる状況ではなかった。つまり、時期的には〝あるある〟問題と重なっていたし、関テレさんにそんな事情があったことは確かだが、「地方の時代」映像祭の誘致は〝あるある〟の処理とはまったく別個に動いていた。〝あるある〟が背景の一部にはあったが、たとえそれがなくても「地方の時代」映像祭の大阪開催は〝オールオオサカでやろう〟となっていたと思う。

辻　関西大学が主催者となったというのはどういういきさつでしたか？　当時社会学部長だった黒田勇教授にも音さんが話をしたわけですか？

音　山本さんに在阪の放送各社をまとめていただいたのに並行して、黒田教授にも「関西大学で引き受けられないか」という話を、何度かさせていただいた。黒田教授は、「関西の大学、とくに関関同立の中で関西大学の独自性を打ち出していくためにも「地方の時代」映像祭の主催校になるという意味は大きい」と同意してくれて、すぐに理事長ら大学本部と話してくださった。丁度その年が関西大学社会学部の創立四〇周年だったことも幸いして、大急ぎながら大阪開催の舞台ができました。

山本　大阪開催の話が始まった二〇〇七年春めから、関西大学や放送各社の合意があって大会実現が見えてきた夏ごろまで、本当に時間がなかったが、実現できて本当に良かった。ただ残念なのは、大阪開催の実現に奔走された村木良彦プロデューサーの下で、大阪開催が具体化していき、審査会の立ち上げと大会の準備、作品募集を経たが、審査が始まったころから体調を崩されて入院し、大阪開催の第二七回大会には立ち会えなかったことだ。

「地方の時代」映像祭の大阪への移転、開催というプランについては、まず最初に山本さんのところに伺って、お願いをさせていただいた。インタビューにあるように、山本さんは、このプランをたいへん率直に受け止めてくださり、また、運営にあたって、相談に乗ってくださった。山本さんは、ＡＢＣの西村嘉郎社長、ＹＴＶの土井共成会長、高田孝治社長、ＴＶＯの富澤秀機社長をはじめ、在阪民放各社の経営幹部と日常的に顔を合わせており、各局に正式にご協力をお願いしに伺うと、すでに十分に趣旨をご理解くださっていて、スムーズにことが運んだ。関西テレビは、「あある」事件の処理で社内がたいへんな状況のなかにも関わらず、片岡正志社長のご尽力で、「地方の時代」映像祭の大阪開催に全面的に支援くださった。在阪の放送界の結束の固さの賜であった。

二〇〇七年の第二七回「地方の時代」映像祭は、こうした経緯を経て慌ただしく大阪開催が決まった。作品募集が始まったのは同年八月。急な募集となったにもかかわらず放送局から九〇、市民・学生・自治体・ケーブルテレビ・高校生から三〇、合わせて一二〇作品と前年を上回る作品が寄せられた。入院をされても、プロデューサーとして大阪でも初の審査会の準備をされていたのだろう。村木さんが入院されていた病室のベッド脇には、「地方の時代」映像祭の審査用テープが積まれていた。審査会の開始は九月二五日。その初日には病院を抜け出して駆け付けた村木プロデューサーの姿があった。それが村木さんのプロデューサーとしての最後の仕事となった。二〇〇七年一一月に関西大学社会学部ソシオホールで開催された第二七回「地方の時代」映像祭に出席することはかなわなかった。二〇〇八年一月二一日、村木良彦さんは、七二歳で死去される。

こうして二〇〇七年に「地方の時代」映像祭は、大阪に移転し、二〇二〇年で、川崎での開催から四〇回を迎え、今も続いている。村木さんはいまの映像祭をどうご覧になっておられるだろうか。

（市村　元・音　好宏　記）

第六章　地域の作り手を育てる

――教育と映像祭

高校生とドキュメンタリーを作る

林　直哉（長野県松本深志高等学校教諭）

私は、三〇年以上高校生とドキュメンタリーを作ってきた。ドキュメンタリー制作は、今盛んに語られる「総合的探究の時間」に求められている「主体的で、対話的で、深い学び」そのものだ。それは、三〇年前に子どもたちとともに映像制作を始めたときから痛感していた。音声・映像ドキュメンタリー制作の営みから、自分の未来を切り開く力を獲得し人生を変えていく部員を見てきたからだ。ドキュメンタリー作りを軸とする放送活動には本質的な学びがある。「地方の時代」映像祭高校生部門が、こうして制作された作品の発表の場として発展することを心から願っている。

さて、二〇〇三年、「地方の時代」映像祭が一年間の休止の後、川越市と東京国際大学を中心に再開した。その際村木良彦プロデューサー（当時）の願いから、「高校生部門」が新設された。「高校生にしかできない視点で、かつ世の中に影響を与える作品を「地方の時代」映像祭から生み出したい。具体的には一九九六年に松本美須々ヶ丘高校が制作した『テレビは何を伝えたか―松本サリン事件のテレビ報道から―』のような作品」と熱く語られた。

ただ、高校放送部で年間に複数のコンテスト作品を制作できる学校は限られている。この頃、地域興しや高大連携のアイディアとして、自治体や大学主催のコンテストが盛んに計画されていた。応募を求めて学校にダイレクトメールや応募依頼の電話が頻繁にかかっていた。後発のコンテストには二〇本も作品が集まれば大成功という状況だった。この点は二〇二一年現在も変わっていない。

当時も今も高校生が主に作品を応募するのが「ＮＨＫ杯全国高校放送コンテスト」だ。戦後、校内メディアとしての放送教育推進のために開催された指導者講習会が発展し、高校放送コンテストの草分けとして一五〇〇校ほどが参加する。「われら高校生」をテーマに、テレビドキュメント部門では、全国で五〇〇本ほどの応募がある。全国の高校の約一割が応募していることになる。各県の高等学校視聴覚教育団体や高等学校文化連盟など地方組織が運営を担い、地区大会等の予選を経て、その年の優れた作品を段階的に絞り込んでいく仕掛けをもっている。八分間という手頃な尺と優勝作品一本を目指す枠組みもあり、高校生にとっては、「Ｎコン」「放送の甲子園」として周知されていた。また、全国公募一本で募集するコンテスト・映像祭でエントリー数が多いものとして、当時ＪＶＣが主催しグランプリに百万円の賞金が設定されていた、プロ・アマを問わない国際映像祭「東京ビデオフェスティバル」があり、毎年一定の高校生作品を集めていた。『テレビは何を伝えたか』もこの映像フェスの大賞受賞を機会に多方面から注目された作品だ。国の内外を問わず高校生や中学生が制作した作品にもグランプリが与えられるところが大きな魅力だった。村木さんの話は、このようなコンテスト・映像祭の地平に「地方の時代」映像祭が割って入るという企画だった。

「地方の時代」映像祭は、ケーブルテレビを含めプロの放送業界にそのステイタスが浸透しており、歴代グランプリには時代を象徴する蒼々たる作品が並ぶ。高校生が、その特性を活かし「地方」「地域」にこだわり、彼らが立脚する地盤そのものを問い直す作品が集められれば、メッセージ性の強い映像祭になるだろう。作品がプロと同じ土俵で評価される魅力が伝われば、一定の応募が期待できる。ＮＨＫ杯の作品群には一定数の「地域の課題」を取りあげた作品があり、地域の街作りや施策に影響を与えた事例もある。ただ八分という尺では消化不良で、もう少し長尺に仕上げられれば本質を伝えられると感じる作品も見受けられた。しかし長尺作品（高校生にしては）を発表するコンテストや映像祭は限られている。「地方の時代」映像祭がこのような作品の受け皿になり、映像祭の評価を後ろ盾に地域社会に影響を与えていくことができれば意義深いことであった。

「地方の時代」映像祭の課題は高校部門の応募数を増やすことだった。応募される作品の大半は他のコンテスト応募作品の改編・再制作だった。全国高校総合文化祭放送部門ビデオメッセージのテーマが「地域を扱った五分間の映像作品」であり、総文祭に出品した作品に追加取材し再編集した作品、ＮＨＫ杯の県大会・全国大会のリベンジとして応募する作品も多かった。

壁はＮＨＫ杯全国高校放送コンテストとの関係だった。二〇〇三年に一部改正し、制作者の著作権を認めたものの、自分の作品を改編したり、同一素材による再編集作品の応募や、同じ素材による他のコンテストへの応募に制限をかけようとしてした。

高校生の作品は公開と再制作を繰り返すことによって深まる。それを保障することが、高校生の特性を活かすことでもある。高校生には、定通制を除けば三年間しか制作期間がない。この期間で制作力を高めるには「作品を多くの機会にさらすこと」、つまり、いかに自分以外の人に見てもらうかが鍵となる。不思議なことだが、スクリーンの大きさや上映環境（視聴者の人数・空間の広さ等）の違いによって作品に抱合されていた情報が新たに見えてくる。同じ映像、同じ音なのにまったく違った作品の面が現れる。見えていなかったことや説明の足らないところが否応なく突きつけられる。いくら長く作品を指導してきても、指導するたびに新鮮な発見がある。

「さらす」機会の中でもコンテストは、重要な公開の場だ。作品は、多様な情報を含む複雑な有機体であり、一つの作品に絶対的な一つの評価を与えることなどできない。コンテスト・映像祭の評価はそこに集まった審査員の一つの評価でしかなく、同じ作品でも評価軸が異なれば違った結果が生まれる。高校生の作品は、自由に応募され、さまざまなところで評価されるべきだ。

「メディア・リテラシーの実践」をコンテストの目的と掲げるNHK杯が、自由な改編と応募を認めないのは理解できなかった。生徒が、同じテーマを追って作品を作り直したり追加取材し作品を作り続け発表していく権利を保障すべきではないか。「他のコンテストに同一素材で制作した作品を出品すると、入賞取り消し……」という囁きに、八分版がNHK杯で優勝したが、三四分版の「地方の時代」映像祭への出品を辞退した作品もあった。こうしてNHK杯と対峙しながら「地方の時代」映像祭の高校部門は続いていった。

しかし、NHK杯の応募規定、応募に関わる音楽・映像著作権の処理、肖像権や取材許可等々は、二〇〇〇年以降回を追うごとに厳しくなっていった。規定により減点されて準決勝に進めない作品も出てきたが、二〇一六年には受賞を取り消すような強い措置が行われた。「生徒が、同じテーマで作品を再編集したり、追加取材し作品を作り続け発表していく権利の剥奪が許されるはずがない。

制作・発表の主体は、学校にあるべきだ」との見解から、働きかけが行われた。その結果、制作者の人格権を認め、大会の決勝が終われば高校側が自由に発表することが認められることになった。これでみんな安心して、作り直せるし発表できる。二〇一九年、第六六回大会から適応される応募規定は、生徒・学校の主体性を担保する内容だった。「著作権は、制作者（応募した学校）に帰属する」という当然の権利が認められた。七月末に行われるＮＨＫ杯の決勝大会以降は自由に発表でき、主催者が求めるのは、公衆送信権・上映権・編集権となった。

一つのテーマを追い続けるということ

生徒と共にドキュメンタリー制作を始めた時から、私はこれぞというテーマにはとことん追加取材と再制作を推奨し指導してきた。一つのテーマを追い続けることが「深い学び」であり、「ここまで追ったから満足」というところまで追い切ることが生徒を育てることだと確信している。

たとえば松本美須々ヶ丘高校が制作した松本サリン事件のテレビ報道の課題を追った『テレビは何を伝えたか』（一九九六年）は、一九九五年にまず音声作品として匿名的に制作。二年後、民放各局の放送部長のインタビューを追加取材をして映像ドキュメンタリーとして、東京ビデオフェスティバルに出品し大賞受賞をきっかけに広く知られることになる。また、梓川高校放送部が二〇〇二年に制作した『歩道きょうは二人』。保育園のために作られたが、保育園が移転した後も「一日に二人しか使わない」歩道橋が高校の前にあるために横断歩道が設置されない不便さを追った作品である。

高等学校総合文化祭放送部門に発表し、二年後放送部が独自に行った全国歩道橋撤去実態調査と国土交通省の追加取材を加え『街の小さな展望台』（二〇〇七年）にリメイクしてNHK杯全国高校放送コンテストに出品、優勝を獲得した。放送部は、その後も地域の上高地線・歩道橋にこだわりながら作品制作を続けた。また、梓川高校放送部は漢字テストで問われる「はね、とめ、はらい」には、正しい一つの形は存在しないことを示した『まちがいだらけの漢字テスト』（二〇〇六年）をNHK杯全国高校放送コンテストに出品。さらに公益法人漢字能力検定協会（通称漢検）や、三〇年間の長野県の入試における漢字採点の扱いを追加取材して二〇分の『漢字テストのふしぎ』（二〇〇七年）にし、東京ビデオフェスティバルに出品し大賞を受賞した。この作品は文化庁国語課の漢字分科会で活用され、その後文科省が各学校に「常用漢字表の理念を基本に」とした通達にも影響を与えた。

いずれの作品も、追加取材と再編集で一作目の課題を補いながら、新たな視点でよりテーマの本質に迫ることができた。その結果、作品として高校生・アマチュアの特性を発揮し完成度が高まり訴求力も増していった。そして、制作主体である生徒が、自分のあるいは先輩の作品を客観的に分析を行い、足りない物は何かを明確にした上で作品を仕上げるその制作過程から「制作の肝」を学び、同時に論理的な物の見方を獲得していく。そこが一番嬉しいことだった。

追っているテーマが深いほど、「課題対象にこだわって追い続ける」ことが「ドキュメンタリーを作ることによって学ぶ」ことになる。そして、長期取材かつ愚直にこだわる営みこそ高校生のもつ特性を活かす実践となる。この営みは、アマチュアが物を作る方法論として本流だと考えている。そして、制作過程で培った力が、彼らの自らの未来を切り開いていく。

二〇一九年の「地方の時代」映像祭高校部門で、松本深志高校の西尾遥が制作した『ホームルーム』という作品が高く評価された。同年の七月に行われたNHK杯で、同じ素材で制作した『最後のLHR』が優勝しているため、この受賞は、NHK杯の規定が改正されなければ実現しなかった。彼女は二年間にわたって同じ話題を追い続け三つの作品を作った。一つの話題を徹底的にこだわって再制作した一人の生徒の営みと成長について、彼女がAO入試のために綴った制作過程のエッセイを適宜引用しながら紹介しよう。

西尾遥は、音楽が大好きで合唱とエレクトーンを得意とする生徒だった。中学時代YouTubeで松本深志校高校放送部の作品を見て憧れ、入部した。最初の番組制作で「できない」ことを思い知らされ、本腰を入れて活動をはじめる。それから二年間こだわったのは、松本深志高校で一七年間行われている同窓生の「三年八組のホームルーム」のドキュメンタリー制作だった。この「ホームルーム」とは、次のような集まりだ。「一九七六年に本校を卒業した松本深志高校二八回生三年八組は、卒業二八年目をきっかけに、二年に一度のペースで母校の教室に集まりLHR（ロングホームルーム）を開き続けている。内容は、かつての担任である山本伍朗先生の哲学の話と、毎回二人の級友が語る仕事の話が中心だ。毎回クラスの半分以上が参加する」。

彼女は、なぜ、わざわざ母校の教室に集まるのか、なぜ同窓会ではなくLHRなのかと問い続け、二年間で、『H・R』（二〇一八年）、『最後のLHR』（二〇一九年）、『ホームルーム』（二〇一九年）と三つの作品を作った。彼女が「三年八組の卒業後のホームルーム」の作品化に携わったのは、担任の山本先生が高齢のため「今年の集まりで最後に」と言いだし、一七年間のまとめを引き受けたからだ。西尾は二〇〇四年から撮りためられていた七回分の素材をすべて見直し、「対話」というキーワードにたどり着いた。

　松本深志高校の放送部では、番組構成をカードに書き、それを組み合わせながら構成をたてていく。この頃の彼女は、必要な情報をこの構成カードに書き順番にまとめることができなかった。一つひとつの事象におけるキーワードが整理できず、一枚のカードが沢山の言葉で埋められていた。この時点では大切な情報に順番がつけられなかったのだろう。そんな中で制作された二〇一八年の『H・R』は全国大会準決勝で敗退。「伝え方をもっと工夫しなくてはならない」と西尾は考えた。

LHRの様子

　制作の方向性を変えていったのは、この年の一〇月に開かれた三年八組のホームルームを直接取材する（集録する）体験だった。「高齢の担任が最後にしたい」と語った卒業後のLHRだ。西尾は次のように書いている。「還暦を過ぎた級友たちが「年だから今回を最後に」と語る八五才の担任の懸命な話をまっすぐ聞く。その姿を見て、私は「泣きたくなるほど暖かい感情」に包まれた。このLHR自体を肌で感じてもらわなければ、LHRの必要性、対話の重要性を感じてもらうことはできない」、「私は三年八組のLHRそのものに焦点を当て、一から作り直す決心をした」。

この取材後、彼女の発する言葉が変わってくる。構成カードには、文章ではなく単語が並び、内容別にグルーピングができるようになった。「情報のまとまり」が認識できたのだろう。同じ項目の中で、カードを並べるインデントやカード間の距離にも意識が向くようになる。彼女は「構成」の入り口に立てた。そして、翌年『最後のＬＨＲ』の制作に入る。「今の皆さんのＨＲを見つめ直してほしい」をメッセージとして「現在の高校生の姿はばっさり切った」と西尾は振り返るが、この「ばっさり」という一言に、彼女の成長が見て取れる。「構成することは、捨てること」、この判断ができる力を彼女はこの時獲得した。前作と使っているカットはさほど変わらない。しかし、「臨場感にこだわった」制作方針は、しっかりと視聴者に届いていた。作品はＮＨＫ杯で優勝した。

このＨＲというテーマと作品にこだわり続けた彼女は、八分の尺には満足していなかった。長尺を作る力量もすでに備わっていた。余談だが、現代国語の力がびっくりする程伸びていた。一六分に仕立てた『ホームルーム』も制作し「地方の時代」映像祭に応募することになった。方向性を話してから制作終了まで、実に早かった。話した次の日には、全体像ができていて、後は細かな編集ポイントやテロップ等を検討すれば良い段階だった。このときの感覚を西尾は書いている。「作品をパズルに見立てると、今まではピースすら不透明、全体の絵も見えていない状態だったが、地方の時代バージョンでは、ピースは揃ってる、完成形の絵の形も輪郭を持って何種類か見えている、あとはどの絵が一番良いか決めて組み立てるだけ、という感覚だった」。

彼女の思い通りに構成できた一六分バージョンは、二〇一九年の「地方の時代」映像祭高校生部門で優秀賞を獲得した。西尾は、同じテーマにこだわり作り続けられたことに感謝し、社会の課題をドキュメンタリーを通じて伝えていきたいと、メディア制作を志望して大学に進学した。彼女は、一六分の『ホームルーム』について次のように振り返っている。二年間こだわった彼女の到達点だ。

作品を提出したあたりから、自分で作ったのに、その実感がなくなり、作品が自分の手から離れていったような気持ちになった。

自分の意図したメッセージ以上に、受け手は作品に多様な意味を付与をしてくれる。それは私自身の理解を超えることもある。たとえば、年老いて母校に戻ることの価値等は、地方の時代版では強く意識されるようになった。背景は、作品で一番伝えたいメッセージが伝わる完成度が上がり、今まで気を使わなかった「枝葉の情報」がもたらすメッセージに配慮できたからかもしれない。その枝葉のメッセージが「多様な意味の付与」につながっていった。そして、作品と自分に距離を与えたのだろう。

ただこの距離に違和感はない。より高度な「伝え、伝わる」世界への階段に踏み込んだような気がするからだ。伝えたいことを伝えるためにストレートに要素を組み立てるのはもちろんだが、それらの要素が互いに影響し絡め合う。当然、編まれた物から意図せず生まれる意味もある。その意味も踏まえて制作できたらどんなに素敵なことか。そんな複合的な構成の世界の奥深さを垣間見たように思う。

その後西尾は、テレビ信州とドキュメンタリーの共同制作に携わる。テレビ信州の松澤亮氏とともにディレクターとして参加し、『黄葉　伍朗ちゃんがいる教室』（テレビ信州、二〇二一年）とNNNドキュメント（全国放送）の枠として『ホームルーム　伍朗ちゃんがいる教室』（二〇二一年）を完成させた。幸せなことに『黄葉　伍朗ちゃんがいる教室』は、ギャラクシー賞の奨励賞も受賞した。

こだわったからこそ開いた道がある。自由に作りかえ発表できたからこそ育つ子どもたちがいるのだ。これから大学卒業後、彼女のさらなる成長が楽しみである。

自己肯定感の獲得

映像ドキュメンタリーの制作は、人に連絡し、会って話しを聞き、関係情報を調べ、まとめ、そして伝える一連の営みがある。このそれぞれの要素が、関わった人を強くしていく。自信をなくした生徒がドキュメンタリー制作を通じて立ち直っていた様子を紹介したい。不登校の苦しみを克服していった、松本筑摩高校通信制放送部の実践だ。

二〇〇八年に通信制放送部を立ち上げて三年、中学・高校で不登校を経験し通信制に転校した四人の女子が作品制作に取り組んだ。四人は、電話やメール等のコミュニケーションツールに対する依存度が著しく低い。とくに電話を嫌い、最初は一件の連絡に三〇分も準備しないとかけられなかった。しかし、ドキュメンタリー制作の基本は取材にある。依頼、アポイント確認、内容の補足取材等々、嫌でも相手に電話やメールで交渉しなければならない。この環境下で、彼女たちはどんなに苦労し失敗しても、取材活動を進めざるを得なかった。今まで苦手と避けてきた活動に耐えられたのは「コンテストに応募する作品を完成する」というチーム共通の「絶対的目標」があったからだ。そして、この目標は人間関係を結ぶことが下手な彼女たちにとって、構成するチームそのものの維持にも役だった。締め切りが近づけば、より伝わる作品を仕上げていくために、各自の主張がぶつかり、内容ばかりか進行手順や準備に対し厳しく、時に辛辣な言葉の応酬にもなる。しかし、共通目標のために個人の利害やタブーなく話し合え安心して戦える場所が、彼女たちには必要だった。安心して失敗でき、戦っても戦った仲間との関係が修復可能である環境が人間関係を再構築し、彼女たちの生活を社会化していく錬成の場となった。

制作した作品は、ライフワークとして卒業写真を撮り続ける川澄さんというカメラマンが、一分間の中で笑顔を引き出し、請け負った五〇校近い学校の全員を個人写真で撮る、修学旅行の撮影にも同行し仕上げた『スマイルメイカー』（二〇一〇年）、なぜ、音楽の授業でカラオケを使わないのか、カラオケの歴史を追いながら日本の音楽の授業の課題を追った『娯楽?:文化?～ゴラブンカ～』（二〇〇九年）などだ。苦しみながら制作した作品は、NHK杯全国高校放送コンテストで高く評価され、定通制として初の二部門で全国準優勝に輝く。

そしてこの「ドキュメント制作実践と不登校の克服」をさまざまな研究会や報告会で明らかにしていった。この実践報告がまた彼女たちを強くしていった。

この活動の最終段階は、自分自身との対峙である。作品制作の過程からAO入試まで、自分の過去と真正面から対峙する機会をとらえ、「不登校の原因」を言語化し他者に伝える機会をもち、実践を繰り返すことにより「不登校再発の不安」を一段落させる。完全に不安が払拭されるわけではないが、言語化が「不安な状況」を操作可能な領域に持ち上げるのだろう。そして、活動そのものから培った「表現の基礎体力」と「原因の言語化」が社会復帰のリハビリを一定レベルに到達させていく。作品制作実践には、彼女たちの社会化を支援する要素が含まれていた。

私は、ドキュメンタリー制作だけが不登校を克服する営みというのではない。表現の基礎体力を回復し不登校の理由を言語化するという二つの要素が充足できる活動であれば、きっと同様の成果が期待できると考えている。不登校生の「社会復帰のリハビリ」の場の可能性を求めることが、きっと学校の本質をとらえ直していくことにもつながるだろう。

通信制高校に対する世間の目は冷たく、彼女たちにとっては進学も戦いの延長戦だった。しかし、実績を武器に大学に挑戦し続けた。そして、国立大学・私立大学等の合格を勝ち取っていった。

四人に共通するのは、実践を通じて「自分の弱さも強さも受け入れて、今の自分でいい」という確かな自己肯定感を獲得した点にある。

これからも、映像ドキュメンタリー制作の営みから、多くの自分の未来を切り開く力を獲得していく部員が生まれていくことを期待している。そのためには、ドキュメンタリー作りを軸とする放送活動の指導者養成が求められるだろう。「小学生の習い事でつけたい力に映像編集がはいった」、というように映像表現は、日常に当たり前のように入り込んできている。しかし、映像編集の指導と、ドキュメンタリー作りの指導とは少し異なっている。「調べて・まとめて・伝える」という本質的な学びをコーディネートできる指導者が求められているのだ。

学生がドキュメンタリーを作る

里見　繁（関西大学教授）

学生がドキュメンタリー映像を作ることの意義とは何か。私の中では答えは明快で、「社会科の授業」と一言でいい切れる。それによって社会を知り、自分を知る。社会が理不尽で不正と不平等に満ちていることを知り、しかし、これから自分はそこに出ていくしかないことを知る。これほど完璧な社会科の授業がほかにあるだろうか。

大学の教員になって一〇年が過ぎた。テレビ記者からの転職なので、できる授業は限られている。「論」を語るのはおこがましい。実習が中心であり、ゼミ生も三年次はさまざまな映像を見て編集の作法を学び、四年次は卒業論文に代えてドキュメンタリー作品を提出する。関西大学は「「地方の時代」映像祭」の会場になっているので、このコンクールの「市民・学生・自治体部門」への参加と入賞が学生の励みにもなる。応募の締め切りが夏前で、最初の年は不参加だったが、以後は毎年欠かさず参加してきた。

「社会科の授業」という表現には、大学の講義ではなく、どこか中学や高校の授業を連想させるところがあるが、これは意図したものである。少し釈明したい。大学の教員になってすぐ「父母懇談会」という行事に出席した。ゼミ生の親に面談して進路などの相談に乗る。今はどこの大学でもあるのだが、私の学生時代にはなかった。少し面食らったが、大学教員という職業について自分の無知を知る機会になった。今や、私の思い描く大学（私が通っていた一九七〇年代の大学）はどこにもない。ここは高校の延長だ、いや、高校そのものだ、と実感した。学力が低い、というのではない。むしろ彼らはよく勉強し、欠席もせず、試験ではそこそこの結果を出す。進化によって胎内にいる期間が長くなるとか、文明が進むほど揺籃期が長くなるとか、そういうことと関係があるのかどうか知る由もないが、社会に飛び立つ前の滑走期間は確実に長くなっていると思う。一言でいえば「まだ大人になっていない」ということかもしれない。しかし、圧倒的に何かが足りない。授業だけでなく、よく飲み屋へも出かけたが、この「不足感」は何だろうかと考えた。かつて、「書を捨てて街に出よ」と私の好きな作家は言った。これを借用して、「スマホを捨てて街に出よ」と学生に向けて言うようになったのは二年目か、三年目か。社会を知らない、あるいは社会に関心を抱かない。アルバイトで社会との接点はあるはずなのに、なぜか大人の心を読めない。心のひだを読み解く訓練が足りないのだ、と思う。デジタルでバーチャルな空間に浸りすぎた結果だ、などと念押しをする気もないが、このまま就活に臨んでも、この初心《うぶ》さでは面接試験でも撃沈するしかないだろう、というのが私にとっての現実的な課題だった。

　そんなときに、ドキュメンタリーの実習でも同じ課題にぶつかった。あるテーマを追いかけることに決まりかけた。「市の担当者に聞いてごらん」と私は言うが、学生はきょとんとしている。インターネットで調べることはすぐできるのに、市役所に電話を掛け、担当者を問い、その人に繋いでもらう、という作業ができない。方法を知らないだけでなく、面識のない人と直接話をすること（電話による会話すら、彼らには生々しいのだ）を恐れている。ところが先方もきっと若い職員なので、話し込むのではなく、すぐにメールでのやり取りに切り替える。かつては電話をしたら、次は直接会って、（その人かその上司に）インタビューを申し込む。そういう人と人の接触ではなく、メールで取材意図を伝え、インタビューを申し込む、という手続きに変化してしまった。それでも、最初の電話のやり取りやそれに続くインタビュー取材は、内気な学生にとっては一歩前進であるといえる。これは取材の入口に過ぎない。しかし、ドキュメンタリーの制作という実習が、学生の抱える弱点の克服に役立つかもしれない、というのは私にとって嬉しい発見だった。スマホの小さな画面から離れて実社会に出ていく、それが何らかの刺激になるはずだと考えた。これを続けて、少しずつ掘り進んでいけば、取材も深化し、取材者自身も社会化されていくに違いない。時には、取材は深まらなくても（取材の拒否や挫折はいつもある）、取材者が社会に揉まれ、慣れていくなら、この実習授業は無駄ではないはずだ。採れる果実は大きくなくても、土にまみれながら作業をやり遂げることが肝要であり、大学ドキュメンタリーがプロと違うのはその点だと思う。

編集作業もまた、「社会科」として機能する。映像を切り貼りし、ナレーション原稿を書く。人の間を上手に泳いでいくためには、自分の想いを「伝える」ことが重要になってくる。人から人への伝達手段は、目と耳、つまり映像と言葉しかない。今の学生は、生まれた時から氾濫する映像の中にいる。当然、映像には慣れているが、映像の伝達にも文法があることをほとんどの学生が理解していない。私は「五秒間の新幹線」という話を毎年している。

「探偵ドラマを思い描いてください。（カット一、乱雑な部屋）探偵は事務所で机に向かっている。窓の外には東京タワーが見える。（カット二、探偵の上半身）何かに気づいて一人で頷く。（カット三、鉄橋）疾走する新幹線が右手から左へ消えていく。（カット四、石畳みの坂道）歩いていく探偵の後ろ姿。外国人観光客がすれ違う。以上。この四カットには台詞はいっさいないけれど、君たちには次のことがわかる。東京の事務所にいて、探偵はある重大な事柄に気づき、大急ぎで京都までやってきた。さて、ここで、もし「新幹線の五秒」がなかったらどうなるか。せっかく三年坂でロケをしても無駄になるでしょうね。浅草の路地裏にもこんなところはあるかもしれない。それどころか、見ている人はきっと混乱してしまう。つまり、「新幹線の五秒」は関東から関西への三時間の移動を意味している。何も言わなくても、そのように理解する。これが、日本に住む現代人の共通認識です。映像を作る人と見る人との約束です。この共通認識、約束が、映像の文法です。映像の文法も、実は時代と場所を共有する人々にしか通用しない（これは言語と同じです）。しかし、その中では、言葉に負けない力を発揮する。だから、編集の勉強が大切なんです」

日々、映像の溢れる現代社会で暮らしていながら、たとえば、東京に取材に出かけた学生が、「新幹線の五秒」を忘れずに撮影してくる、ということは一年目ではまずない。こういう映像を「雑感」と言うが、インタビュー取材では、インタビューした人物の普段の行動を撮影するのはもちろんだが、その人物の活動する場所（役所でも会社でも民家でも）、日時と季節（窓の花でも外の街路樹でも）、取材場所への移動手段（新幹線でもローカル線でも）などなど撮るべきものがたくさんあるはずだが、「いいインタビューが撮れました」と言いながら帰ってきた学生に問い質すと、これらのカットをほとんど撮り忘れている。雑感を取り忘れるとどうなるか。インタビューをした人物の顔に延々とナレーションを流すことになる（テレビを見ていてもよくそういうシーンに出くわす）。ナレーションに被せるべき映像が足りないからだ。文法の勉強と同時に語彙力（適切な雑感を逃がさず撮影する力）も高めなければならない。

映像の文法は、受け手から送り手に変わった瞬間にその難しさに気づく。ただし、その文法を知って、もう一度、受け手に戻ってみると、格段に映像とその構造がよくわかるようになる。映画を見ても、実習を経験した四年生の鑑賞力は深く鋭い。私たちは映像のない世界に後戻りすることはできない。映像を使いこなす勉強は必修科目だといえる。

「学生運動」をテーマにしたいと一人の女子学生が言った。二〇一九年の春、卒業作品の企画を出し合っている時だった。私は苦笑した。授業でいつも「今どきの学生」の「政治への無関心」を揶揄し続けていたので、それに対する反発に思えたからだ。その側面は確かにあったと思う。聞けば、「写真がきっかけ」だという。私たちの学び舎である第三学舎の正面玄関の前に学生たちが集まって机を積み上げている白黒の写真。ちょうど五〇年前に撮られた一枚だ。「関西大学の学生運動」と題するパネル展示を告知するポスターとして、学内のあちらこちらに貼られていた。自治会の学生たちがバリケード封鎖をしている、その瞬間を撮ったものだが、彼女は当初、何をしているのかわからなかったそうだ。その意味がわかった時、自分たちのいるその場所で、半世紀前にそんなことがあったのだと初めて実感し、調べてみたくなったという。もう一人の女子学生と組んで取材を始めた。「学生自治会」の存在さえ知らない世代の二人が組んで、どこまでできるのか、五里霧中の船出だった。まずは学生へのインタビュー。「学生運動って知っていますか」との問いに対して名答、珍答が返ってきた。「暴動」「放課後に集まってやる」「ボランティア」。中には、香港でのデモをテレビで見ている学生もいて「海外で多い」と答えたが、その後で「台湾」と続けた。惜しい。撮ってきた素材を見て、私は笑うが、取材者二人は笑えない。それは彼女たち自身の姿だ。

卒業生に話を聞いたり、かつての闘士に話を聞いたり、取材は徐々に深まっていった。一九六七年の羽田闘争で、京都大学の一回生、山崎博昭さんが亡くなった事件はよく知られているが、そのお兄さんが関西在住だと分り取材をさせていただいた。警察発表では、山崎さんはデモの最中に学生の運転する車両に轢かれて死亡したことになっているが、実際には轢かれた跡はなく、死因は脳挫傷、つまり機動隊員によって殴り殺されたのだと、兄の山崎健夫さんは語った。半世紀前の事件が未解決のまま、お兄さんの胸の中でくすぶり続けている。今も消えない静かな憤りを二人は肌で感じ取った。「なぜ、そんなに熱くなれるのか、命を懸けてまで」という疑問が、取材を始めた当初から二人の心の中にあった。「革命を信じた」と聞いてもピンとこなかったが、少しずつ変化していった。

こうした取材の中で、関西大学の学生運動を記録する動画も見つかった。ヘルメットに手ぬぐい、角材、そしてジグザグ行進。我々には懐かしくもあるその映像は、今となっては貴重な資料であり、制作する上では欠かせない素材だった。

そんなある日、二人が疲れ切って取材から戻り、開口一番「全然だめでした」とうなだれた。インタビューでうまく答が引き出せなかっただけでなく、叱られ、罵倒されたという。その日の取材は、ベトナム戦争反対運動の中心メンバーとして闘ってきた元コロンビア大学生の講演だった。学生運動五〇年の節目に招かれて大阪にやってきた。その講演後、インタビューに応じてくれた。それがどれほど「だめ」だったのか、大学の編集室で素材を見せてもらった。

マーク・ラッド氏を真ん中にして通訳が二人、右と左に座っている。インタビューとしてはかなり不自然な構図だ。音声もひどい。会場のロビーで始めてしまったので、さまざまなノイズを拾い、聞き取りにくい。しかし、本当にひどいのはその中身。インタビューの内容をそのまま以下に紹介する。ちなみに、通訳をしてくれた二人も、もと闘士だった方々である。通訳をすると同時に、自らの意見を語ってくれた。

個人的には、最初の質問からボタンの掛け違いがあったように思えてならない。それは、取材を重ねる中で彼女たち自身の中でどんどん膨れ上がっていった、だからどうしても聞きたかった「なぜ」だったのだと思う。しかし、年長者からは稚拙な愚問だと思われたのかもしれない。

学生「五〇年前には皆さんそれぞれに怒りの感情があったから、ああやって活動できたのだと思います。今、若者に怒りの感情がなくなったのは「なぜ」だと思いますか」

（君たち自身のことをなぜ私に問うのか、と言いたげな憮然とした表情で）

ラッド氏「私には分からない。私は今でも怒りを持っている。自分の怒りを抑えきれない」

（画面左側の男性が助け船を出すように）

通訳の男性「質問に質問で答えるけど、今の若い人たちは、今の政治情況とか、安倍（元総理）のやっていることを見て、腹が立たないの？」

学生「立ちません」

（助け船は沈没。それでもめげずに）

通訳の男性「五〇年前に、ベトナムでアメリカが侵略戦争をやっていて……、日本の政府がアメリカに加担していることに対する怒りなんだよ。そういう状況だったからさ、怒らないっていう気持ちが逆にわからない。勿論、我々がやったことが、暴力やって、内ゲバやって、仲間で殺しあったということが、次の世代の人たちを冷めさせたっていうことはあるけど。だからだんだん学生運動が衰退していった」

（この時、画面右側にいた女性の通訳がいらいらしながら）

女性の通訳「ちょっと言いたい。女の子でいて、学生でいて、頭にくることないの？」

学生「正直ないです」

女性の通訳「将来どうなると思う？　自分が就職して、男と同等の扱いを受けられて……」

学生「危機的状況に陥ったことがないんですよ。今生きている中で、自分が不利益を受けたと思ったことがなくて、だから、怒りを感じるっていうタイミングがないんです。都合のいい人間にされていうんだろうなっていうのはあるんですけど……」
男性の通訳「絶望的ですね」
ラッド氏「危機を感じれば、それに対して何かをしなければならないという感情が出てくるはずだけど、その危機に対して、拒絶反応が出来てしまっているのではないのか」
女性の通訳「なんでこれ（学生運動の取材）をやろうと思ったの？」
（完全に怒っている）
ラッド氏「ダチョウが危機に直面すると、それを見ないように砂の中に頭を埋めるんですけど知っていますか」
学生「……」
ラッド氏「楽しくて、そこそこ平和で、自分たちが適当にうまく人生を送れたらいいな、という程度のことしか考えないから……」
男性の通訳「失礼な言い方だけど、やはりあなたたちは温室で育っているからさ、よその世界からシャットアウトされて、そういう免疫がないというのか……」
（横からラッド氏が、これが最後だ、というように）
ラッド氏「あなたたちの生きている文化（Culture）はすごく愚かなものだと思います」

ここでインタビューは終わっている。「Stupid」、本稿では「愚か」と訳したが、女性の通訳は「ばか」とはっきり言い切った。素材を見終えて、二人の学生は下を向いていた。二人に向かって、私は言った。「これを全部、そのまま使いましょうか」。奇妙なことだが、私はむしろ感動していた。確かにこれは普通の基準から言えば「ひどい」の一言だろう。これほどのすれ違いがあるだろうか。でも、これほどきっぱりとした、遠慮のない率直な言葉には出会ったことがない。三人の大人の言葉はすべて正論だ（と私は思う）。一方、学生の言葉にも嘘はなかった。知ったふりをせず、正直だった。だから、怒りを買った。かつての熱い青年たちと、半世紀後の冷めた若者たちの埋めがたい断絶。「絶望的ですね」と言ったかつての闘士の声は、怒りよりも悲しみに満ちていた。

「なぜ、私たちは怒らないのか」。二人にとっては切実な問いだった。この半年前、私は「なぜ、君たちは怒らないのか」と教室の学生たちに問うた。学生のほとんどは右から左に聞き流し、それは他人事に過ぎなかった。このインタビューの時点で、二人は「怒りの喪失」を、少なくとも「自分のこと」として受け止めていた。その大きな変化を二人が自分自身で気づいていたかどうかはわからないが。

一方で、インタビューを聞きながら私自身が気づいたことがある。私はその時点まで、自分をラッド氏や二人の通訳の側に置いていた。しかし、そうだろうか。私も実は二人の女子学生と同じ側にいるのではないのか。叱られているのは私ではないのか、それが心を揺さぶられた理由ではないのか、そんなことを考えた。今回の全取材を通して、この痛ましい出会い（と二人は思っているかもしれないが）があったからこそ、この航海は寄港地を一つ見つけることができた、と私は思う。

ナレーション原稿でも難航した。ほとんどすべてに「朱」を入れた。いちいち記憶にないが最後の一行はよく覚えている。初稿では「若者たちよ、さあどうする」となっていた。この作品のタイトルが、『昔、学生運動ってのがあった―怒りを忘れた若者たちへ―』であったので、それに呼応するように若者たちに問いたかったのだと思う。しかし私は、それは違うと感じた。ちょっと勉強したくらいで、「君たちが、人に問えるのか、上から目線で」と言いたかった。そして、完成作品では次のようになっていた。

「若者たちよ、さあどうする、と声高に言うのも恥ずかしいが、まずは私自身だ。…間…　どうするんだ、私は」

「身の周りから」テーマを選択してください、と毎年授業の冒頭で言う。春休み中の宿題として、学生はドキュメンタリー作品の企画書を提出することになっている。読めば、それらは壮大である。気候変動、人口問題、LGBT、日米地位協定、原発賠償、新聞の特集や企画記事から刺激を受けたか、テレビのドキュメンタリー番組から発想を得たか、そのどちらかである。とにかく、四月の頃は気負っている。映像基礎実習を終えて、これから長編に取り組むのだと、みな張り切っている。そのホットな彼らの熱を冷ますための冷水が「身の周り」の提案である。大きな社会問題に切り込んでいく、そういう企画書を一所懸命書いてきたのに、という不満顔の学生に「では、その企画案を実現するために、どこに取材に行き、誰に話を聞くのか。来週までに具体的に書いてきてください」とさらに宿題を課す。そこで、六〜七割の企画書はごみ箱に直行する。取材に行くには交通費がいる（外国はもちろん、東京だって大変だ）。政治家や著名人に取材を申し込んでも相手にされない。「身の程を知る」のである。それを突破して企画書がまだ生き残っているなら、それは釣り上げる値打ちのあるものかもしれない。一〇本に一本あるかなしか。

「身の周り」の提案には、取材の「イロハ」も込められている。取材の鉄則は「各論から総論へ」である。前段で書いた「昔、学生運動ってのがあった」も一枚の写真から自分たちの学び舎の歴史の一コマを知り、そこから一人ひとりに取材を重ね、五〇年前の熱い時代に辿り着いた。そして、そこから振り返った時に、初めて自分たちの冷めた時代が俯瞰できたのだ。

「各論」をさらに絞り込んだものが「身の周り」である。そこから始めて、最後に「総論」＝社会問題に至ることが学生ドキュメンタリーの基本だと考えている。

ちなみに、去年の完成作品を振り返っても「身の周り」からほとんどの企画が生まれている。滋賀県に住む学生は、近年急速に増えてきた湖畔の植物に関心を抱き、『琵琶湖の外来生物』を制作した。父親が京都の中心部で食品流通の会社を経営しているという学生は、『コロナと祇園』を制作し、父親が老舗の店舗をやむを得ず閉じるところまで撮影した。母親がケアマネージャーをしているという学生は、母に密着して、感染対策に苦慮する老人介護施設を取材した。『片耳難聴を知っていますか』は、父親が片耳難聴で苦労しているのを日ごろから見続けてきた学生によって制作された。八年前、中学時代に子宮頸がんワクチンを接種した学生は、副反応に苦しむ友人を取材して作品にした。『生真面目な父』『一七年の空白』という二つの作品は、共に自らの父親を主人公にしている。

仕事人間だと思い込んでいた父の意外な一面を発見する娘。もう一方は、両親の離婚後ずっと会ったことのなかった父に会いに行く娘。共にひと夏の父との交流を描いている。成長する過程で娘が父を再発見する、そんな普遍のテーマが素直にかつ赤裸々に描かれていた。

「身の周り」＝クローズアップから始まった取材が、いつも「社会問題」＝俯瞰まで到達するとは限らない。むしろ、途中で挫折することのほうが圧倒的に多い。しかし、俯瞰の視点を無理に付加することは求めるべきではない。その視点が育っていない場合には、新聞やテレビからの借り物が作品内に紛れ込むことになる。そして、借りものに染まった彼らの書く原稿は、背伸びをしていて深みがない。

「クローズアップ」から一つの言葉を連想したのでそれに触れておきたい。

「人生はクローズアップで見れば悲劇だが、引いて見れば喜劇になる」。チャップリンの言葉だ。彼は、視点によって人生の「見え方」は変わると言った。「喜劇」が彼自身の作った映画を指すなら、そこでは「笑い」の隣にいつも「悲しみ」が同居している。「ヒューマンコメディ」である。人生はいつも滑稽で、そして深い悲しみに満ちている。一つの人生の「滑稽」と「悲しみ」のどちらに目を向けるのか、視点の違いがあるだけだ。どちらを強調して語るのか、どちらを映像として切り取るのか、その違いがあるだけである。「ヒューマンコメディ」＝人間の日々の営みには喜劇と悲劇が同居している、滑稽さの中に悲しさがあり、涙の中に笑いがある、チャップリンはそう言っている。

話を元に戻す。「身の周り」から「俯瞰」、つまり各論から総論への飛躍も同じことだと考えている。各論と総論は別の事象や人物について語っているのではない。一つの事象の中に、一人の生き様の中に各論があり、同時に総論があるのである。間近から見るのか、俯瞰するのか、距離的な違いだけでなく、角度や光の当て方もあるかもしれない。いずれにしても、それは別のものを見るのではない。一つの事象、事実、一人の生き様、人生から各論を引き出し、同時にそこから総論を導き出すのである。取材者に求められるのは、自由闊達な視点の移動である。その柔軟さこそが「大人の視点」の獲得ではないのか。

彼らが、「俯瞰」の視点まで到達し、つまり批評に堪えうる「ものの見方」を獲得し、借りものではない自分の言葉で語り出した時、しばしば、まぶしいくらいの作品に仕上がることがある。それほど多くはない。でも、そんなときこそ、この職業も悪くないなと思える瞬間である。

第七章

映像祭の未来を拓く

ドキュメンタリー作品制作を応援する
――「地方の時代」映像祭の現代的意味と役割

和田省一（朝日放送名誉エグゼクティブ）

「地方の時代」映像祭が担ってきた役割

「地方の時代」映像祭には、放送局部門だけでなく、ケーブルテレビ部門、市民・学生・自治体部門、高校生（中学生）部門もあり、参加者が一堂に会する。「地方の時代」映像祭が他のコンクールと大きく違う点だ。各部門の作り手がそれぞれの部門で競い合い、その上で、同じ土俵に上がって、グランプリを競う。そのことによって、互いに刺激を受け、それぞれの制作力が強化される。これこそが、「地方の時代」映像祭が果たしている大きな役割だ。

普段は接することのない人たちが、それぞれ制作した作品を持って集まり、競い合い、刺激を受ける。また、交流会などの場で話し合い、意見を交換し合う。さらに、シンポジウム、ワークショップで知的刺激を受け、上映会では、普段は見ることができない作品を数多く見ることができる。ドキュメンタリー番組の制作力を維持し向上させる下支えになっていると言えるだろう。そして、各地の放送の現場で、学校で、あるいは市民活動として、社会の動きに関心を持ち、表現しようと頑張っている作り手の皆さんの励みになっているのであれば「地方の時代」映像祭の存在はとても大きいのではないだろうか。

また、この数年、ケーブルテレビ局が制作する作品が高い評価を受けている。ケーブルテレビ各社の制作力アップには、日本ケーブルテレビ連盟のコンテンツ流通部会長の丸山康照さん（Goolight社長、本書第三章も参照）たちの活動の成果が大きいのだが、上記のような発表の場としての「地方の時代」映像祭も貢献できたのではないだろうか。

過去四〇回、大賞、グランプリは、毎年、放送局部門から出ている。しかし、数年前からケーブルテレビ部門の制作力が充実し、毎年のように、放送局部門とグランプリを競っている。二〇一八年と二〇一九年には、準グランプリに相当する「審査員特別賞」がケーブルテレビ部門の作品に贈られた。また、市民・学生・自治体部門、高校生（中学生）部門の作品も年々力をつけてきており、放送局部門も安閑としていられないほど、全体の制作力が向上しているように思う。

「地方の時代」映像祭が持つ意味――審査を通して考えたこと

「報道されていることの一枚めくったところにある本当の姿を抉り出す」ことが必要だとドキュメンタリー番組制作の大先輩・田原総一朗氏から伺ったことがある。本当の姿を抉り出した作品が

『ヤジと民主主義』(北海道放送、2020 年)より

放送されたことがきっかけとなり、日本という国の在り方を問い、考え、見直す、あるいは提言する。そのようなパワーのある作品が毎年のように「地方の時代」映像祭に集まる。

日本の社会も世界もさまざまな問題を抱え、その深刻さはますます大きくなってきている。社会が抱えるさまざまな問題について、全国各地で何人もの作り手が、問題の所在を調査し、取材し、番組にしてゆく。このたゆまない努力の積み重ねが私たちの住む世界をより良いものにしてゆくことにつながるのだろうと期待したい。

近年の作品を例にとれば、北海道放送が制作した『ヤジと民主主義〜小さな自由が排除された先に〜』(二〇二〇年、優秀賞)が、安倍首相(当時)の街頭演説に対し、声をあげた途端に、また、声すらあげずプラカードを掲げた途端に大勢の警察官に取り囲まれ力ずくで連れ出された事件をニュース報道だけに留めず、深く取材し、政権トップに対する忖度から生まれた警察の暴走を鋭く抉るドキュメンタリー作品に仕上げた。長期政権下における権力の肥大化に警鐘を鳴らした意義は大きい。

『満州　富士見分村〜戦後70年の証言〜』(エルシーブイ、二〇一六年、優秀賞)は、僅かずつ動いている政治が戦争の方へ傾いたら、やがて国民に大きな犠牲を強いることになることを訴えて説得力があった。大勢の国民もしくは世界の人々に大きな犠牲を強いることになる前に、勇気をもって指摘をすることがジャーナリズムには期待されている。

『はりぼて　腐敗議会と記者たちの攻防』（チューリップテレビ、二〇一七年、優秀賞）は、市議会議員の報酬引き上げ法案がすんなり可決されたことをきっかけに、政務活動費について膨大な資料を調査し粘り強く取材。多数の不正使用を突き止めた。権力の監視というジャーナリズムの役割を果たした地方での見事な事例だ。

『映像'17　沖縄さまよう木霊～基地反対運動の素顔～』（毎日放送、二〇一七年、優秀賞）は、沖縄の基地反対運動に対してSNSで事実と異なる批判をしている人たちを探し出し面談し、SNSでの彼らの主張が根拠のない言説だったことを解明した。無責任なSNSでの発信が世論に大きな影響を与えることを丹念にチェックしていくことの大切さを教えられた。

『2019年春、辺野古は今』（静岡大成高校、優秀賞）は、基地が学校の近くにある高校生が、沖縄の基地問題について事前に十分調査をした上で沖縄に出向き、丁寧に取材をしたことにより、賛成・反対両方の責任者から意を尽くした説明を得ることができた。その結果、辺野古の問題は自分たちの地元にある基地の問題でもあると思い至る。高校生の素直で真面目な調査・取材の成果だ。

NHK沖縄放送局は、二〇一七年のNHKスペシャル『沖縄　空白の1年～〝基地の島〟はこうして生まれた～』（選奨）で沖縄の基地問題の根源を鋭く抉り出し、二〇一八年はNHKスペシャル『スクープドキュメント　沖縄と核』（優秀賞）で沖縄の米軍基地に置かれた核兵器が臨戦態勢にあったとの証言を引き出すなど、一枚めくったところにある真の実態を抉り出すことに成功している。これらの作品で、沖縄の基地問題の淵源、展開、そして隠され続けてきた重い事実が明かされ、恐るべき実態が明るみに出されたことの意義は大きい。

『飲めなくなった井戸水』（福岡市立野間中学校、2015年）の一場面

小品の中にも強く印象に残るものがある。『現場に立つ　細雪を「書いた」女』（NHK岡山放送局、二〇一七年）は、『現場に立つ』という二五分間のレギュラー番組のうちの一回だが、戦時下での統制に反発し抵抗する谷崎潤一郎の反骨ぶり、気骨を「細雪」の清書を依頼された女性が残した言葉と再現映像で見事に描き出し、軍が巨大な力を持ってしまった後の息苦しさを伝えることに成功している。

比較的短い作品が多い市民・大学・自治体部門、高校生（中学生）部門の作品の中にもキラリと光るものが数多くある。福岡市立野間中学校の『飲めなくなった井戸水〜私たちの町に残された戦争の傷跡〜』（二〇一五年、奨励賞）もその一つで、八分間という短い作品だが、毎年のように戦争が残した問題について真面目に取材する制作姿勢が素晴らしい。こういう小品に光を当てるのも「地方の時代」映像祭が果たしている役割だと思う。

「小さき民の営み」という視点

これまでの論考でも何人かの筆者の皆さんが指摘をしているが、「地方の時代」映像祭は、「小さき民の営み」という視点を大切にしてきた。その端的な例は、戦争によって人生を大きく変えられた民衆、苦しみを強いられる市井の生活者への思いだ。

たとえば、国策により満蒙開拓に参加した人々が受けた苦難だ。ETV特集『告白～満蒙開拓団の女たち～』（NHK岐阜放送局、NHK名古屋放送局、NHK第一制作センター文化・福祉番組部、二〇一八年、選奨）は、引き揚げの裏に隠されていた女性たちの悲劇を、犠牲を払った女性たち自らが語った重さがあった。ETV特集『彼らは再び村を追われた　知られざる満蒙開拓団の戦後史』（NHK長野放送局、二〇一九年、選奨）は、満蒙開拓から苦労して引き揚げ、戦後開拓で不毛の地に追いやられ、さらに原発の被害も受けるという、国策に翻弄された人々がいたことを訴えた。このほかにも、SBSスペシャル『棄民哀史』（信越放送、二〇一五年、選奨）、『祈り～加藤八重子さんの半生～』（伊奈ケーブルテレビジョン、二〇一五年、優秀賞）など、国策によって人生を大きく変えられながらも一途に生き抜いてきた人々の人生に密着した番組には胸をうたれた。戦争が「小さき民」に残した過酷な傷痕については、これからもさまざまに調査し、発掘し、取材し、制作し続けてほしいと願う。

『祈り』（伊奈ケーブルテレビジョン、2015年）の一場面

また、ゆとりをなくした社会の中で、居場所を見つけることの大切さを訴える作品が増えている。『おいでや！おやこ食堂へ』（NHK大阪拠点放送局、二〇二〇年、グランプリ）は、地域の人たちが力を合わせて子ども食堂をおやこ食堂にしたところ、親に居場所ができたことで心の安らぎを得る子どもたちの気持ちが切なく伝わってきた。ETV特集『〝ひとりぼっち〟で死なせない～依存症高齢者の介護施設～』（NHK水戸放

送局、二〇二〇年、選奨）も、孤独に死をむかえようとしている高齢者の居場所作りの大切さを訴えた。

　これまでは東京一極集中が加速し、東京と東京以外、都市と地方の格差は拡大を続け、地方は無力感を感じてきた。しかし、コロナ禍でリモート・ワークが進み、ワーケーションなど新しいライフスタイルが広がり、また、東京やニューヨークの人口が流入から流出に転化したと報じられている。地方が持つ力が問われる時だ。一方で、変化の速度が加速している。時代の流れが一気に変わる大きな転換点にさしかかっているのだろう。振れ幅の大きな時代の転換点には、その流れから振り落とされる人々の存在も見過ごすわけにはいかない。ドキュメンタリーの作り手の活躍が期待される。

今後、作品化が期待されるテーマ

　では、今、あるいはこれからはどんな問題が私たちの前に立ちはだかるのだろうか、また、それをどう番組化できるのだろうか。

　たとえば、世界的規模で大きな問題となっている気候変動＝地球温暖化だ。人間の経済活動の結果、地球が悲鳴を上げている「人新世」の時代に、我々が何を見つめ、どう取り上げるのか。同様に、地球規模でも国内でも絶望的に拡大する経済格差の問題をどう捉え、ドキュメンタリー番組としてどう具体化することができるのか。

　また、日本の人口減少と外国人労働者の問題、世界から批判されている出入国管理制度の問題はすでに何度か取り上げられているが、さらに深刻さが増すと思われるこれらの問題の新たな展開の中でどう番組化するのか。介護と貧困、ヤングケアラーの問題、男女格差、さまざまな差別問題、非正規労働者の問題、ひとり親世帯の苦しい実態等々。声をあげられず、見えない存在とされている人々の声を聞き取り、置かれた厳しい現実を丁寧に取材した作品がこれまでも作られてきたが、これからも新しい作品が作られることを期待したい。

さらに、官僚を中心に広がる権力者への忖度の問題、報道の自由度ランキング六七位の国における官邸の記者会見の規制と記者クラブのあり方、そして世界的に増える独裁体制＝権威主義的政治の過酷な現状などなど。「地方の時代」という観点からテーマと取材対象をどう設定し、掘り下げていくのか。制作者の皆さんの活躍に期待したい。

筆者個人として、困難だが重要な課題だと考えているのは、戦争体験の継承だ。明治維新以降の近代日本の時代の一つの帰結として、第二次世界大戦の悲惨な現実を後世に伝えてゆくことは極めて重要なことだ。しかし、戦後八〇年近く経つと、戦争の時代を経験した人たちが亡くなってゆく。戦争の悲惨さを、実感を持って語ることができる人がいなくなる時がやがてやって来る。これから先、戦争の問題をどう伝えていくのか。戦争体験を語れる人を探し出し、その証言をいかに聞き出すのか。戦争体験者がいなくなる時代に戦争の実態をどう伝えるのか、難しい課題ではないだろうか。

これらの難しい現代的課題をどう捉えるのか。それらを調査し、取材し、作品化するに際しては、生活に根差しているか、そして、人間が描けているのかが重要であることは言うまでもないだろう。結果として、見る者の心に響き、記憶に残る作品に仕上がることを期待したい。さらに、志高くグローバルな舞台でも活躍できるような作品ができ上がることを願いたい。

テレビとインターネット

テレビのパワーが衰えてきたと言われている。一方で、ネット配信メディアの勢いが伸長している。インターネットがテレビを抜き最大の広告媒体になった。メディアに投下される広告費の推移からそのように言われている。とくにコロナ禍がその傾向を加速したとも言われている。コロナ禍で在宅時間が増えたことに伴い、テレビの視聴率はアップしたが、長くは続かず、一時的な現象に終わった。テレビはなぜ「好機」を逃したのか。

広告媒体として陰りが見えると、テレビの世界もゆとりがなくなり、広告効果がよりシビアに求められるようになっている。視聴率も世帯視聴率ではなく個人視聴率が重視されるようになり、広告主が求める若い世代に向けた番組が重視されている。

一般的には、視聴率が低くしかも視聴層は高齢者が多いと言われるドキュメンタリー番組の放送時間は、深々夜か早々朝になっている。放送枠を確保するのにも苦労する状況が続いている。制作費も削られ、確保するのに苦労する状況だろうと思われる。

社会の問題を掘り下げ、社会をより良くするために貢献するドキュメンタリー番組は、公共財としての電波を使う放送局の大事な使命だ。しかし、売り上げが落ち、経営が苦しくなってくると、企業としての側面が強く出てくる。その結果、支出に占める割合が大きい制作費と人件費が削られることになり、結果として、番組の質の低下につながりかねない。

「お茶の間」は死語と言われた時期もあったが、大画面化でリビングルームのメインの位置を確保しているテレビ受信機をインターネットに奪われないためにも、テレビが送り出す番組が重要になる。同時代に起きつつある問題、過去から解決されずに今も残されている課題、将来の世代の負担になるであろうテーマに取り組み、その重要性を訴えて説得力のある番組が、多くの人々に届き、心を動かし、社会を良くする契機となる。それが、テレビの存在価値を理解してもらうためにも求められている。たかがテレビではあるが、されどテレビなのだ。

インターネットに押されてテレビは苦しい時期を迎えているが、一方で、スマートフォンとオンラインが発展・普及することにより、個人が自由に広く発信できる時代になっている。市民・学生・自治体・高校生（中学生）部門の裾野が広がるというプラス面もある。

二〇二〇年、コロナ禍で制作に大きな制約を受けたとき、桜丘中学高等学校の放送部は、集まって番組を作ることができないという大きな制約を、オンラインを駆使することで切り抜けて『コロナの時代―僕らの挑戦―』を完成させ、優秀賞を受賞した。民生機が進化して機材の制約が少なくなり、通信が発達することで、映像祭に参加していただく敷居が低くなることは素晴らしいことだと思う。

インターネットについては、別の問題もある。Netflix や Hulu などの配信メディアにも門戸を開くかどうか。当面の問題ではないだろうが、５Ｇの時代をむかえて、将来に考えるべき時期が来る可能性は否定できないだろう。世界の大きな映画祭では、門戸を開かれた配信メディアが大活躍をしている。巨大配信メディアが巨額の制作費をかけた大作と、大学生・高校生の手作りの作品を同じ土俵の上で審査するのは難しそうだが、そんな時代が来るのだろうか。

「地方の時代」映像祭は、例年、六月に三日間「フォーラム」を開催している。ドキュメンタリー作品をベースに、制作者と取材対象者らが一堂に会して議論し、問題を掘り下げ、課題解決のための提案などを議論する場として定着している。生活の中で、インターネットがますます身近なものになり、バーチャル化が進み、生身の人間同士の対面の機会が少なくなり、さらにコロナ禍でその傾向が加速している。こういう時代だからこそ、制作者、取材対象、視聴者が膝突き合わせるように語り合う「フォーラム」の持つ意義は大きいと思う。

拠点の安定的確保

「地方の時代」映像祭は、川崎市で生まれ、持ち回り的に札幌、長野、富山での開催を挟み、その後、川越市を経て、二〇〇七年から吹田市に定着している。これは関西大学の協力の賜物である。あらためて謝意を表したい。運動としての「地方の時代」映像祭において、関西大学という根拠地を得て、全国に発信し、全国から人と作品を受け入れる体制を整えることができている意義はとても大きい。全国からの制作者、関係者が関西大学のキャンパスに集い、一堂に会しての贈賞式、シンポジウム、講演会、交流会、そして数多くの作品の上映会、さらには、グランプリ作品の制作者を招いての大阪キャンパス、東京キャンパスでの作品上映会等々、「地方の時代」映像祭は、他のコンクールでは考えられないほど幅広い活動が展開できている。今後もこの体制を安定的に確保しながら、全体の制作力の向上に貢献してゆきたい。

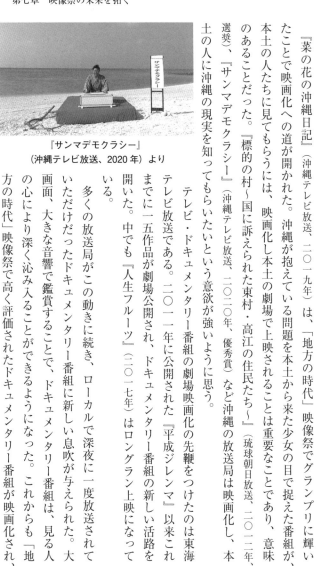

ドキュメンタリー番組が生き残る道——映画化の流れが加速

『菜の花の沖縄日記』（沖縄テレビ放送、二〇一九年）は、「地方の時代」映像祭でグランプリに輝いたことで映画化への道が開かれた。沖縄が抱えている問題を本土から来た少女の目で捉えた番組が、本土の人たちに見てもらうには、映画化し本土の劇場で上映されることは重要なことであり、意味のあることだった。『標的の村〜国に訴えられた東村・高江の住民たち〜』（琉球朝日放送、二〇一二年、選奨）、『サンマデモクラシー』（沖縄テレビ放送、二〇二〇年、優秀賞）など沖縄の放送局は映画化し、本土の人に沖縄の現実を知ってもらいたいという意欲が強いように思う。

『サンマデモクラシー』
（沖縄テレビ放送、2020 年）より

テレビ・ドキュメンタリー番組の劇場映画化の先鞭をつけたのは東海テレビ放送である。二〇一一年に公開された『平成ジレンマ』以来これまでに一五作品が劇場公開され、ドキュメンタリー番組の新しい活路を開いた。中でも『人生フルーツ』（二〇一七年）はロングラン上映になっている。

多くの放送局がこの動きに続き、ローカルで深夜に一度放送されていただけだったドキュメンタリー番組に新しい息吹が与えられた。大画面、大きな音響で鑑賞することで、ドキュメンタリー番組は、見る人の心により深く沁み入ることができるようになった。これからも「地方の時代」映像祭で高く評価されたドキュメンタリー番組が映画化され、全国で大勢の人の心に残るようになることを願っている。

また、書籍化の動きも活発だ。三上智恵氏の『標的の島――自衛隊配備を拒む先島・奄美の島人』（社会批評社、二〇一七年）、『風かたか――「標的の島」撮影記』（大月書店、二〇一七年）と『証言　沖縄スパイ戦史』（集英社、二〇二〇年）、平良いずみ氏の番組に出演していた坂本菜の花氏の『菜の花の沖縄日記』（ヘウレーカ、二〇一九年）、松岡哲平氏の『沖縄と核』（新潮社、二〇一九年）、斉加尚代氏の『教育と愛国――誰が教室を窒息させるのか』（岩波書店、二〇一九年）、チューリップテレビ取材班の『富山市議はなぜ14人も辞めたのか――政務活動費の闇を追う』（岩波書店、二〇一七年）、山縣由美子氏の『奇跡の集落やねだんを取材した日々』（羽鳥書店、二〇一九年）などなど。「地方の時代」映像祭ゆかりの作品の書籍化が続いているのはうれしいことだ。

「地方の時代」映像祭についての今後の夢

「地方の時代」映像祭が一九八〇年に始まって以降、四〇年余にわたって、同時代を目撃し記録した制作者の貴重な証言として、その歴史を積み重ねてきた。ドキュメンタリー番組が取り上げてきた社会のさまざまな問題がその後どうなったのか、改善されたのか、放置されているのか、より深刻になっているのか、時間の重みを感じながら見直すことに意味があるだろう。また、伝統を受け継ぐ人々の営み、新たなことにチャレンジした人々の苦労と努力などに興味を持つ人もいるだろう。そのためにも過去の蓄積を保存し、公開することが必要ではないだろうか。

さまざまな権利の問題、費用負担の課題、スペースの制約等々、気の遠くなるような壁が立ちふさがってくるだろうが、歴代の受賞作が「地方の時代」映像祭アーカイブとして視聴可能になることを夢想している。制作者がお互いに刺激を受け、切磋琢磨するためにも、また、ドキュメンタリー番組の新たな作り手を育成するためにも、過去に作られ蓄積されている作品を、意欲のある制作者が見ることができるようになればと願っている。できれば、広く市民の皆さんに関心を持っていただくためにも「地方の時代」映像祭アーカイブがあればと願っている。

社会の動きに目を凝らし、疑問に思うこと、理不尽なことなどについて、表面の現象の一枚めくったところに隠されている真の姿を、また、深く隠されていた本当の事実を抉り出し、見る人の心に響くドキュメンタリー番組の力をより多くの人々に確認してもらう場が、オンラインも含めて確保される時代が来ることを祈って筆を置きたい。

「地方の時代」映像祭の未来に向けて

――鶴見和子と村木良彦の足跡を手がかりに

音　好宏（上智大学教授）

はじめに

「地方の時代」映像祭の未来に向けて書くことを求められた。この主題を論ずるのは、少々厄介である。映像祭の運営基盤や担い手はもちろん、映像祭を取り巻くメディア環境の変化や人々のメディア観など、外部的な要因が少なからず影響を与えると考えられるからである。

この映像祭は、「地方の時代」という理念を掲げて始まったがゆえに、四〇年という歴史を残せたことは確かだ。規矩《きく》がしっかりしていたことによって、継続の危機に直面しても、映像祭の姿が変わることがなかったと考える。ここではあらためて、その規矩が示された映像祭のスタート時の姿を振り返るとともに、「地方の時代」映像祭の歴史に大きな足跡を残した鶴見和子と村木良彦の映像祭に対する思いを検証することで、「地方の時代」映像祭の今後について述べてみたい。

「地方の時代」映像祭の規矩の生成

「地方の時代」映像祭というちょっと風変わりな名称の映像フェスティバルがスタートして、四〇年が過ぎた。周知の通り、この名称は、経済学者で、神奈川県知事を務められた長州一二氏が提唱した「地方の時代」という思想に由来する。戦後日本社会の高度経済成長の過程で生じた歪みや、切り捨てられていったものに光を当て、共生の可能性を問う試みと位置づけることができるが、その試行実践を顕在化する場を、映像祭にしたところがユニークだ。

長州神奈川県知事、そして、同じ時期に神奈川県川崎市で首長を務め、長州知事の思想に共鳴した伊藤三郎川崎市長の強い意志もあり、一九八〇年に川崎市の川崎市民ミュージアムを会場に、この「地方の時代」映像祭は始まった。一九八二年の第二回から、映像コンクールがスタート。優れた作品の顕彰のために用意されたのが、大賞一本、テーマ賞五本、特別賞五本の計一一本である。テーマ賞として用意されたのは、「文化の創造」「草の根市民」「地域づくり」「地域交流」「新しい自治体」という名の賞である。審査委員長を務めた鶴見和子は、その総評で「このテーマ賞は、主催者側が映像祭の特徴をはっきりさせるために設けたもの」と説明するとともに、審査基準として、①「地方の時代」を切り拓く問題意識を持って、新しい視点から時代を認識するようなテーマか、②「地方の時代」にふさわしい素材か、取材の過程で新しい時代の芽ばえを発見したか、③地域の歴史と現実を貫いて、地域の本質に迫り得たか、④「地方の時代」を考え、予見するきっかけとなる感動を見た者に与えるか、の四点をその方針としたことを披露している。このテーマ賞のタイトル、並びに審査にあたって示された四点は、まさに「地方の時代」を、その名を掲げる映像祭のスタンスの提示であったと言える（この点については、本書第五章市村元氏、中山洋子氏の寄稿を参照）。

その後、同映像祭は、川越市の東京国際大学を経て、二〇〇七年から現在の吹田市・関西大学へと会場を移したが、「地方の時代」のタイトルを掲げ続けたことに象徴されるように、この「地方の時代」映像祭は回を重ね、コンクールの部門や、賞の名称の変更はあっても、「地方の時代」映像祭に根底にある思想は、しっかり引き継がれ続けたと言ってよいだろう。

四〇年前のメディア状況を考えてみると、新聞、放送といったマス・メディアの伝搬力が圧倒的に強かったわけだが、そのようななかにあって「地方の時代」映像祭は、テレビ局が作る優れた放送番組を顕彰するとともに、あえて市民や自治体の発信力に光を当て、地域社会の問題の顕在化、問題解決のツールとして、映像作品を位置づけようとしていたところに、先見性の明を感ずるのである。

現在、「地方の時代」映像祭の映像コンクールには、放送局部門、ケーブルテレビ部門、市民・自治体・学生部門、高校生部門と四つ部門を設けて、審査が行われている。この一〇年間で追加、整理されたのは、ケーブルテレビ部門である。

日本のメディア発達史を振り返ってみると、この三〇年の間に、日本の放送サービスは、急速な多チャンネル化が進められてきた。その担い手として発達してきたのがケーブルテレビである。ケーブルテレビの多チャンネルを構成していったのは、地上テレビ放送／BSテレビ放送の再送信と、ケーブルテレビのオリジナル・チャンネルで、そのオリジナル・チャンネルは、番組供給業者

（番供）による専門チャンネルと、ケーブルテレビが自ら編成・制作するコミュニティ・チャンネルで構成される。このコミュニティ・チャンネルこそ、地域社会と向きあうケーブルテレビならではの場といえる。「地方の時代」映像祭は、二〇一〇年度より、それまでの自治体・ＣＡＴＶ・市民・学生などを含んだ一般部門から、ケーブルテレビが応募する番組を別の審査に切り出す部門整理を行った。まさにこのケーブルテレビがコミュニティ・チャンネルを通じて地域と向き合う活動により注目し、そこで放送されたオリジナル番組を顕彰するようになったのである。

近年のケーブルテレビ事業の変化についても触れておこう。ケーブルテレビ業界では、この一〇年でコンテンツ制作能力は飛躍的に進化したといえる。その背景にあるのは映像技術の発達で、カメラや編集機器の４Ｋ化、高性能化・ダウンサイジング化が進む一方で、ドローンなどの周辺機器も整備された。他方において、インターネットの普及、発達に象徴される情報通信ネットワークの整備の過程で、ケーブルテレビは、地域社会における重要な情報基盤として、その存在感を高めるようになった。そのようななかにあって、一部のケーブルテレビにおいては、これまで以上に、積極的に地域社会との関わりを深め、コミュニティ・チャンネルという場を通じて、地域社会が抱える課題の顕在化や、その解決策を地域住民と共に考えるといった活動も少なからず散見されるようになってきた。メディアと住民とが連携することによって、自らの地域の問題について、その解決策を探ろうとする「パブリック・ジャーナリズム」や、「ソリューション・ジャーナリズム」といった動きがでてきたのである。

そのように考えると、一九九〇年代以降、衛星放送やケーブルテレビといった新たなメディア・

サービスが普及・浸透していったことで、県域単位で置局されている地上テレビ放送とは異なるエリアサイズや、専門性の高い情報に集う視聴者を結びつけるメディアが登場したことは、日本社会における情報流通の多様性を担保することにもつながった。

とくに、そのサービスエリアのサイズから、地域密着型メディアとされるケーブルテレビが、事業としても成長するなかで、「地方の時代」映像祭において、ケーブルテレビ部門が切り出されて独立した一部門になっていったことは、時代の流れからしても、当然といえるだろう。ただ、この三〇年あまりのケーブルテレビ事業の収益構造の変化を振り返ってみると、一九九〇年代後半以降、インターネット・サービスなど、情報通信基盤としてのサービス提供に、その収益の重心をシフトしていったケーブルテレビ事業者は多い。そのようななかにあって、地域社会におけるコミュニティ・チャンネルの有用性を重視するケーブルテレビ事業の経営者がいる一方で、経営効率を重視し、コミュニティ・チャンネルによる地域情報の発信には、さほど重きを置かないケーブルテレビ事業の経営者が存在し続けることも、また、確かである。後述するように、メディア環境の変化のなかで、前者のようなケーブルテレビ事業者に対して、「地方の時代」映像祭がその触媒となり、その地域的機能を顕在化させることは有用であろう。他方において、後者のようなケーブルテレビ事業者に、どのように「地方の時代」という思想を理解してもらい、その地域的機能を拡充する選択を取ってもらうかについては、成功事例の提示を含めた戦略的な検討が必要となるのではないだろうか。

地方の「侍」とテレビの未来

ところで、「地方の時代」映像祭の映像コンクールで初代審査委員長を務めた鶴見和子は、その審査講評において、「地方には、侍がいる」と繰り返し語っている。この侍とは、コンクールに応募してくる作り手のことである。とくに放送部門に応募してくる地方テレビ局のドキュメンタリーは、その作り手が自らの地域で起こっている公害や過疎、高齢化、貧困や差別といった社会問題に真摯に向き合い、時には社会的な弱者の側に半身を乗り出しながら作る姿に鶴見は感動し、その作り手を「侍」と呼んだのである。彼らの仕事に「ご褒美」として、贈賞することで、これらの侍を元気にしようとした。

鶴見とは異なる視点から、地方に暮らすテレビ番組の作り手たちに、日本のテレビ放送の可能性を感じ取っていたのが、村木良彦である。村木は、鶴見と共に、映像祭の映像コンクールのスタート時から審査委員を務め、一九九二年からは、映像祭のプロデューサーに就任する。

一九六八年にＴＢＳ成田闘争の渦中にいた村木は、一九六九年にＴＢＳを集団退社し、今野勉らと共に、日本最初の本格的な独立系プロダクションであるテレビマンユニオンを創立する。テレビマンユニオンは、ＴＢＳ闘争の経験もあって、自らを制作集団と位置づけることから始まった組織であった。その村木は、一九七六年からテレビマンユニオンの代表を務めるなど、プロダクション経営にも関わるなかで、日本のテレビ局が、テレビ番組という表現の場の可能性よりも、テレビ・ビジネスにおける収益性を重視する傾向に傾いていくことに危惧を抱いていくことになる。

折しも日本社会がいわゆるバブル経済に邁進するなかで、豪華主義に傾倒しがちな番組作りがテレビ界で闊歩する一方で、テレビ局は、外部の制作プロダクションに、番組制作の一部を発注することで、視聴者の多様なニーズに対応しつつ、効率的な番組制作を維持する体制が常態化していく。そのようなテレビ・ビジネスの構造変化のなかで、番組制作の作り手の能力が正当に評価されることが蔑ろにされる一方で、マクロ経済の景気動向と連動性の強いテレビ局が、景気により変化する収益の調整弁として、外部の制作プロダクション、そして、番組制作者への発注・支払いが位置づけられていくことに反発を強めていった。

こういったテレビ番組制作の構造的な問題を打破すべく村木が力を注いだのが、制作プロダクションの連携、若いテレビ番組制作者の育成、そして、地方のテレビ局で、自身の身近な題材に真摯に向きあいながら番組作りに挑戦する制作者たちの支援と連携であった。

一九八二年、村木の尽力もあって、制作プロダクションの団体である全日本テレビ制作社連盟（ATP）が設立。村木も一九八六年から二年間、ATP理事長を務めている。また、若いテレビ番組制作者の育成については、放送評論家の志賀信夫、TBSでドラマ演出を手がけてきた大山勝美らとともに、渋谷スタジオ内に、私塾「メディア・ワークショップ」を開設。そこで村木良彦らの薫陶を受けた若者たちが、テレビ番組制作の現場を目指すことになる。そのひとりが、いまも村木を師と仰ぐ是枝裕和である。

そして、三番目の地方テレビ局の制作者を支援・連携する場として選んだのが、「地方の時代」映像祭であった。村木は生前、地方テレビ局の制作現場には、「素朴かも知れないが、問題意識の高い作り手たちがたくさんいる」と語っていた。

地方テレビ局には、高齢化や過疎、公害、貧困や格差、差別など、自らが生活する地域社会で起こっている問題に向き合い、それらの題材にした優れたドキュメンタリーを制作する作り手は多い。それらのドキュメンタリーは、地域社会が抱える課題の顕在化であり、また、そのドキュメンタリーの放送が、それらの課題解決に向けた取り組みでもあった。

地域社会で起こった問題を、ドキュメンタリーという映像作品によって可視化し、それが年に一度、「地方の時代」映像祭という映像フェスティバルに集められることで、日本社会が直面している課題の全体像が浮き彫りになってくる。他方において、作り手たちが「地方の時代」映像祭に集うことで、自らの仕事に対する自信や自負も湧いてくる。もちろん、お互いが刺激し合う場にもなる。これらのドキュメンタリーには、全国の「現場」が映し出されている。とくに高齢化や過疎、公害、貧困や格差、差別など、社会の歪みに目を向け、社会的マイノリティや弱者の声を顕在化させることとは、「地方の時代」の思想が求め続けてきたことである。それゆえにこの映像祭は、毎年、継続して開催されることに意味があるのだ。

生活記録運動と「地方の時代」映像祭

鶴見和子は、「地方の時代」映像祭の映像コンクールの審査にあたり、一九八一年～八七年の七年分の入賞作品講評を残している。その記録を読むと、鶴見が映像作品に描かれた「小さき民」の姿に強く心を引かれたことに気づかされる。もちろん、映像作品であるがゆえに、それは制作者の視線で構成されているものの、鶴見も指摘するように、映像は、活字と異なり被写体のみならず、その周囲の状況も含めて記録に留めることになる。それはまさに「小さき民」の生活記録である。

一九五〇年代、鶴見は生活記録運動に没頭した。無着成恭編集の『山びこ学校』を読んで啓発された鶴見は、自らその活動に飛び込んでいく。

後に鶴見は、生活記録運動への参加が、敗戦後の自身にとって、最も意味のある体験であったと述べている。とくに生活記録運動のリーダー的存在であった国分一太郎から、「概念くだき」を学んだことが、自らの思想に大きな影響を与えたことを回想している。それは、日常的に使われる抽象的な概念を、人々の生活体験の脈絡に戻して考え直し、小さき人々の歴史を記録に留め、その生活や思想をとらえ直すことであった。

鶴見は、四日市の東亜紡績の一〇代、二〇代の若い女性労働者らによって作られた「生活を記録する会」の中心人物である澤井余志郎と出会い、その活動に参加していく。この会は、若い女性労働者たちの悩みの発露の場でもあった。生活のなかの悩みの記録は、社会的な格差問題や差別といった社会の矛盾が可視化される場でもあった。鶴見は、生活記録運動を通して、西洋発の近代化論では捉えられない「小さき民」の生活史のなかの抵抗力をも内包した社会理論の概念の再構築をめざそうとした。後に述べるように、この鶴見の問題意識は、まさに、彼女の「地方の時代」映像祭への眼差しに通ずるものではなかったか。ちなみに澤井余志郎は、東亜紡績での文化活動、執筆活動が反企業行為として解雇通知を受けるが、その解雇を無効とする解雇無効訴訟をしながら四日市ぜんそくなどの反公害運動に参加。四日市公害を記録し後生に伝えるべく、公害記録人として、その後世を捧げることとなる。

メディア環境の変化と「地方の時代」映像祭の今後

「地方の時代」映像祭で、机を並べることとなった鶴見和子と村木良彦の足跡を振り返ると、「地方の時代」という長州一二が示したキーコンセプトの下で、戦後の日本社会の諸課題、そして、テレビというメディアの課題が交差する形で展開する場となったのが、この「地方の時代」映像祭ということができよう。

では、二一世紀に入って、インターネットの普及・発達などを背景に、メディア環境がドラスティックな変化を遂げるなかで、「地方の時代」映像祭には、どのような未来があるのだろうか。当然そこでは、これまで見たように、そのキーコンセプト（＝規矩）を維持しつつ、映像祭の未来の姿を問う必要があろう。

いま、テレビ番組を顕彰する多くのアワードで直面する課題とされているのが、動画配信系の映像作品の扱いである。同様の問題は、世界的な映像コンクールでも発生しており、たとえば、世界三大映画祭の一つとされるカンヌ映画祭においても大きな問題になっている。カンヌ映画祭側は、劇場公開された作品でなければコンペティションへのエントリー資格がないという方針を示しているが、たとえば、世界的に動画配信ビジネスを展開するNetflixは、「コンペティション以外には出す気はない」として、その対立は平行線を続けている。このところNetflixは、オリジナル・コンテンツの強化を図っており、世界的なコンテンツ・メーカーの地位を確立しつつある。カンヌ映画祭側としては、Netflixの作品には関心が高いが、映画祭側のルールに従わないものには、排除の姿勢を貫いている。他方で、Netflixの主張に見られるように、動画配信事業側からすれば、有力なアワードでの入賞が世間の関心を呼び、それが収益に直結する。

日本においても、Netflixを含む動画配信サービスが普及・浸透するなかにあって、テレビ番組を対象としてきたアワードの応募基準に関して、検討を迫られる状況がそう遠くない時期に訪れるであろう。現に、いくつかのテレビ番組を対象としてきたアワードでは、動画配信のみの映像作品も応募を認めるところも出てきている。

他方で、インターネットの普及によるメディア利用行動の変化から、既存のテレビ局でも将来を見据えて積極的に進められているのが、放送番組のネット上での展開である。テレビ広告を主な財源とする地上民放テレビは、二〇一四年から在京民放キー局が中心となって、「民放公式ポータル」として「TVer」をスタート。見逃し番組のフォローアップの機会を設けることにより、地上波テレビの接触回帰を意図したサービスであったが、その後の動画配信サービスの普及などもあって、旧作ドラマの配信や特定エリアで放送されている番組の提供など、提供する番組のラインナップに広がりを持たせるようになった。

しかしながら、提供されている番組を眺めてみると、圧倒的に在京局が発局だった番組が多く、また、そのアクセス数でも上位を占めるのは、ドラマなど、在京局が制作した番組である。

また、NHKは二〇一九年の放送法改正を受け、二〇二〇年春より、地上放送の同時配信サービス「NHKプラス」をスタート。TVerと同様に、一週間の見逃し視聴も可能となった。これを受け、在京民放局も同時配信サービスを開始する準備を進めている。

これらのサービスは、全国どこからでもアクセスできる「エリアフリー」で提供されることになっている。全国を一つの組織でカバーするNHKはさておき、県域免許という制度の下、県域単位で異なる事業者がサービスを提供する民放は、制度上のエリア制限を民放ネットワークを結ぶことで放送市場を広げてきた。ところがインターネット上で放送番組流通が本格化し、かつ、そこでの流通が「県域免許」という制度的な縛りから解き放たれ、エリアフリーで番組が流通するとなれば、地方民放局の存在感は自ずと薄れることになりかねない。

放送事業者がネット上で映像コンテンツの展開を広げていこうとするとき、既存の放送システムの諸ルールに縛られることなく、視聴者とダイレクトにつながることこそが、最も効率よくビジネスを拡大させることになるのは確かだ。「規模の経済」の論理からすれば、それは中央（東京）のメディア、大手メディアが取りたがる選択であろう。

ただ、このインターネット上での発信は、技術的にその発信拠点が、東京でなくてはならないというわけではない。地方から発信し続けることも十分に可能だ。問題となるのは、七〇年近いテレビ放送の歴史の過程で制作／流通システムの中央集権化が作り上げられていることだろう。制作スタッフや出演者はもちろん、編集やMAといったポスプロ業務などの手配に関して、ほとんどの番組ジャンルにおいて、中央への集中が進み、東京で制作した方が効率的な展開を図ることができる状況が定着してしまっている。

ただ、そのようななかにあって、報道・ドキュメンタリーに関しては、取材現場や取材対象に近いことが、制作過程において重要になってくる。もちろん、制作者の経験値や土地勘、専門知識なども同様である。

それゆえに、中央への制作システムの集中化によって制作効率を高めることができるといったジャンルにはなりにくい。そのようなこともあり、まさに、ドキュメンタリーというジャンル、ケーブルテレビのコミュニティ・チャンネルというジャンルで、鶴見の言う「侍」たちは、その存在感を発揮するのである。

そう考えると、「地方の時代」映像祭の存在意義は、動画配信が普及する時代であるからこそ、より高まるとも言える。これらの地方の現実を伝える作り手たち、それも、高齢化や過疎、公害、貧困や差別といった現場で暮らす小さき民たちの姿を描く作り手たちが、年に一度、「地方の時代」映像祭に集い、お互いの存在を確認し合うことに意味がある。

加えて、昨今の動画配信サービスに見られるような展開を、「地方の時代」映像祭自らが行える状況を生み出していく可能性を問う時期に来ているのかも知れない。他方において、長らく指摘されながら権利処理上の問題などにより、実現に至っていないのが、「地方の時代」映像祭で入賞した作品のアーカイブ化、データベース化である。一九八七年の「地方の時代」映像祭から、コンクールの審査委員長は第二代の山田宗睦に交代するのだが、初代審査委員長を務めてきた鶴見和子が、「一九八七年覚書」を書き残し、そこでこの年の作品評とともに、今後の「地方の時代」映像祭に対する期待として、「これらの作品を整理して、収蔵し、だれでも見たい時に見られるような映像ライブラリーが、是非とも必要なのである」と訴えるとともに、続けて「そうした設備と制度がととのった時に、地方の時代映像祭の作品は、現代の社会構造と社会変動とを考えるための重要な資料となるであろう」と綴っている。

鶴見が「戦後もっともいみのある体験」として生活記録運動への参加を挙げていたことは、前にも述べた通りである。一九五〇年代の鶴見の生活記録運動での体験を批判的に検証した和田悠は、「鶴見は、生活記録運動を通して、概念の再構築をめざしたものの、十分にしえなかった」と論じているが、鶴見にとって生活記録運動と向きあったときの問題意識は持続され、「地方の時代」映像祭に集うドキュメンタリー、映像作品に投影されたのではないか。一九八〇年代、鶴見が「地方の時代」映像祭のコンクールで、審査委員長として目を輝かせた参加作品への講評を見るとき、地方の「侍」たちの手によって、映像という表現手法を使って再現された人々の生活、それも社会的に声を上げにくい「小さき民」の姿を記録に留め、その生活や思想を上手く捉えていることに心を揺さぶられたからに違いない。それゆえに、その記録のアーカイブ化を強く望んだと考えられる。

二〇〇八年一月に急逝した村木良彦の後を継いで、二〇〇九年より「地方の時代」映像祭プロデューサーに就任した市村元は、資料の散逸を恐れ、川崎市民ミュージアム、東京国際大学など、関係各所を訪ね、受賞作品の関連資料の発掘に奔走した。受賞作品の映像を含む関係資料については、関西大学等で整理がなされつつある。しかし、入賞作品の映像公開に関しては、権利上の問題などから、閲覧、公開には至っていない。放送番組センターに収められ、権利上の手続きが済んだもののみ、同センターに出向くことで閲覧できるのが実情だ。ただ、先に見た動画配信ビジネスが活性化するなかで、ネット上での映像アーカイブ化が急速に進展を遂げつつある。

ところで、二〇〇六年に川越市の東京国際大学で行われた第二六回「地方の時代」映像祭は、第二七回以降の開催地を決めることができないまま、東京国際大学を会場とした最後の映像祭として閉幕する。結果的には、翌二〇〇七年から現在の吹田市の関西大学を会場に「地方の時代」映像祭は、開催が継続されるのだが、この間、「地方の時代」映像祭プロデューサーの村木良彦は、「次の開催地が決まらなかったら、私がテレビとビデオデッキを背負って全国を行脚する。訪れた地のテレビ制作者といっしょに受賞作品を見ればいい」と語っていた。後で聞くと、私のみならず、村木からこの話を聞いたという人は少なくない。

この冗談ともつかない村木のコトバにあるように、村木は「地方の時代」映像祭を、物理的な場所であること以上に、理念的な空間と捉えていたように思う。いま風に言えば「ポータル」なのである。このポータルに、同じ志を持った作り手が集うことに意味がある。そこでは、全国の生活の現場が映像によって、可視化されるのである。

そう考えると、今日、急速に拡大、進展しているインターネットを介した動画の流通は、「地方の時代」映像祭の活動に追い風とする可能性を秘めていることは確かだ。村木はテレビ受像機を背負って全国を回ろうとしたが、その物理的な移動が、オンライン上で実現できることになる。

もちろん動画配信市場の主流は、中央から全国、資本力のあるコンテンツ・メーカーから全世界という流れであろう。しかしながら、「地方の時代」映像祭が示し続けてきた「小さき者」の声を地方＝非中央から発信し続けるシステムは維持できるのではなかろうか。

そのことからすると、「地方の時代」映像祭は、これまで見てきたその思想的なスタンスを維持しつつ、「小さき者」、そして、それを記録する者たちのポータルとしての機能を持つことが期待されるのである。

それは、異なる空間と時間を結びつけるオルタナティブなプラットフォームになり得るのではなかろうか。

参考文献

今野　勉・是枝裕和・境真理子・音　好宏『それでもテレビは終わらない』岩波書店、二〇一〇年
鶴見和子『暮らしの流儀』はる書房、一九八七年
鶴見和子『殺されたもののゆくえ――わたしの民俗学ノート』はる書房、一九八五年
鶴見和子『生活記録運動のなかで』未来社、一九六三年
和田　悠「1950年代における鶴見和子の生活記録論」『慶應義塾大学大学院社会科学研究科紀要：社会学心理学教育学：人間と社会の探究』五六号、二〇〇三年

参考ドキュメンタリー

『記録人　澤井余志郎〜四日市公害の半世紀』東海テレビ、二〇〇七年

極めて私的なあとがき

これらのドキュメンタリー映像が語りかけてくるのは、まさにこの国の「かたち」である。同時にその現実にテレビメディアはどうかかわってきたかが問われている。この意味でこの映像祭はこの国の発見の場であり、「もう一つのテレビジョン」との出会いの場である。

（『エイジング』一九九七年冬号、エイジング総合研究センター）

「地方の時代」映像祭の第二代プロデューサーの村木良彦氏はこのように書いている。この映像祭で出会う作品群は、普段見ているテレビとは違う別の輝きを放っている。村木氏はすっかりその作品群のとりこになった。

二〇〇八年一月、その村木氏がこの世を去った。その日、福島県の小さなローカル局の役員だった私の携帯電話にその知らせが届いた。電話をかけてきたのは上司、つまり社長の佐藤慶一氏である。村木氏も佐藤氏もＴＢＳの尊敬する先輩であり、村木氏の亡くなった夫人が佐藤氏の姉という関係だった。

「村木さんが亡くなった。身内のことやもろもろの手配はご遺族と私がやるが、放送関係の各方面への連絡をしてくれないか」

テレビマンユニオンや「放送人の会」や「地方の時代」映像祭実行委員会事務局その他、村木氏の幅広い活動を思いうかべながら、その日は次々に電話をかけ続けた。一週間ほどして、葬儀は東京・芝の増上寺で行われた。会葬者の多い立派な葬儀だった。村木氏の盟友である今野勉氏（テレビマンユニオン最高顧問・「放送人の会」会長）らの弔辞を遠くの席で聞いていた記憶がある。

後で思えばそんな一連の出来事が私にとっても一つの始まりだったのだが、そんな予感を感じる間もなく、その後は、地方のテレビ局とその子会社であるプロダクションの役員として、それなりに多忙な日常に戻っていた。地上波テレビのデジタル化も最終局面に差し掛かっていた。福島県の中山間地に通い、過疎高齢化地域のデジタル化の課題にも向き合っていた。

数か月たって、秋になっていたと思うが、上智大学の音好宏教授から「村木さんの後を引き継いで、「地方の時代」映像祭をやってくれないか」という話があった。「いやいや、村木さんのような方の後は私などではとても務まりません」ともちろんお断りした。加えて、小なりとは言え今はテレビ局の現役の役員である。任期はまだある。もし映像祭を引き受けるのなら退職しないと無理だ。だが、心には大いに引っかかるものがあった。もともと地方局は私が志願したものだった。TBSでの仕事は面白かったしそれなりの手応えも感じていたのだが、オウム真理教による坂本弁護士一家殺害事件をめぐるTBSの混乱、そして事件の社内調査を担当したのをきっかけにすっかり会社が嫌いになった。そして私が思ったのが「地方局なら取材の現場に戻れるかもしれない」だった。
地方局の制作現場とは『報道特集』や『筑紫哲也 NEWS23』でずいぶんお付き合いした。『報道特集』は地方局の協力がなければ絶対に成立しない番組だった。また、日本民間放送連盟の記者研修を何年か担当したことで、系列以外の記者たちとも交流が広がっていた。地方には東京とは違うこだわりを持った記者やディレクターが沢山いる。

一方、「地方の時代」映像祭が川越での開催を終了せざるを得なくなった後、村木氏や音氏、それに毎日放送元報道局長の辻一郎氏（「地方の時代」映像祭審査委員）、関西テレビ総務局長の宮前周司氏（現・テレビ長崎社長）らがなんとか映像祭の大阪開催を実現しようと懸命に走り回ったことも聞いていた。その人たちの努力の結果、何とか大阪での開催が始まったばかりである。その灯を消すわけにはいかない。結局私は「私でお役に立てるのなら……」とプロデューサーを引き受けることにした。会社には「二〇〇九年三月末で退社したい」と届けを出した。任期途中での役員の辞任、TBSの社長からは「あいつまた何か不祥事を起こしたのか」と会社に問い合わせが来た。

三月末、関西大学の裏門に近いマンションに居を定めた。単身生活はパリで足かけ五年、福島で七年、そして大阪では今年で一三年になる。その一三年間、「地方の時代」映像祭の開催は……順調と言いたいところなのだが、とてもそうはいかなかった。まずはお金がない。在阪各社が負担していた分担金が、私のプロデューサー就任前、二年連続で大幅に減額された結果だ。映像祭の大阪開催を急いで実現するため各社は異例の高額負担に応じていた。減額はやむを得なかった。だが、

「それで映像祭は運営できるの？」

私の質問に事務局担当者が答えた。「いえ、無理です」「じゃあどうするの？」「協賛企業を募ることになっています」「で、集まっているの？」「いえ、誰も集めていません」そんなところから大阪での映像祭の運営は始まった。

わずかな伝手を頼って企業回りを続けた一三年だが、それはそれで貴重な時間だった。はじめは「お金持ち放送局のために、なぜ貧乏企業の私たちが協力しなければならないの？」というところからお付き合いが始まったのだが、結果としては「地方の時代」という考え方を理解してくれる多くの経営者に出会うことができた。とくに、昨年、今年は新型コロナウイルスの感染拡大で多くの企業が散々な目にあっていた。「サプライチェーンがやられて物が作れない」「どの部門も赤字だ」などと協賛のお願いをするのもはばかられる状況だったのだが、それでも「赤字だけれど、協力するよ」と言ってくれる協賛社がいてくれる。ひと頃からは減ったとはいえ、今年も一五社が協賛に名を連ねてくれた。そうした人々の志でこの映像祭は支えられている。

映像祭の規模はかなり広げた。コンクールは「放送局」「ケーブルテレビ」「市民・学生・自治体」「高校生（中学生）」の四部門とし、一団体当たりの参加本数の規制も取り払った。その結果、毎年一〇〇作品余りだった応募は三〇〇作品近くに増えた。〝フォーラム〟と呼ぶ一般市民向けの映像上映とトークの会も毎年数回続けた。いずれも「地方の時代」映像祭が「放送局の内輪のお祭り」ではないことを旗幟鮮明にするためだった。「地方の時代」という文明論は、地域・地方を見つめることからこの国のあり方を問うもの。その担い手は放送局ばかりではなく地域のすべての表現者・制作者である。

さて、毎年の参加作品の審査は大仕事だ。六月いっぱいの募集と七月の高校生（中学生）部門の募集が終わると、それから九月までそれらの作品の審査が続く。プロデューサーは各部門すべての審査会に立ち会うため、その間私は三〇〇近い作品すべてを視聴することになる。ほぼ引きこもりで、テレビモニターに向かい続ける日々。おかげでずいぶん目が悪くなった。

とはいえ、それらの日々は私にとって極めて幸せな日々でもある。地方でなければ見えてこないいくつもの課題、地域に生きる人々の苦闘、あるいは生き生きと新しい時代を切り拓いていく姿。若者たちが地域を描くみずみずしい視点などなど。毎年これらの作品群に出会うたびに「テレビは、地域発の映像作品はまだまだ捨てたものではない」と強く感じる。そして、贈賞式や交流会で全国から集合した多様な制作者からもの作りの話を聞けるのも最高である。「こんな侍たちが全国にいる」ことに勇気づけられる。宮仕えのオサムライではない。地域にいるのは、みんな気性の荒い〝野武士たち〟である。

近年〝テレビの危機〟がしばしば語られる。しかし、そこで語られる目先のお金の話は決して本当の危機ではない。危機とは、そんなことを口実に、本来テレビがもつもの作りの力を自らが軽んじることだ。「地方の時代」映像祭に結集するような〝もの作りの志〟を放送界が大事にしなくなった時に本当の危機は来るのだと思う。

「地方の時代」映像祭の川崎開催二二年を振り返る冊子の中で村木良彦氏は、堀田善衛氏の「地方の対局は中央ではなく国家であり、文化は地方から生まれる」という言葉や鶴見和子氏の「映像が思想を語り始めた」という言葉を紹介したうえで、次のように書いている。最後に村木氏の言葉に戻り、この極めて私的なあとがきを終わることにする。

尽きぬほどの思い出がこの映像祭にはある。この二二年、何度かテレビに絶望しかけた私を辛うじてつなぎとめてくれたのは、それらの言葉と、ここから生まれた歴史に残るようなすぐれたドキュメンタリー作品である。

「地方の時代」映像祭は、この国に辺境が存在し「小さな民」がある限り、永遠に不滅である、と私は考えている。

（「地方の時代」映像祭実行委員会編『「地方の時代」映像祭22年の歩み』、「地方の時代」映像祭実行委員会発行、二〇〇三年）

市村　元

森　達也（もり・たつや）
映画監督、作家。立教大学在学中に映画サークルに所属し、テレビ番組制作会社を経てフリーに。地下鉄サリン事件後のオウム信者たちを描いた『A』は多数の海外映画祭でも上映され世界的に大きな話題となった。続く『A2』で山形国際ドキュメンタリー映画祭特別賞・市民賞を受賞。2016年にはゴーストライター騒動をテーマとする映画『Fake』を発表した。最新作は『i —新聞記者ドキュメント』。

中山洋子（なかやま・ようこ）
中日新聞社（東京新聞）に入社後、川崎、横浜支局を経て特別報道部や東京社会部、北陸中日新聞報道部などで勤務。脱原発報道などに取り組み、2020年3月から川崎支局長。共著に『女たちの情熱政治——女性参政権獲得から70年の荒野に立つ』（明石書店、2016年）など。

辻　一郎（つじ・いちろう）
設立間もない新日本放送（現・毎日放送）に入社、ラジオ番組を皮切りに多くの報道番組を担当。編成部長等を経て毎日放送取締役報道局長。退職後、大手前大学教授。「地方の時代」映像祭審査委員（前審査委員長）。著書に『メディアの青春——懐かしい人々』（大阪公立大学共同出版会、2019年）など。

音　好宏（おと・よしひろ）*
上智大学文学部新聞学科教授。著書に『それでもテレビは終わらない』（共著、岩波書店、2010年）、『総合的戦略論ハンドブック』（共編著、ナカニシヤ出版、2012年）、『DX時代の信頼と公共性』（共著、勁草書房、2020年）など多数。

林　直哉（はやし・なおや）
長野県松本深志高等学校教諭。長野県高文連放送専門部会理事長。30年間長野県内の高校放送部を指導し、学校作りの基盤として自治活動と校内メディア（放送部）の可能性の拡充に力を入れてきた。著書に『高校生のためのメディア・リテラシー』（筑摩書房、2007年）など。

里見　繁（さとみ・しげる）
民間放送のテレビ報道記者を経て、2010年より関西大学社会学部教授。著書に『冤罪　女たちのたたかい』（インパクト出版会、2019年）ほか多数。

和田省一（わだ・しょういち）
1970年朝日放送入社。2001年テレビ朝日・取締役、2013年朝日放送・代表取締役副社長、2016年顧問（2020年に呼称が名誉エグゼクティブに代わり現在に至る）。ラジオ番組『おはようパーソナリティ』、テレビ番組『サンデープロジェクト』などを担当。「地方の時代」映像祭審査委員長。

※この書籍は、2019年度・2020年度の「公益信託 高橋信三記念放送文化振興基金」および2019年度の「公益財団法人 放送文化基金」の助成を受けて発行されました。ご支援に深く感謝いたします。

小笠原勤（おがさわら・つとむ）
NHK仙台拠点放送局職員。現在NHKエンタープライズ東北支社出向。金沢局、東京・社会情報番組部、仙台局でディレクターとして勤務。担当番組に、NHKスペシャル『東北　夏祭り～鎮魂と絆と』、BS1スペシャル『映像記録　東日本大震災』、東北地方で震災直後より放送中の『被災地からの声』など。

古川重樹（ふるかわ・しげき）
中海テレビ放送特別顧問。1971年日本海テレビジョン放送に入社、報道制作部長、上席執行役員報道制作局長を歴任。日本海テレビサービス代表取締役を経て2015年より現職。「地方の時代」映像祭大賞を受賞した『クラウディアからの手紙』や、ギャラクシー賞報道活動部門大賞等を受賞した『中海再生への歩み～市民と地域メディアはどう関わったのか～』など受賞映像作品に数多く携わる。

山縣由美子（やまがた・ゆみこ）
アナウンサー。前九州大学理事、元南日本放送（ＭＢＣ）キャスター。担当した『小さな町の大きな挑戦～ダイオキシンと向き合った川辺町の6年～』や『やねだん～人口300人、ボーナスが出る集落～』が石橋湛山記念早稲田ジャーナリズム大賞など多数の賞を受賞。著書に『奇跡の集落やねだんを取材した日々』（羽鳥書店、2019年）。

丸山康照（まるやま・やすてる）
Goolight代表取締役社長。新聞記者を経て1988年須高ケーブルテレビ（現Goolight）入社、2004年常務取締役、2006年から現職。日本ケーブルテレビ連盟副理事長、地域コンテンツビジネス委員長などを兼任。元総務省地域情報化アドバイザー。

井上恭介（いのうえ・きょうすけ）
NHKコンテンツ開発センター所属。NHK報道局・大型番組開発センター、広島局、NHKエンタープライズ等で一貫して報道番組の開発に携わる。制作統括したシリーズ『里山資本主義』がギャラクシー賞報道活動部門大賞受賞。共著に『里山資本主義――日本経済は「安心の原理」で動く』（KADOKAWA、2013年）など。

大石芳野（おおいし・よしの）
フォトジャーナリスト、写真家。戦禍や困難な状況などで生きる人々が主なテーマ。写真集に『戦争は終わっても終わらない』（藤原書店、2015年）、『戦禍の記憶』（クレヴィス、2019年）、『長崎の痕』（藤原書店、2019年）。他にカンボジア、ベトナム、アフガニスタン、アウシュヴィッツ、沖縄、広島、福島についての写真集多数。鶴見和子との対談に『魂との出会い――写真家と社会学者の対話』（藤原書店、2007年）。

境真理子（さかい・まりこ）
桃山学院大学国際教養学部教授。北海道テレビでニュースや番組制作、ドキュメンタリー番組制作を手がけ、2008年から現職。BPO（放送倫理・番組向上機構）青少年委員会委員や民間放送教育協会評議員などを歴任。著書に『メディアリテラシーの道具箱――テレビを見る・つくる・読む』（共著、東京大学出版会、2005年）など。

執筆者紹介（執筆順、編者は*）

市村　元（いちむら・はじめ）*

TBSで『報道特集』『筑紫哲也ＮＥＷＳ 23』等の制作に携わった後、系列局役員を経て2009年から関西大学客員教授・「地方の時代」映像祭プロデューサー。『映像が語る「地方の時代」30年』（共著、岩波書店、2010年）、『メディアが震えた――テレビ・ラジオと東日本大震災』（共著、東京大学出版会、2013年）ほか地域メディア関連の論考多数。

服部寿人（はっとり・ひさと）

チューリップテレビ取締役社長室長。青森テレビ記者、キャスターを経て2000年に同社に移籍。報道制作局長として指揮した『富山市議会の政務活動費をめぐる一連の調査報道』が日本記者クラブ賞特別賞、ギャラクシー賞報道活動部門大賞、菊池寛賞。共著に『富山市議はなぜ14人も辞めたのか――政務活動費の闇を追う』（岩波書店、2017年）。

奥田雅治（おくだ・まさはる）

ニュース番組『MBSナウ』編集長、ドキュメンタリー番組ディレクターなどを経て現在、報道情報局プロデューサー。ギャラクシー賞テレビ部門で受賞した『映像'07　夫はなぜ、死んだのか～過労死認定の厚い壁～』や『映像'16　追い詰められた“真実”～息子の焼身自殺と両親の9年～』など受賞作品を制作。著書に『焼身自殺の闇と真相――市営バス運転手の公務災害認定の顛末』（桜井書店、2018年）。

大鋸あゆり（おおが・あゆり）

伊万里ケーブルテレビジョン取締役、放送部長。『川南造船所では特殊潜航艇が製造されていた～消える戦争遺構 学徒の証言～』、『市営散弾銃射撃場 鉛汚染問題』、『天の川が見えたら　忘れない伊万里商業学徒報国隊』が「地方の時代」映像祭ケーブルテレビ部門で優秀賞を受賞。『玄海原発再稼働 周辺自治体、伊万里市の7年』でギャラクシー賞報道活動部門奨励賞を受賞。

山下晴海（やました・はるみ）

RSK山陽放送報道局長。RSK報道部記者、TBSカイロ支局長を経て、ドキュメンタリー担当へ。『棄てられた生命』、『証言 八十年目の真実～長島そしてノルウェー～』、『生きがい～隔離の中の群像～』などハンセン病をテーマにしたテレビドキュメンタリーを多数制作。

平良いずみ（たいら・いずみ）

沖縄テレビキャスター。ディレクターを務めた『菜の花の沖縄日記』が、「地方の時代」映像祭のグランプリや日本民間放送連盟賞テレビ報道番組部門優秀賞を受賞。『まちかんてぃ』『どこへ行く、島の救急ヘリ』など医療・福祉・沖縄問題を扱ったドキュメンタリーを多数制作。

伊藤孝雄（いとう・たかお）

元NHK仙台放送局制作技術カメラマン。現在NHKテクノロジーズ仙台総支社シニアスタッフ。秋田局、東京・映像制作部、仙台局でカメラマンとして勤務。NHKスペシャル『社会主義の20世紀』、『マサヨばあちゃんの天地・早池峰のふもとに生きて』、『雪の墓標～奥会津・葬送の風景～』など担当番組多数。

地域発ドキュメンタリーが社会を変える
作り手と映像祭の挑戦

2021年11月30日　初版第1刷発行

編　者　市村　元
音　好宏
「地方の時代」映像祭実行委員会
発行者　中西　良
発行所　株式会社ナカニシヤ出版
〒606-8161　京都市左京区一乗寺木ノ本町15番地
Telephone　075-723-0111
Facsimile　075-723-0095
Website　http://www.nakanishiya.co.jp/
Email　iihon-ippai@nakanishiya.co.jp
郵便振替　01030-0-13128

印刷・製本＝ファインワークス／装本＝白沢　正
Copyright © 2021 by H. Ichimura, & Y. Oto.
Printed in Japan.
ISBN978-4-7795-1606-1

本書のコピー，スキャン，デジタル化等の無断複製は著作権法上の例外を除き禁じられています。本書を代行業者等の第三者に依頼してスキャンやデジタル化することはたとえ個人や家庭内での利用であっても著作権法上認められていません。